가상현실공간에서의
교수-학습

백영균 저

학지사

머리말

또 다른 나를 통한 학습

요즈음 많은 청소년들이 컴퓨터게임에 몰입하고 있다. 비단 청소년뿐만 아니라 성인조차도 게임에 몰입하는 것을 자주 볼 수 있다. 그들만의 가상공간에서 놀이를 하는 것이다. 많은 게임 중에서도 자기의 분신인 아바타를 가지고 놀이하는 게임이 인기를 끌고 있어, 현실공간에서의 생활 중 많은 시간을 아바타를 통하여 가상공간에서 보내고 있는 셈이다.

한편 가상공간에서의 게임을 교육에 이용하는 예도 증가하고 있어 게임을 통한 학습에의 참여자도 늘어나고 있다. 학습자 자신이 학습에 참여하는 것이 아니라 아바타로 하여금 학습에 참여시키는 것이다. 또 다른 내가 학습에 참여하고 정작 본인은 자기의 분신을 조종하면

에듀플로 사 한자마루 스냅샷
출처: http://www.hanjamaru.com

서 학습을 하는 것이다. 어찌 보면 '또 다른 나를 통한 간접학습'인 것이다.

컴퓨터게임 중심의 가상공간은 이제 삼차원의 가상현실공간(virtual reality space)으로 발전하였다. 그에 따라 많은 사람들이 새로운 공간으로 이동하고 있다. 실제로 가상현실공간에서 또 다른 삶을 영위하는 사람들의 수는 그야

말로 날이 갈수록 배가 되고 있어 현실 세계의 수천만 명에 달하는 사람들이 가상의 공간에서 일상생활을 즐기고 있다. 가상현실공간은 현실 세계를 삼차원 또는 다차원으로 재생산하는 것이라기보다 현실 세계를 변형시켜 만들어 낸 하나의 '대안적 세계'라고 말할 수 있는데, 대안적 세계란 결국 현실을 기본으로 모방(mimesis)의 과정을 통해 재현 혹은 다르게 표현된 세계란 의미를 가진다. 이러한 가상현실공간에서 아바타(거주인)는 이차원 게임공간의 아바타와는 또 다른 의미를 지닌다. 즉, 가상현실공간에서의 아바타는 현실 세계에서의 삶과 다른 자기만의 삶을 누릴 수 있는 점이 이차원 게임공간에서의 아바타와 다른 점이다.

독립된 삶을 살아 나갈 수 있는 가상현실공간 속의 아바타는 시간과 공간에 구애받지 않는 존재인데, 사회적으로 진화할 수 있느냐가 의문으로 남는다. 가상현실공간에서의 조형적 형태는 변형, 결합, 대치가 자유롭고, 때로는 약간의 학습 능력을 지닌 인공지능을 가질 수 있다. 이는 현실 속의 사용자와 실시간으로 의사소통하며 변화와 진화를 거듭하여 마치 '존재'로서의 정체성을 마련하는 것이 가능하다는 의미다. 하지만 중요한 것은 가상현실공간의 조형적 형태의 변화와 진화는 독립된 공간에서 독립 개체로서 성장·발전하는 것이 아니며, 현실의 사용자나 현실의 환경과 자연 개체와의 연결 매개체인 인터페이스를 통한 상호작용에 의해 이루어진다는 것이다.

세컨드라이프 영어마을 미니게임 장면

사용자가 많아짐으로써 가상현실공간에는 거주민들을 위한 학교도 점차 많이 들어서고 있으며, 과학교실을 비롯한 특별한 목적의 클래스들이 문을 열고 있다. 즉, 가상현실공간의 거주민인 아바타들이 모여서 학습을 할 수 있는 공간이 늘어나고 있는 것이다. 이러한 공간에서의 학습은 아바타의 존재로 하여금 가능한 것이라기보다는 아바타의 활동에 근거를 둔 학습이며, 사회적 네트워크에 기반을 둔 것이다. 즉, 스스로 아바타의 설정을 바꾸거나, 세상을 이동하며 탐험하거나, 다른 사람과 정보를 교환하며 의사소통하거나, 객체를 사용한 상호작용에 의하여 객체를 설계하거나 만드는 활동으로 학습이 이루어진다.

현실공간의 학습자는 스스로 광범위하고 종합적인 환경에서 지식을 구성하기 위해 협력과 행동을 통한 학습을 대신해 주는 아바타가 됨으로써 몰입할 수 있다. 학습자들은 그들 자신의 모습이 아닌, 아바타의 모습 뒤에서 활동하거나 협력한다. 아바타는 현실 세계의 주인이 행하는 조작 행위를 토대로 한 현존감에 의지하여, 학습자 주도적 상호작용을 통해 현실에서의 오감 자극에 상응하는 경험을 제공받음으로써 직접 체험에 상응하는 효과를 창출하게 된다.

가상현실공간에서는 아바타들이 그들의 학습에 대한 소유권을 가질 수 있다. 교수자들은 교실 수업 및 이러닝 상황에서는 불가능했던 방법으로 더욱더 동기부여를 할 수 있고, 거주민들의 학습을 강화시킬 수 있다. 그러나 가상현실공간에서의 직접 경험을 통한 학습은 거주민

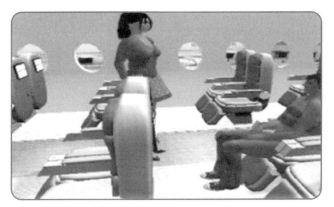

세컨드라이프 영어마을 비행기 내 임무 수행 장면

들의 적극적인 참여와 그 공간에서 머무르는 시간이 전제되어야 한다. 이러한 직접 경험으로는 아바타를 통한 채팅, 쓰기, 말하기, 실험하기 등을 예로 들 수 있는데, 아바타를 통한 체험은 현존감과 감정적 몰입, 다른 거주민들과의 교류를 통한 사회성에 의해서 경험학습으로 발전될 수 있다. 이를 통해 현실 세계의 주인에게 구체적인 경험을 전달하고, 성찰적 사고를 유발하며, 추

상적인 일반화, 능동적인 실험에 의한 적용이 일어난다. 이러한 요소에 의해서 가상현실공간에서의 아바타가 겪는 경험학습이 현실 세계에서의 경험학습에 준하는 효과를 가져다줄 것으로 기대된다.

　이 책을 집필하는 데 많은 도움을 받았다. 2009년 한국교원대학교 석사 및 박사과정과 함께한 강의가 이 책의 출발점이 되었다. 수강했던 대학원생들에게 고마운 마음을 전한다. 가상현실공간에서 수업을 실시해 준 교육대학원 2009학번 대학원생들 그리고 교정하느라 수고해 준 김현영, 김성종 선생님께도 감사 드린다. 출판을 허락해 주시고 책을 만들어 주신 학지사 김진환 사장님 이하 편집진의 노고에도 고마움을 표한다.

2010년 8월

백영균

차 례

제2장　가상현실공간의 문화 … 31

가상현실공간의 이해

1. 시작하는 말

가상현실공간은 디지털 양식으로 구성된 인위적 공간을 말하며 '가상현실 (virtual reality)' 또는 '가상 세계(virtual world)' 라고 부른다. 즉, 가상현실공 간은 컴퓨터에 의해 생성된 삼차원 입체영상이며 마치 현실 세계와 같은 느 낌을 갖게 해 주는 공간으로서, 사용자는 그 속에서 또 하나의 삶을 영위하는 것이 가능하다. 가상현실공간은 개인이 이차적인 삶을 구현하는 기능을 한 다는 데 의미가 있으며, 그 공간에서의 참여를 통해 현실 세계에서의 자기를 형성해 나가기 위한 주요한 공간으로 인식되고 있다. 또한 가상현실공간 안 에서 타인과의 만남이 전개되고, 참여자의 자아 성찰이 이루어지며, 현실 사 회를 반영(reflection)하는 새로운 사회적 관계가 형성되는 문화공간이기도 하다. 그래서 가상현실공간은 강력하고 생산적인 존재 방식이자, 창조 과정 을 확장하고 미래를 열어 주며, 즉각적이고 물리적인 존재의 단조로움 속에 의미를 부여하는 존재 방식이라고 할 수 있다.

가상현실공간에서의 활동은 실시간 상호작용으로 이루어지며 시공간을 초월하는 원격 현존감(tele-presence)과 몰입을 수반하는 활동이다. 가상공 간이 비트(bit)의 탈물질성으로 구축된 정보의 집합체이자 정보를 다양하게 표현한 공간임을 생각해 보면, 가상현실공간은 현실공간을 재현하는 모방 (mimesis)과 변형(transformation)을 바탕으로 재구성되어 구축된 인위적인 공간임을 알 수 있다. 이러한 가상현실공간의 특성으로 인해 그 속에서의 참 여자들, 즉 그 안의 거주민들에게 가상현실공간이란 자신들의 정체성을 확 립하고 질서를 유지해 나가는 공간이기도 한 셈이다.

가상현실공간은 개인적이며 동시에 사회적인 소통과 교류를 통해 인간관 계를 형성하고 유지하는 공간이기 때문에 가상현실공간에서의 활동을 '소통 과 교류' 라는 두 가지 측면에서 생각해 볼 수 있다. 하나는 가상현실공간을 현실공간에서 이미 알고 있는 사람들과 시공간적 제약 없이 소통하는 용도로 이용하는 대인 교류 활동이고, 다른 하나는 가상현실공간을 새로운 인간관계를 형성하기 위한 장으로서 활용하는 공동체(community) 활동이다. 대인 교류 활동을 통하여 사람들은 지속적으로 일상적인 상호 확인 작업을 함으로써 현실 세계에서의 친밀감을 재확인하고 강화하는 한편, 이미 알고 있는 사람들과 상시적으로 안부를 교환하고, 연락이 끊겼던 사람들을 찾거나 다시 만나는 등의 다양한 사회적 교류를 함으로써 즐거움과 심리적 안정감을 얻는다. 또한 공동체 활동을 통해서는 공통의 관심사를 갖고 있는 사람들이 모여 의견과 정보를 교환하고 상호작용함으로써 하나의 공동체를 형성하고, 낯선 사람들과 새로운 인간관계를 형성할 수 있다.

이제 가상현실공간의 구체적인 개념과 특성은 무엇이며, 그곳에서 이루어지는 활동에는 어떠한 것들이 있는지, 또한 그곳에서의 교사와 학생의 역할, 교육 내용 등에 대해 살펴보기로 한다.

2. 가상현실공간의 개념

'가상현실'이라는 용어는 1984년 윌리엄 깁슨(William Gibson)의 소설 『뉴로맨서(Neuromancer)』에서 최초로 사용되었다. 이 소설은 컴퓨터에 의해 지배되는 미래 사회를 다루는 공상과학소설로, 마치 하나의 거대한 도시 같은 의미로서의 사이버공간이 등장한다. 이 공간은 가상환경과 시뮬레이션 세계에 의한 하나의 형이상학적인 실험실이자, 우리의 현실감각 자체를 시험하는 도구이며, 미디어를 통해 인간 상호 간의 소통을 행하는 공간으로 사용된다. 그러나 최근 기술과 문화 사이의 순환적 피드백이 가속화되고 그 윤곽이 더욱 뚜렷해지면서, '가상현실' 또는 '가상현실공간'이라는 용어는 과거보다 훨씬 더 구체성을 띠게 되었다.

김예란(2005)은 가상현실공간을 개인이 지닌 정보의 구체화 및 이를 통한 자기 형성을 실행해 나가기 위한 주요한 공간으로, 자아 성찰이 이루어지며

타인들과의 만남이 전개되고 현실 사회를 반영하는 등 새로운 사회적 관계를
형성해 가는 작업이 진행되고 있는 공간으로 정의하고 있다. 르비(Lévi, 2002)
는 '가상' 이 물질적 실체성은 가지지 못하지만 매우 중요한 존재 양식이라고
보았으며, 기존의 '존재' 와 '비존재' 라는 지나치게 단순화된 이분법에서 벗
어나기 위한 장치로서 새롭게 '현실(the actual)' 과 '가능(the possible)' 이라
는 개념을 도입하였다. 그에 따르면 '가상' '가능' '실재' '현실' 은 각각이
상호 보완적이며, 동전의 양면과 같이 변증법적인 관계를 맺고 있는 존재의
네 가지 다른 양상이라고 한다. 이렇게 보면 '가상' '가능' '실재' '현실' 모
두 존재론적 개념이 아니라, 관계론적 개념이며 그 특성에 따라 공통점과 차
이점을 가지고 서로 밀접하게 관련되어 있는데, '가능' 과 '가상' 은 겉으로
드러나지 않고 숨어 있는 특징을 지니며, '현실' 과 '실재' 는 명백하고 겉으
로 드러나는 특징이 있다. 르비는 '가능' 과 '가상' 을 잠재적인 동시에 실재
적인 존재로 발전할 수 있는 힘으로 보았으며, 실재와 현존의 반대 개념이 아
니라 창조적이고 미래지향적인 개념이라고 하였다.

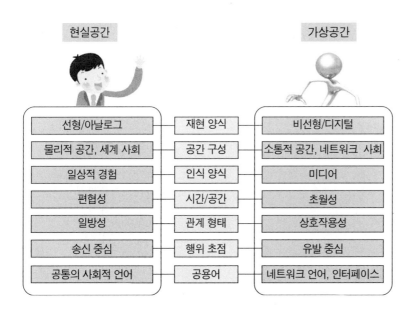

현실공간		가상공간
선형/아날로그	재현 양식	비선형/디지털
물리적 공간, 세계 사회	공간 구성	소통적 공간, 네트워크 사회
일상적 경험	인식 양식	미디어
편협성	시간/공간	초월성
일방성	관계 형태	상호작용성
송신 중심	행위 초점	유발 중심
공통의 사회적 언어	공용어	네트워크 언어, 인터페이스

그림 1-1 현실공간과 가상공간의 차이

가상현실공간을 이해하기 위해서는 우선 현실공간과 가상공간을 구분해야 한다. 현실공간은 메시지의 흐름에 의한 의사소통의 장으로, 물리적 제약에서 오는 시공간의 한계가 있으며 물리적 요소들로 구성된 선형적 세계다. 반면에, 가상공간은 인터페이스라는 인위적 장치에 의한 의사소통 구조를 통해 메시지를 생산해 내는 장으로, 디지털 요소인 비트로 구성된 비선형적이고 불연속적인 특성을 갖고 있으며 시공간의 한계가 극복된 네트워크 사회다. 이를 [그림 1-1]과 같이 정리할 수 있을 것이다.

가상현실공간은 앞에서 제시한 가상공간의 개념을 넘어서는 새로운 개념이다. 가상공간이 네트워크를 통해 정보 교환 및 의사소통의 상호작용이 이루어지는 사회적 공간으로서 '협의적' 의미의 공간이라면, 가상현실공간은 컴퓨터 공학이 만들어 내는 새로운 체험의 세계인 가상 세계로 이끄는 '광의적' 의미의 공간을 말한다. 전자가 시공을 초월한 항해의 공간을 대표한다면, 후자는 공감각적인 몰입을 조장하는 인터페이스 환경을 말한다.

[그림 1-2]에서와 같이 가상현실의 공간 영역은 네트워크 영역과 인터페이

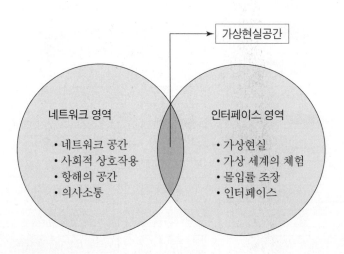

그림 1-2 **가상현실공간의 기술적 차원**

출처: 라도삼(1999)에서 재인용.

스 영역으로 구분할 수 있다. 네트워크 영역은 네트워크를 기반으로 하여 시간과 공간을 초월한 의사소통을 가능하게 해 주는 영역인 반면, 인터페이스 영역은 이러한 의사소통이 이루어지는 '재현체계'를 구성하는 영역이다. 이 두 영역이 교차하는 부분이 가상현실공간이다. 그리고 이 영역이 확장될수록 가상현실공간의 영역은 네트워크를 기반으로 하는 의사소통, 상호작용 및 항해를 할 수 있는 특성이 커지며, 이에 따라 체험을 통한 공간에의 몰입이 높아지게 되는 것이다.

3. 가상현실공간의 특성

가상현실공간은 보고 만지며 직접 경험할 수는 없지만 이 공간에서 사람들은 서로 만나서 대화하고, 지식을 공유하고, 물건을 사고팔며 정서적으로 친밀감과 공감대를 형성하기도 한다. 이러한 가상현실공간이 실제 현실공간과 어떻게 다른지 살펴보기로 한다.

첫째, 가상현실공간은 실시간 상호작용에 의해 이루어지는 공간이다. 가상현실공간은 단순한 애니메이션 및 시뮬레이션 등과 달리 상호작용이 가능하며, 일방향의 정보 제공이 아닌 실시간 상호작용에 의해 이루어진다. 가상현실공간은 네트워크 영역과 가상현실을 넘어 삼차원 공간 기술을 바탕으로 제작된 시공을 초월한 형태로 사용자와 사용자, 사용자와 디지털, 디지털과 디지털 등의 주체들이 상호작용하게끔 한다. 즉, 인간뿐만 아니라 다양한 주체들이 서로 상호작용하게끔 된다. 현실 세계의 공동체가 물리적 시공간을 공유하면서 직접적인 대면 접촉을 통해 공동체를 유지하는 데 비해, 가상현실공간의 공동체는 물리적 시공간을 필요로 하지 않기 때문에 사회적 관계를 유지하기 위해 요구되는 의무와 책임도 그만큼 줄어든다. 그래서 가상현실공간을 통해 형성된 사회적 관계는 친밀도와 응집력이 약하다는 특징을 갖는다. 이러한 '약한 유대 관계(weak-ties)'로 인해서 구성원들 간에 수평적인 상호작용이 가능해지며, 낯선 사람들과 쉽게 관계를 형성할 수 있다. 또한 약한 유대 관계는 구성원들이 낮은 비용으로 정보를 제공받고, 기회를 획득하기 쉬우며, 서로 다른 특성을 가진 사람들 간의 관계를 높여 개인의 사회적 관계를 확장시킬 수 있다(Castells, 2002).

둘째, 가상현실공간은 시공간을 초월하는 원격 현존감과 몰입의 경험을 제공하는 활동 공간이다. 가상현실은 사용자 인터페이스의 인공 데이터를 인간의 감각기관에 제공함으로써 가상의 환경을 현실로 느끼게도 하고, 반대로 그 환경을 변화시킬 수도 있기 때문에, 현실 사회의 공간적 한계를 뛰어넘는 무한한 공간이 될 수 있다. 가상현실공간은 공간적으로 흩어져 있는 어느 한 집단의 사람들이 공간적 분리에도 불구하고 같은 시간, 같은 장소에 있다는 느낌, 즉 원격 현존감을 제공한다. 가상현실공간에서는 몰입과 원격 현존감을 통해 현실보다 더 현실 같은 가상현실의 경험을 하게 된다.

셋째, 가상현실공간은 방대한 정보 데이터베이스의 공간이다. 가상공간은 현실공간을 뛰어넘는 엄청난 양의 지식과 정보를 제공하는 특성을 지닌다. 현실공간에서 제시가 불가능한 공간 구성요소에 대한 데이터와 지식은 방대한 데이터베이스에 의해 저장되며, 사용자에게 체계적이고 구체적으로 제공된다. 사용자들은 스스로가 정보의 생산자인 동시에 소비자이며 정보의 관리자 역할까지 수행하게 된다.

넷째, 가상현실공간은 비트 단위로 재구성된 인위적 재창조의 공간이다. 인위적인 디지털 가상현실공간에서 이미지와 형태를 이루는 기본 단위인 비트 체계 그 자체는 단지 +와 -를 표시하는 전하 값에 지나지 않으나, 인간이 지각할 수 있는 모든 것을 숫자라는 균일한 기호로 환원시키며, 이는 실로 현실 세계의 물리적 실재가 없는 정보 구조로서의 인위적 재창조 공간을 의미하는 것이다. 가상현실공간은 자연과 관련해서도 우리가 실제로 살고 있는 세계처럼 단지 주어진 것이 아닌, 인위적으로 창조되는 것이라는 관점에서 공간을 지배하는 원칙과 운동 법칙 또한 그냥 주어지는 것이 아니라 새롭게 창조되어야 한다. 따라서 규정되지 않은 것은 존재하지 않게 된다.

다섯째, 가상현실공간은 현실공간의 대상을 재현하는 모방의 공간이다. 가상현실공간은 현실 세계를 삼차원 혹은 다차원으로 재생산하는 것이라기보다 현실 세계를 변형시켜 만들어 낸 하나의 '대안적 세계'라고 할 수 있는데, 대안적 세계란 결국 현실을 기본으로 한 모방의 과정을 통해 재현 혹은 다르게 표현된 세계라는 의미를 가진다. 가상현실은 현실 세계와 연결되어 있는 동시에 환상과 상상의 세계와도 연결되어 있음을 의미한다. 하지만 가상현실 분야에서 여전히 의문으로 남는 것은 시간과 공간에 구애받지 않는 존재가 어떻게 사회적으로 진화할 수 있느냐 하는 문제다. 가상현실공간에서의 조형적 형태는 변형, 결합, 대치가 자유롭고, 때로는 약간의 학습 능력을 지닌 인공지능을 가질 수 있다. 이는 현실 속의 사용자와 실시간으로 의사소통하며 변화와 진화를 거듭하여 마치 '존재'로서의 정체성을 갖는 것이 가능하다는 의미다. 하지만 중요한 것은 가상현실공간의 조형적 형태의 변화와 진화는 독립된 공간에서 독립 개체로서 성장·발전하는 것이 아니며, 현실의 사용자나 현실의 환경과 자연 개체와의 연결 매개체인 인터페이스를 통한 상호작용에 의해 이루어진다는 것이다.

여섯째, 가상현실공간은 행위 유발성(affordance)의 공간이다. 깁슨(Gibson, 1996)은 행위 유발성의 개념을 환경과 생물(사람) 사이에서 실행 가능한 속성이라고 제안한다. 행위 유발성은 세상에 존재하는 자연의 일부이며 숨겨져 있거나, 혹은 노출되어 있는 경우도 있다. 이와 같은 측면에서 깁슨이 주장하는 행위 유발성은 자연의 것이지, 가상현실공간의 그것과는 거리가 있다. 행위 유발성의 개념을 다른 분야에서 적극 수용한 학자 중 한 사람은 '사용자 중심의 시스템 디자인'이라는 연구 분야를 개척한 도널드 노먼(Donald Norman)이다. 하지만 노먼은 행위 유발성의 개념을 명확히 정립하지 않아 많은 연구자들에게 혼란을 주었으며, 아직도 이 개념은 노먼의 의도와 달리 연구자의 자의적 해석에 따라 혼란스럽게 사용되고 있는 실정이다. 이후 행위 유발성은 '행동 지원성' '지원성' '단서 제공' '증여' '공급 가치' '의미 제공성' 등 많은 의미로 번역되어 사용되고 있다. 이상의 논의를 정리해 보면, 첫째 행위 유발성은 일방적인 환경의 지원이 아닌 환경과 생물 간의 관계를 지칭하는 용어다. 둘째, 행위 유발성은 생물의 행동을 가능하게 하는 것을 의미하며, 생물의 행동을 강제적으로 이끌어 내는 것을 의미하지 않는다. 행위 유발성의 공간으로서의 가상현실공간은 넓은 의미에서 학습자의 행동을 촉진하고 유발하는 행동 지원성, 다양한 학습 문제와 관련된 실마리의 제공, 학습 활동 과정에서 다양한 지식과 경험의 획득이라는 의미를 제공하는 학습 환경의 역할을 한다.

일곱째, 가상현실공간은 자아정체성의 공간이다. 개인의 정체성 형성은 매우 개인적인 과정처럼 보이지만, 실제로는 사회적인 환경으로부터 많은 제약을 받는다. 전통 사회에서 개인은 지역이라는 물리적 공간을 공유하는 친족 집단과의 긴밀한 관계 속에서 자신의 정체성을 형성할 수밖에 없었다. 그러나 근대 산업사회가 도래하면서 교통수단의 발전은 개인을 공간적 제약에서 벗어나게 해 주었고, 매스미디어 시스템의 발전은 개인의 지식과 정보를 크게 확장시켜 줌으로써 개인은 전통 사회보다 더 자유롭게 정체성을 형성할 수 있게 되었다. 이렇게 사회 속의 개개인은 사회적으로 주어진 한계 내에서 자신에게 주어진 문화적 특성에 근거하여 자신의 외부 세계에 대한 이해와 의미를 구성하게 되는데, 이러한 이해와 의미의 원천이 바로 정체성이다(Castells, 2002).

현실에서 사람은 누구나 자신의 정체성을 가진다. 다른 사람과는 다른 자신만의 특성, 예컨대 얼굴이나 지문, 목소리를 통해 다른 사람과 구분되는 자신만의 정체성을 갖게 된다. 이렇게 형성되는 정체성은 평생 동안 거의 바뀌지 않고 현실 세계에서 '나'라는 존재를 나의 정체성에 얽매이도록 한다. 이처럼 사람들은 현실의 정체성에 의해 통제를 받는다. 그러나 온라인에서의 상호작용은 상대는 존재하되 보이지 않는 상황에서 이루어진다. 이러한 상황에서는 나에 대한 다양한 실험이 가능하다. 현실공간에서 자아정체성은 '타고나는 것' 혹은 '주어지는 것'으로 출발한다. 성별, 외모, 나이, 가정환경 등은 '주어진' 조건이며, 다소의 정체성은 이러한 '거부할 수 없는 현실'

에서 생겨난다(정민승, 2000). 그러나 가상현실공간에서는 이처럼 거부할 수 없는 현실을 벗어나 현실과 전혀 다른 나를 창조하는 것이 가능하다. 또한 가상현실공간에서는 자신이 창조한 자아가 타인과 적절한 관계를 맺지 못할 경우, 그 자아를 버리고 언제든지 새로운 자아를 창조할 수 있다. 따라서 사용자들은 가상현실공간에서 현실에서는 실현하지 못한 이상적인 자아의 모습을 경험할 수 있으며, 여러 모습의 자아가 분리되어 공존하는 상태를 경험할 수도 있다. 가상현실공간에서 인간은 육체적 정체성과 사회적 정체성을 가질 수 있다. 텍스트 위주의 가상현실공간에서는 육체적 정체성이 존재하지 않지만, 그래픽 위주의 가상현실공간에서는 자신을 나타낼 그래픽 개체가 필요하기 때문에 어떠한 형태로든 가상적인 육체적 존재를 가지게 된다. 가상현실공간에서 사용자의 역할을 대신하는 캐릭터이자 대역을 '아바타'라고 부른다.

아바타는 현실 세계와 가상 세계를 이어 주며, 익명과 실명의 중간 선상에 존재한다. 가상현실공간의 정체성은 현실공간의 사회적 관계나 신체적 특성에 제한받지 않고, 사용자가 참여하는 상황과 맥락에 의해 다양하게 변화한

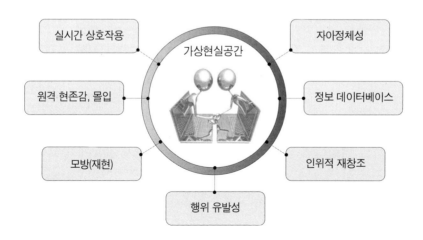

그림 1-3 가상현실공간의 특성

다. 개인의 정체성이 고정되어 있지 않고 늘 새롭게 규정되는 가상현실공간 속의 정체성은 육체적 한계를 벗어나 상상력을 상징적으로 재현하여 얻어지는 것이다. 이렇듯 사용자 자신을 특징짓는 외면적·내면적 속성인 정체성은 가상공간에서 복합적·통합적·다원적 성격을 띤다. 지금까지의 가상현실공간의 특성을 정리해 보면 [그림 1-3]과 같이 나타낼 수 있다.

4. 가상현실공간에서의 활동

가상현실공간을 인간관계의 형성을 위한 사회적 소통과 교류의 공간으로 볼 때, 크게 두 가지 활동으로 나누어 생각해 볼 수 있다. 하나는 개인 대 개인 사이에서 주로 사용하는 매체를 이용하여 기존 관계를 유지·강화하기 위한 대인 지향적인 의사소통 활동이고, 다른 하나는 가상현실공간에서 새로운 인간관계를 형성하기 위한 공동체 활동이다.

1) 대인 지향적 의사소통 활동

이미 관계를 형성하고 있는 타인들과 공간적·시간적 제약 없이 동시적 혹은 비동시적 상호작용을 통해 사회적 관계를 유지·강화하거나 새롭게 정의하기 위해 가상현실공간에서 사람들과 의사소통하는 활동으로 주로 이메일, 메신저, 미니홈피 등 인터넷 기반 대인 미디어가 이용된다.

이메일은 미디어 기술의 발달 과정에서 대인 미디어의 특성을 보이는 최초의 디지털 미디어로서(최승범, 김주환, 2006), 메시지 전달의 비동시성, 정보의 재이용 및 가공 용이성 등을 특징으로 한다(김관규, 2002). 인터넷이 대중화되면서 이메일은 많은 에너지를 소모하지 않고 공간적으로 떨어져 사는 사람들에게 '안부'를 묻는 것과 같은 일상적인 상호작용을 보다 쉽게 할 수 있게 해 주는 탁월한 미디어로서(Castells, 2001) 평가받으면서 대중적으로 이용되었다. 그러나 최근 메신저, 휴대전화의 발달로 인해 개인적인 상호작용을 매개하는 대인 미디어로써의 역할이 줄고 있다는 연구 결과가 제시되고 있다(김은미, 2005).

메신저는 자신이 일상적으로 소통하고자 하는 사람들을 지인 목록에 등록해 놓고 서로 함께 로그인 해 있을 때, 즉각적이고 실시간으로 상호작용할 수 있는 대인 미디어다. 자신의 사회 관계망을 가시적으로 보여 주는 친구 목록(buddy list)은 메신저의 가장 큰 특징으로 꼽히는데, 메신저를 통한 일상적인 상호작용은 공간적 근접성과 무관하게 친밀감을 만들어 내는 데 탁월한 기능을 하며, 새로운 인간관계를 만들어 나가기보다는 이미 형성되어 있던 사회적 관계를 새로이 되살리는 기능이 더 큰 것으로 나타났다(김은미, 2005). 또한 메신저는 온라인 커뮤니티 등을 통해 관계 맺은 사람들과의 일상적인 상호작용에 있어 이메일, 휴대전화 등의 미디어보다도 활발하게 이용되고 있는 것으로 나타났다(김효동 외, 2006).

한편 최근 젊은이들을 대상으로 활발하게 이용되고 있는 대인 미디어가 미니홈피다. 미니홈피는 변형된 블로그로 볼 수 있는데, 가상현실공간의 익명적이고 상상적인 독자를 대상으로 한 정보 교환 및 사회적 발언을 하기 위한 미디어인 블로그에 새롭게 '일촌'이라는 개념을 도입하여 이용자 개개인이 현실 세계에서 형성한 친밀한 관계의 사람들과의 사회적 교류를 강화한 미디어 형태다. 대학생들의 미니홈피 이용을 분석한 김예란(2004)에 따르면, 미니홈피는 '나'를 중심으로 하여 타인들이 모여드는 공간이며, 현실 세계의 사회적 관계를 기반으로 한 미니홈피의 인간관계는 '현실과 가상의 시공간을 넘나들며 지속적인 의사소통 및 교류를 함으로써 현실 세계의 친밀감을 확인하고 강화하는 수단'으로 사용되고 있다.

이처럼 미니홈피의 대중적 사용 유형은 현실 세계에서 이미 알고 있는 사람들과 일상적으로 안부를 교환하고 연락이 끊겼던 사람들을 찾고 다시 만나는 등 사회적 교류를 가상현실공간에서 재현함으로써 즐거움과 심리적 안정감을 얻는 것을 목적으로 한다. 그래서 미니홈피는 가상현실공간에서 새로운 인간관계를 형성하기 위한 미디어라기보다는 오프라인에서 형성된 현실적 인간관계를 유지·강화하기 위한 커뮤니케이션 미디어라고 볼 수 있다 (김예란, 2005).

2) 공동체 활동

공동체 활동은 새로운 인간관계를 형성하기 위한 활동이다. 가상현실공간에서는 미지의 상대방과 익명성이 높은 상황에서 새로운 인간관계를 형성하기 위해 다양한 사회적 소통을 시도한다. 온라인 공동체 활동은 사회적 교류 범위가 좁을 수밖에 없는 사용자들이 새로운 사람들을 만나고 사회적 관계망을 확장할 수 있는 주요한 수단으로 떠오르고 있는데, 이러한 활동의 대표적인 것이 가상공동체 활동과 온라인 게임이다.

지금까지 많은 논의들은 가상현실공간에서 개인의 커뮤니케이션 실천은 공동체를 형성할 수 있고, 이를 통해 개인이 새로운 사회적 관계망을 획득할 수 있다고 보았다. 그래서 가상공동체라는 용어를 처음 사용한 라인골드(Rheingold, 1993)는 '충분한 수의 사람들이 충분한 인간적 감정을 가지고 충분히 긴 시간 동안 전자적으로 매개된 공개적 토론을 수행함으로써 가상현실공간 내에 사회적 관계망을 형성' 할 수 있으며, '이때 나타나는 사교적 집합체' 로서 가상공동체를 정의하였다. 이 정의에 따르면 가상공동체는 가상현실공간이라는 상징 영역에 위치하고, 컴퓨터를 매개로 하는 의사소통에 기반을 두며, 참여자들로 하여금 정서적 동질감을 느끼게 함으로써 궁극적으로 공동체에 이르게 하는 것으로 설명된다.

다른 컴퓨터 게임과 달리 온라인 게임은 가상현실공간에서 대인 간 상호작용이 가능하기에, 공통 관심사를 가진 사람들이 모여 의견과 정보를 교환하며 상호작용함으로써 하나의 공동체를 형성할 수 있다(이재현, 2000). 따라서 온라인 게임은 자아를 확인하고 관계를 맺는 사회적 공간으로서(김주환 외, 2005), 온라인 게임 활동은 낯선 사람과 인간관계를 형성할 수 있는 대표적인 활동이 된다.

물론 가상공동체가 현실 세계와 완전히 독립적으로 존재할 수는 없다. 온라인 카페나 동호회 등의 가상공동체가 안정적인 인간관계로 지속되기 위해서는 직접적인 대면 커뮤니케이션을 통해 상대를 확인하고 공감대를 형성하는 절차가 필요하다는 사실은 여러 연구에서 밝혀진 바 있다(김관규, 2002; 김은미, 2005). 따라서 가상현실공간에서 새로운 인간관계를 형성한다고 할지라도 지속적이고 안정적인 관계로 발전하기 위해서는 서로에 대한 정보 공유 및 일상적인 상호작용이 수반되어야 한다.

5. 가상현실공간에서의 학습

가상현실공간에서의 학습은 인터넷을 활용하는 교육의 한 형태로 교수-학습 활동이 사이버공간에서 상호작용을 기반으로 이루어진다. 가상현실공간에서의 학습은 컴퓨터를 통하여 삼차원의 세계를 경험하도록 하는 교실의 가장 획기적인 학습 도구이며, 넓은 의미의 학습 환경인 것이다(임선빈, 1996). 여기서는 가상현실공간에서의 학습에서 요구되는 교사의 역할과 교육 내용에 대하여 살펴보기로 한다.

1) 교사의 역할

가상학습 환경에서 교사는 학습의 안내자 혹은 조언자다. 교사는 수업의 목표와 학습 활동의 대략만 제시하고 구체적 진행과 세부적 내용은 학생들이 주도하여 학습 활동이 이루어진다. 이 과정에서 교사가 수행해야 할 중요한 두 가지 역할은 다음과 같다. 첫째, 지속적으로 학생들의 학습 진행 과정을 관찰하고 방향을 재조정해야 한다. 둘째, 학습자에게 적절한 피드백을 신속하게 제공해야 한다. 메신저나 채팅 프로그램, 이메일이나 게시판 등을 통해 학생들은 언제든 교사에게 질문을 할 수 있다. 학생 중심의 학습에서는 이러한 질문에 대해 얼마나 신속하게 답이 제공되는가가 학습 효과에 중요한 영향을 미친다.

2) 학습 내용의 선정

가상학습과 관련하여 그 기저에 내재된 교수-학습 활동의 이론적 배경은 학생이 실생활의 문제를 해결할 수 있는 능력을 갖출 수 있도록 교수-학습 과정을 제공해야 한다는 것이다. 이는 학생이 학습할 내용이 단순히 개념적인 것이 아니라 학생이 실생활에서 유용하게 활용할 수 있는 것이어야 함을 의미한다. 따라서 이러한 학습 내용은 그 지식이 사용될 맥락에 적합한 문제의 형태로 제시되고, 개별 학생이 자신의 학습 목표와 상황에 적합하게 연습할 수 있도록 다양한 학습 환경을 제공할 수 있어야 효과적이다. 이러한 사실은 인지적 활동이 일어나는 사회적 맥락이 단순히 그 활동을 둘러싸고 있는 맥락이 아니라, 그 활동의 중요한 부분이라고 가정하는 상황적 인지(situated cognition)에 기반을 둔 학습 경험을 강조하기 때문이다. 따라서 학습은 상황과 맥락에 의존적으로 발생하며, 그렇지 못할 경우 전이의 어려움이 발생하게 된다. 이와 관련된 학습이론으로 문제중심학습(problem-based learning), 상황적 인지학습이론(situated cognition learning theory), 인지적 유연성 이론(cognitive flexibility theory), 사례중심학습(case-based learning) 등을 들 수 있다.

6. 맺는말

가상현실공간은 인터넷과 같은 컴퓨터를 매개로 하는 네트워크가 만들어내는 가상의 공간인 동시에 이제는 또 하나의 현실이 된 공간으로서, 이 공간을 통해 현실 세계에서처럼 사람들과의 교류가 일어나고 있다. 즉, 가상현실공간이란 특정 개인의 마음속에 존재하는 심리적인 공간이 아니라 사람들 간에 다양한 사고와 감정, 정보 등을 공유할 수 있는 네트워크상의 가상공간 세계를 지칭하기에 이르렀다. 이러한 가상현실공간의 특성으로 인하여, 우리는 이제 훌륭한 학습 공간을 가지게 되었다. 가상현실공간에서의 상호작용은 학습자로 하여금 자신이 원하는 학습 환경을 주도적으로 창조해 가며 경험할 수 있는 기회를 제공하고 있다. 가상현실공간을 통한 경험은 구성주의 입장에서의 상황학습과 같은 맥락으로서, 직면하게 되는 실제 상황의 다양한 문제에 대한 해결책을 탐색하고 발견하는 문제해결 능력을 향상시키는 데 도움을 주고 있다.

새로운 학습 환경으로서의 가상현실공간은 지금까지 교육에서 활용되어 온 멀티미디어 학습 환경을 뛰어넘어 삼차원 입체 환경을 통한 중다감각적 상호작용을 가능하게 함으로써 학습자의 동기 유발은 물론이고 탐구 능력 및 문제해결 능력의 향상에 기여할 수 있을 뿐만 아니라, 기존에 이해하기 어려웠던 내용 영역의 학습에 대한 잠재 가능성이 풍부한 도구이기 때문에 향후 교육적 활용 가치가 매우 높은 시스템이다(임정훈, 2001).

가상현실공간은 미래의 교육에 많은 가능성을 열어 주고 있다. 가상현실공간은 학습자들로 하여금 추상적이며 상징적인 방법이 아닌, 보다 구체적이고 실질적으로 대상과 직접 교류함으로써 이루어진다는 점에서 높이 평가받고 있으며, 따라서 가상현실공간을 학교 현장에 적용하려는 시도가 계속되고 있다.

참고문헌

김관규(2002). Computer-Mediated Communication을 통한 인간관계와 현실공간 인간관계의 비교. 한국방송학보, 16(4), 73-109.

김예란(2004). 가상공간의 공동체 문화 탐색-사이월드 문화를 중심으로. 언론과 사회, 12(3), 55-89.

김예란(2005). 정보생산자로서의 개인의 역량 증가와 사회문화적 함의. 21세기 한국 메가트렌드 시리즈 II, 5(29). 정보통신정책연구원.

김은미(2005). IT와 개인 의사소통 체계의 변화-유선전화, 휴대전화, 이메일을 중심으로. 21세기 한국 메가트렌드 시리즈 II, 5(26). 정보통신정책연구원.

김주환, 진보래, 최승범(2005). 관계적 자아 형성의 장으로서의 사회적 네트워크 어플리케이션(SNAG). 한국정보과학지, 23(6). 19-28.

김효동, 김광재, 박한우(2006). 커뮤니케이션 채널에 따른 관계망 분석: 면대면, 휴대전화, SMS, 이메일, 메신저 서비스의 비교. 디지털 시대의 미디어 이용. 서울: 커뮤니케이션북스.

라도삼(1999). 비트의 문명 네트의 사회: 가상공간에 대한 철학적 탐색. 서울: 커뮤니케이션북스.

이재현(2000). 디지털 정보와 디자인 교육에 대한 연구. 울산과학대학 연구논문집, 26(2), 223-236.

임선빈(1996). 새로운 학습 환경으로서의 가상현실. 교육공학연구, 12(2), 189-209.

임정훈(2001). 가상교육·사이버교육에 관한 개념적 고찰. 교육공학연구, 17(3), 165-194.

전재연 역(2002). 디지털 시대의 가상현실. 서울: 궁리

정민승(2000). 온라인에서의 자아정체성. 교육인류학연구, 3(3), 141-162.

최승범, 김주환(2006). 대인 미디어의 이용 행태 연구: 개인 특성, 커뮤니케이션 상황, 미디어 이용 및 채도를 중심으로. 디지털 시대의 미디어 이용. 서울: 커뮤니케이션북스.

Castells, M. (2001). *The internet galaxy*. U.K.: Oxford University Press.

Castells, M. (2002). *The internet galaxy: Reflections on the internet, business and society*. U.K.: Oxford University Press.

Lévi, P. (2002). *Qu'est-ce quele virtuel?*

Rheingold, H. (1993). *The virtual community.* NY: Maddison-Wesley Company.

Gibson, J. J. (1996). *The ecological approach to visual perception.* Boston: Houghton Mifflin.

Gibson, W. (1984). *Neuromancer.* NY: Ace.

가상현실공간의 문화

1. 시작하는 말

가상현실공간은 컴퓨터 안에서 삼차원 영상을 통해 마치 현실 세계에 존재하는 것과 같은 느낌을 갖게 해 주는 생활공간이다. 즉, 가상현실공간은 어떤 특정한 환경이나 상황을 컴퓨터로 만들어서 그것을 사용하는 사람이 마치 실제 주변 상황이나 환경과 상호작용을 하고 있는 것처럼 느끼게 해 주는 인간과 컴퓨터 사이의 인터페이스를 말한다. 이러한 가상현실공간에서 사용자는 주로 텍스처나 이차원 혹은 삼차원 형태의 아바타를 통해 이동하고 소통하며, 대부분 일정한 가상현실공간에서 사용자들이 만나 서로 교류한다. 가상현실의 세계는 중력이나 운동, 지지, 의사소통과 같은 현실의 법칙을 따르며, 현실 세계를 집약하여 보다 구체화하고 현실 생활과 유사한 형태를 띠기도 하며 환상의 세계를 구현하기도 하는데, 사용자는 자신의 아바타를 통해 여기에 참여하게 된다.

또한 사용자는 가상현실공간에서 문자, 그래픽 아이콘, 시각적인 움직임과 제스처, 소리 또는 드물게 접촉이나 감각으로 의사소통을 하기도 하는데, 능동적이고 자율적이며 적극적으로 의사소통 및 정보 전달에 참여한다. 이러한 적극성을 띤 가상현실공간에의 참여는 모방, 가변적인 정체성, 긍정적이고 부정적인 탈억제, 자신만의 아바타를 만들어 낼 수 있는 신화적인 변신의 귀재인 프로테우스 효과 및 협력적 상호작용이라는 독특한 문화를 만들어 낸다.

2. 가상현실공간의 문화 요소

현재 가상현실공간은 발견 및 체험학습을 설계할 수 있는 시험적인 환경을 제공하고 있으며, 구성주의 학습을 위한 종합적인 환경으로서 학생들의 흥미를 이끌어 내고 있다. 가상현실공간을 활용한 최적의 학습 환경을 설계하기 위해서는 학습에 참여하는 학습자들의 요구에 초점을 맞추는 것이 중요하다. 따라서 설계자는 가상현실공간을 찾는 사용자들의 성향을 연구해야 한다. 사용자들은 수줍음이 많으며, 사려가 깊고, 다소 감정적인 거리를 두는 것에 편안함을 느끼며, 자발적으로 상호작용하면서 말하는 것이 서툰 사람들일 가능성이 높다. 그러나 다른 한편으로 그들은 다른 사람들과 지식과 정보를 공유할 때 적극적으로 참여하기도 한다. 이러한 유형의 사용자들을 위한 비공식적인 문자로 된 통신은 직접 마주 보고 이야기하는 것보다 종종 더 실재적이며 유익하다. 이는 현재의 개별화 교육 접근법에 기초하고 있는 시각, 청각, 운동감각 및 상징의 카테고리와 직접적인 관련이 있는 새로운 차원의 학습 방식이 될 수도 있다. 더욱이 대부분의 사용자들은 협력적인 활동을 지원하는 가상현실공간에 쉽게 매료되는데, 이는 다수의 사용자들이 협력 활동을 통해 공동의 목표를 성취하면서 개인 활동에서는 쉽게 얻을 수 없는 그 무엇인가를 얻을 수 있기 때문이다. 이는 컴퓨터를 매개로 한 의사소통의 장인 가상현실공간과 연결된 세 가지 유형의 집합체(collective goods)와 관련이 있는데, 유용한 기술을 바로 접할 수 있는 성격을 지닌 사회적 네트워크 자본, 즉각적인 질문에 즉시 대답할 수 있는 개인적이지만 공유된 성격의 두뇌 지식 자본 그리고 공통의 기쁨과 시련을 나누는 사람들로부터의 심리적이고 정신적인 지원인 친교가 그것이다(Smith, 1992). 이처럼 가상현실공간에서 협력을 이끄는 유사한 유형들은 면 대 면 구성주의 학습에 기초하고 있다(Dede, 1995). 가상현실공간에서의 문화 요소를 모방, 정체성의 가변성, 탈억제, 프로테우스 효과 그리고 공동체 문화로 나누어 살펴보기로 한다.

1) 모 방

아바타에 내재된 신비스러운 미디어적 요소 및 그가 수행하는 행동은 다른 사용자들로 하여금 흉내를 내거나 성공적인 제2의 삶을 누려야겠다는 욕

구를 갖게 만든다. 왜냐하면 다른 사람들에게 일어나고 있는 일이 자신에게
도 일어나고 있는 것 같은 느낌을 갖게 하는 것은 모방(mimesis)의 출발점이
되며, 한편으로 모든 드라마의 중심에 있는 가장 오래되고 강력한 감정이기
때문이다(Laurel, 1991). 모든 극작가들이 알고 있는 것처럼 이는 현실도피로
이어질 수도 있으나, 제대로 설계한다면 모방의 초점이 재미있는 탐험, 해
봄으로써의 학습 및 카타르시스라는 구성주의 학습을 이끌어 내는 중요한
과정으로 연결될 수 있다(Dede, 1995).

다중 사용자 모의환경(Multi-User Simulated Environments: MUSEs)에서의
구성주의 학습 활동은 현실도피나 가면으로 인해 개인의 주체성을 잃기보다
오히려 그것을 찾는 데 도움을 준다. 고프먼(Goffman, 1959)의 『일상생활에
서의 자아의 제시(The Presentation of Self in Everyday Life)』에서, 사람들은
항상 현실이라는 무대 위에서 타인이라는 관객들에게 의미 있는 등장인물을
만들어 보여 준다고 주장했다. 현실의 불쾌한 모습을 부정하는 사람들이나
혹은 그들의 내적인 자기 이미지와는 확연히 다른 인물을 세상에 보여 주는
사람들과 같이, 가상현실공간에 빠진 사람들은 그 안에서 차선의 학습 행동
을 가질 가능성이 있다. 가상의 구성주의 학습 환경은 그 안에 학습 중심의
다양한 생활양식을 제공하며, 학습자는 새로운 인물이 되어 갖가지 실험을
할 수 있는 안전하고 편안한 익명의 기회를 갖게 된다(Dede, 1995). 예를 들
어, 시행착오 및 경험학습을 두려워하는 사람은 가상현실공간에서 아바타를
통해 학습 과정에 편안하게 참여할 수 있다.

2) 정체성의 가변성

학습을 격려하는 기회를 제공해 주는 가상현실공간의 또 다른 사회심리
학적 원동력은 사용자 정체성(본질)의 가변성(fluidity)이다. 인쇄물, 전화,
텔레비전과 같은 이전의 의사소통 매체는 시공간과 관련된 사회적 경계를
해소하지 못했다. 그러나 이후 텍스트와 컴퓨터 그래픽을 기초로 한 멀티미

디어의 종합 환경은 비인간화된 매체를 통해 매우 개인적인 것들에 대한 의사소통을 가능하게 함으로써 정체성의 경계를 허물었다(Rheingold, 1993). 구성주의 관점에서 볼 때, 이러한 개방성은 긍정적이지만 아바타가 실재와 멀리 떨어져 있기 때문에 개인의 행동이나 의도가 항상 의심스럽다는 문제가 있다.

실재성에 대한 도전과 기회를 보여 주는 가상 환경의 한 유형은 머드(MUDs) 게임이다. 이는 신비로운 텍스트 기반의 세상으로, 사용자들은 상황에 따라 변화할 수 있고, 익명의 정체성과 간접 경험으로 음모를 꾸미기도 한다. 머드 게임은 의미를 위한 매개체라는 언어의 역할을 넘어서 행위의 용도로도 사용되고 있다. 즉, 누군가는 무대에서 배우의 역할을 할 수도 있고, 능글맞게 웃거나, 연기나 바람 속으로 사라질 수도 있다. 또한 사용자들의 협동적 상호작용에 초점을 맞춘 공유된 환경의 지속적인 발전은 머드 게임이 지루하거나 진부하지 않도록 해 준다. 사용자가 다른 사람이 만들어 놓은 환상을 바탕으로 겪게 되는 보편적인 어드벤처 게임과는 대조적으로, 제공된 환경을 개인화하고 공유된 맥락에서 무엇인가를 창조하기 위해 다른 사람의 인지를 수용한다는 것은 사용자들의 호기심을 자극한다. 이는 또한 면 대 면의 구성주의 학습 환경과도 동일하다.

이러한 심리사회적인 매력은 사용자들에게 항상 긍정적인 것만은 아니다. 일부 사용자들은 머드가 중독적인 행동에 매우 강력한 매체로 작용하고 있다는 것을 발견했다(Bruckman, 1992). 밤이건 낮이건 언제든지 원할 때 자신의 가변적인 정체성을 가지고 사람들과 흥미로운 대화를 할 수 있다는 것은 상당수의 사용자들을 의사소통 중독으로 이끌 수 있다. 게다가 시뮬레이션 환경을 수정하는 것과 같이 사용자가 원하는 높은 수준의 신비한 힘을 획득하는 것은 사용자들에 의해 총체적으로 발전된 머드 게임의 지식과 규칙을 세세하게 숙달하는 과정을 필요로 하며 여기서 많은 시간이 소요될 수 있으나, 이는 대개 학습과는 관련이 없다(Dede, 1995).

3) 탈억제

엔터테인먼트 지향의 사이버공간으로서의 게임공간은 사용자들이 현실 세계의 사회적 지위와 관계없이 결혼과 이혼을 하고, 경제적 위험 없이 사업을 시작하며, 현실 세계의 종교적인 박해 없이 신앙 생활을 하고, 양심의 가책 없이 다른 아바타를 살해하고, 개인 정체성의 범위에서 영화배우, 용 또는 보이지 않는 요정과 같이 자신만의 아바타를 만드는 제작자가 되는 기회를 제공한다(Dede, 1995).

가상의 사회적 맥락이 실제 환경에서 함께 지내는 것보다 상호적으로 불명확하고 그에 따라 전체적 합의의 영향을 덜 받기 때문에 사용자는 긍정적이거나 부정적인 탈억제(disinhibition)를 모두 경험한다. 대개 부끄러움을 많이 타는 사람들은 더 많이 용기를 내서 말하지만, 보통의 공손한 사람들은 다른 사람들에게 불같이 화를 내고 면 대 면으로는 절대 하지 않을 욕설을 온라인에서 퍼붓곤 한다(Sproull & Kiesler, 1991). 부정적 행동은 타인에게 돌아가는 피해를 최소화하는 독립된 맥락으로 방향을 전환해야 하지만, 탈억제는 차선의 정신 모형을 약화시킬 수 있는 인지적이고 감정적인 불협화음을 만들기 때문에 구성주의적 환경에서 학습을 위한 잠재적인 수단이 된다(Dede, 1995).

사이버 윤리교육에 관심이 있는 사람들은 대부분 다음과 같은 질문을 하곤 한다. '왜 아동과 청소년들은 사이버공간에서 쉽게 범죄를 저지르거나 도덕적 일탈 행동을 하게 되는 것일까?' 물론 이에 대한 답을 찾는 데 있어서 여러 가지 요인들이 얽혀 있음을 쉽게 짐작할 수 있지만, 대부분의 학자들은 사이버공간의 생태학적 특성과 그곳에서의 인간 심리적 특성의 상호작용으로 설명하고 있다. 대부분의 사람들은 대면을 바탕으로 하는 현실 세계에서 일상적으로 말이나 행동을 하지 못하다가, 사이버공간에서 긴장이 풀어짐을 느끼고 무엇인가에 얽매여 있다는 느낌을 훨씬 적게 가지게 되면서 보다 개방적으로 그들 자신을 표현하게 된다. 이러한 현상을 일컬어 '탈억제 효과'

라고 한다(Suler, 2002). 때때로 사람들은 자신에 관한 아주 개인적인 것을 다른 사람과 공유한다. 사이버공간에서 사람들은 비밀스러운 감정, 두려움, 소망을 토로하기도 하며, 이례적으로 타인에게 친절함과 관대함을 베풀기도 한다.

그러나 탈억제 효과가 반드시 긍정적인 것만은 아니다. 탈억제 효과는 사이버공간에서 타인에게 무례한 언어를 거침없이 사용하거나 가혹한 비판, 노여움, 증오, 위협을 가하도록 만들기도 한다. 그런가 하면, 탈억제 효과는 현실 세계에서는 결코 잘 찾지 않는 음란물 사이트나 폭력 사이트와 같은 인터넷의 어두운 뒷골목을 배회하도록 만들기도 한다.

내적인 감정과 욕구의 방출을 차단하는 심리적 경계가 느슨해지도록 만드는 탈억제 효과는 도대체 어떻게 해서 가능한 것일까? 온라인 탈억제에 대한 기존의 논의들은 주로 익명성, 몰개성화, 낮은 사회적 실재감 등에 국한되었다. 조인슨(Joinson, 1999)은 온라인에서 탈억제 행동의 원인이 한 가지 관심에 대한 초점과 인간이 행동하는 맥락 간의 공동 산물이라고 규정한 바 있다. 한편 술러(Suler, 2002)에 의하면, 탈억제 효과를 불러일으키는 데는 사실 여러 가지 요인들이 작용하고 있다고 한다. 어떤 사람에게는 한두 가지 요인이 지배적일 수 있으나, 대부분의 경우 여러 가지 요인들의 상호작용을 통하여 탈억제 효과가 생기게 된다(추병완, 2003). 그는 탈억제의 원인을 다음과 같이 들고 있다.

- '너는 나를 알지 못한다.' 는 식의 익명성
- '너는 나를 볼 수 없다.' 는 식의 비가시성
- '다음에 다시 보자.' 는 식의 비동시성
- '그것은 모두 내 머릿속에 들어 있다.' 는 식의 유아적 투입 현상
- '그것은 단지 게임이다.' 라는 식의 분열 현상
- '우리는 동등하다.' 는 식의 지위 중립성
- '피해자가 보이지 않는다.' 는 식의 결과 무시와 왜곡 현상

- '네가 잘못했기 때문이야.' 라는 식의 비난 전가 현상

4) 프로테우스 효과

그리스신화에 등장하는 예언과 변신술에 능한 바다의 신, 프로테우스 (Proteus)는 다양한 측면에서 자기표현을 할 수 있는 능력을 갖고 있다는 의미의 '다방면의' 라는 형용사의 기원이다. 성형수술과 같이 극단적인 자기 변화는 많은 비용이 요구되고, 성전환수술과 같은 변화는 우리의 신체에 실행하기 어렵지만 사용자가 자신만의 분신과도 같은 디지털로 재창출된 아바타를 스스로 만들거나 고를 수 있는 가상현실 환경에서는 더욱 유연하고 쉽게 자신을 표현하고 변화시키는 것이 가능하다(Yee & Bailenson, 2007).

예를 들어, 온라인 가상현실 환경을 구현한 '세컨드 라이프'의 지침서에서는 사용자가 150개 이상의 독특한 슬라이더를 이용하여 아바타의 발 크기부터 눈 색깔, 셔츠의 절단까지 모든 것을 바꿀 수 있다고 말한다(Linden Lab, 2006).

익명성을 제공하는 온라인 환경은 몰개성화를 일으키는 어두운 방의 디지털 버전과 같다. 온라인의 익명성이나 사회적 역할의 감소로 몰개성화가 일어나고 있는 것이다. 또한 온라인 환경에서 아바타들은 단순히 그들이 입고 있는 유니폼이 아니라 우리 전체를 표현한다. 비록 유니폼은 앞서 언급된 연구에서 수많은 정체성을 표현하는 요소 중의 하나이지만, 아바타는 온라인 환경에서 정체성의 첫 번째 실마리다. 따라서 우리는 온라인상에서 어떻게 행동해야 할지에 대해 아바타들이 중요한 영향력을 행사한다는 것을 예상할 수 있다. 온라인 환경에서 몰개성화된 사용자는 그들의 아바타를 통해 만들어진 새로운 정체성에 집착할 수 있게 된다. 예를 들어, 운동 경기에서 검은 색 유니폼은 더욱 공격적인 정체성을 나타내는 데 적합한데, 이와 비슷하게 온라인 환경의 사용자들은 그들의 아바타가 갖게 되는 외형에 대한 정체성의 예상과 고정관념에 따르게 될 수 있다. 세컨드 라이프 같은 가상현실공간

에서 사용자들의 디지털 분신인 아바타의 외모를 바꾸면 어떤 영향이 있을까? 겉모습이 행동에 미치는 영향은 실제 세계에서나 가상 세계에서나 정체성에 큰 영향을 미친다. 사람은 겉모습에 따라 상대를 대하는 방식이 바뀌며, 또한 이와는 무관하게 자신을 어떤 특정한 방식으로 인식하면 행동도 변화한다. 이러한 현상을 그리스신화에 나오는 변신의 귀재를 본떠 '프로테우스 효과'라 한다(Yee & Bailenson, 2007).

가상현실공간 속의 아바타는 사용자의 의지에 따라 다양한 변신을 거듭할 수 있고, 겉모습의 변화는 행동의 변화까지 초래하기 때문에 사용자는 아바타를 통해 현실 세계에서보다 더 많은 자유를 누릴 수 있게 된다. 가상공간이란 사용자의 참여를 전제로 하는 동시에 또한 유도해야 하는 특성이 있기 때문에 아바타의 자유로운 변신과 다양한 행동에 대해 보다 적은 책임과 의무가 따르며, 보다 많은 권리와 자유를 제공한다. 만약 가상현실공간에서 공격적인 성향을 가진 누군가에게 몇 가지 처벌이 부과될 수 있다면 그 기준들은 오직 제작자에 의해 강제로만 정해질 수 있다. 가상현실공간에서 진짜 자신은 일반적으로 아바타 뒤에 숨겨진다. 결과적으로 공동체에서 내려진 어떠한 처벌도 오직 아바타에게만 부과되는 것이므로, 현실의 자신은 자유롭게 아바타를 종료하고 아무런 상처도 받지 않은 채 그 상황을 피할 수 있게 된다(Adrian, 2007).

5) 공동체 문화

가상현실공간에는 공동의 이해와 관심을 가지는 공동체가 존재하며, 상호작용과 협력을 통하여 구성주의적 환경으로서 훌륭하게 활용된다. 학습자들의 협력적 상호작용은 아바타들 사이에서 공간을 뛰어넘어 나타날 수 있다. 구성주의적 환경으로서의 가상현실공간은 전통적인 면 대 면 방식의 협동적인 만남과는 다른 방법으로 진행되며 학습 활동을 위해 사람과 사람 사이에 활력을 주는 수단이 된다(Dede, 1995).

현실공간에서의 사회적 상호작용에 대한 연구는 개인이 지닌 개념의 변화가 사회적으로 타인에게 큰 영향을 미치고 여러 가지 시사점을 지닌다는 것을 보여 주었다(Bailenson, 2006). 가상이나 온라인 공동체에서는 의사소통의 중요한 수단으로 단합이나 신뢰를 쌓도록 도와주는 데 필수적인 상호작용 도구들이 다양하게 사용된다. 현실 공동체와 가상공동체는 상호작용 기반의 기술에서 크게 차이가 존재한다. 기술에 대한 신뢰는 가상공동체를 생성하고 발전시키는 데 가장 중요한 출발점이 되지만, 이는 또한 공간의 환경이 변하고 복잡해짐에 따라 가변적인 적응력이 필요하다는 것을 의미한다. 두 공동체의 중요한 차이점은 목적, 크기, 물리적 근접, 멤버십, 리더십, 다양성, 생활양식, 후원과 제도화 등의 항목으로 분석될 수 있다.

(1) 목적

현실의 공동체처럼 가상현실공간의 공동체 또한 사용자나 구성원들의 관계를 관리하고 지원하기 위해, 또는 공동의 목표를 달성하고 공동의 이익을 추구하기 위해 구성될 수 있다. 이러한 공동체들은 사용자 또는 구성원들의 자발적인 참여에 의해서 결정되지만, 목적을 향한 응집력, 목표 달성의 전략 및 경영, 운영 목적 등에 따라 다른 특성을 보인다(Denning, 1998). 가상현실공간에서 공동체의 조직 내에서 기대되지 않은 변화가 일어나거나, 목표 달성을 위한 환경에 변화가 일어나거나, 새로운 외부 조건에 빠르게 반응하고 적응하기 위해서는 공동체 내에서 즉각적인 중재나 조정이 필요한데, 이럴 때 가상성은 유리하게 작용할 수 있다.

(2) 크기

공동체의 크기는 현실의 공간에서뿐만 아니라 가상현실공간에서도 매우 다양하다. 일반적으로 참여하는 구성원들이 증가하면 핵심 인물과 주변 인물들 간의 거리가 더욱더 멀어지게 된다. 공동체를 이끌고 있는 핵심 인물들은 목표에 대한 이해를 공유하며, 관점이 유사하거나 지적인 호기심이 높은 수준에서 결집된다(Wenger & Snyder, 2000). 주변 인물들은 핵심 인물들보다는 많은 구성원들로 이루어지는데, 이들은 가상현실공간과 현실공간을 연결하여 상호 보완적인 기능을 하는 데 기여한다(McDermott, 2000). 가상현실공간의 공동체는 웹을 포함한 공간에서 더욱 신속하게 정보를 공유하고 전달할 수 있는 덕분에 빠르게 성장하고 발전한다. 가상현실공간의 공동체 구성원들은 개인적인 목표와 흥미를 위해 공동의 목표와 흥미를 경시하는 경향을 보이면서 대규모로 형성되고 확산될 수 있다(Von Krogh, 2002). 이 과정에서 공동체의 붕괴 위험은 또 다른 생성 기회로 인해 균형이 맞춰지고, 다양한 사람들과 정보를 공유하고, 끊임없이 교류하는 과정을 거치며 성장과 소멸이 이루어진다. 이러한 이유로 가상현실공간의 공동체는 특별한 관리를 위한 관심과 기술을 요구하며 쉽게 하위 집단과 하위 공동체로 분리될 수 있기도 하다.

(3) 물리적 근접

정보통신 기술의 덕분으로 가상현실의 공동체 내에서 구성원들은 다양한 방법을 통해 의사소통을 하고, 콘텐츠를 교환하는 등의 상호작용을 할 수 있게 된다. 일반적으로 현실 공동체 안의 협력이 강화된 물리적 근접성은 또한 가상현실공간에서도 중요하게 여겨지고 있는데, 이는 단지 공동체의 생성뿐만 아니라, 공동체 내에서의 동기부여와 지속 가능성을 위해서다. 공동체의 핵심 인물들은 상호작용을 격려하고, 공동의 목표 성취를 위해 헌신적으로 행동해야 하며, 자연스러운 접근과 소통을 촉진하는 다양한 방법으로 정보통신 기술을 응용하도록 지원해야 한다.

(4) 멤버십

가상현실 공동체의 구성원들은 경우에 따라서 문제를 겪게 되는데, 이는 종종 그들이 개방에 대해 자연스러운 본성을 지니고 있기 때문이다. 이들은 공동체가 성장하는 과정에서는 본능적으로 거의 통제를 하지 않는다. 그러나 새로운 구성원을 받아들이는 것이 새로운 정보를 지속적으로 갱신하는 데 기여하겠지만, 신뢰할 만한 환경의 유지를 위해 구성원을 검증하는 것도 중요하다. 이 원리는 어떤 공동체의 성장이냐에 따라 다르다. 성장 과정이 자유롭고 자발적일 때, 본질적으로 등급이 분류된다. 즉, 새로운 구성원의 특성 및 공동체의 목적과 공통된 목표에 따라 구성원 스스로 등급을 선택하게 된다. 또한 멤버십은 조직 내에서 강하게 격려되는데, 자발적인 구성원은 더욱 큰 동기를 가지게 된다. 현실의 공동체와 가상공간의 공동체가 다른 한 가지는 구성원이 바뀌는 비율이다. 가상현실의 공동체는 현실보다 더욱 변화하기 쉽고 멤버십도 매우 빠르게 바뀐다(Storck & Hill, 2000). 그러므로 가변적인 가상현실의 공동체는 지속적으로 새로운 구성원을 모집하여야 한다.

(5) 리더십

가상현실공간의 공동체를 관리하기 위해서는 어떤 상하 관계의 규칙 없이 가변적인 관리 구조를 갖는 것이 일반적이다(Lesser & Storck, 2001). 공동체의 지속 가능성과 효과성을 위해서는 확고하게 임명된 리더들이 존재하는 것이 유리하다. 유능하며 안정적이고 고정된 위치를 지닌 리더들은 공동체의 잠재적 성장력을 끌어내어 관리할 수 있고, 모든 구성원들이 공동체에 기여하기 위해 노력해야 함을 설명할 수 있으며, 또한 공동체의 정체성을 위한 청사진도 제공할 수 있다. 리더는 리더십을 바탕으로 성과에 대한 지침을 만들고 과업의 성취를 위해 구성원들을 위한 적절한 보상을 마련하고 이를 보장해야 한다.

(6) 다양성

공동체 구성원들이 다양한 배경을 갖고 있는 것은 공동체가 항상 새롭게 변신할 수 있는 근원이 된다. 또한 구성원들이 지닌 정보의 다양성은 공동체 안에서 모이고 조직되어 활용된다(Aral & Van Alstyne, 2007). 즉, 공동체를 구성하는 구성원들의 존재에서 비롯되는 여러 가지 차이점으로 인해 공동체의 다양성이 만들어진다(Wenger et al., 2002). 그리고 구성원들의 서로 다른 지리적 태생은 협력과 관계, 공동체의 개념에서 문화적인 차이를 만들어 낼 수 있다(Hofstede, 1993; Pan & Leidner, 2003). 그렇기 때문에 서로 다른 조직적인 행동이 생길 수 있으며, 다른 조직의 문화와 그에 속한 공동체 구성원들로부터 다양성이 비롯되는 것이다.

(7) 생활양식

가상현실공간의 공동체는 현실공간의 공동체에 비해서 시간과 공간적인 활동 범위의 경계가 뚜렷하지 않으며 제한적이지 않다. 공동체 구성원들은 자신들의 생활양식과 패턴을 지니고 있으며 공동의 규약을 가지고 있어서 행동을 규제한다. 공동체의 조직, 비전, 응집력 그리고 목표 등은 구성원들을 지배하며 공동체를 특징짓는 요소가 된다. 동시적이며 비동시적인 행동양식은 현실공간에서만큼이나 가상현실공간에서 공동체 구성원들의 생활을 다양하게 만들어 준다. 이들의 행동양식은 다른 공동체에 속한 구성원들의 행동양식과는 다르게 되며, 생활의 아이디어 또한 제언되고 전달되며 서로 배우게 된다.

(8) 후원과 제도화

가상현실 공동체의 마지막 모습은 조직의 관계로 설명된다. 가장 문제시되는 것 중의 하나는 공동체의 창의성이다(Brown & Duguid, 1991). 가상현실 공동체의 지나치게 자유롭고 열려 있는 특성은 경영 참여, 조직 구조의 의존성, 조직 문화의 존중 및 창의성과 형식을 잘 다스리거나 발전시키는 데 제약 요인이 되기도 한다. 결과적으로 이러한 특성은 공동체가 추구하는 공동의 목표에 대한 작업 결과에 부정적인 영향을 미치며, 공동체의 생존에도 악영향을 미치게 된다. 조직의 관계는 다른 형식으로 추정해 볼 수 있다. 즉, 조직에 의해 지원이 제공되는 수준, 조직에 의해 공동체의 제도화를 위해 운영되는 프로그램 등으로 조직의 유연성과 견고성을 평가해 볼 수 있다.

한편 가상현실의 공동체 문화와 관련한 협력적 네트워크를 근간으로 하여 공동체 관계의 네트워크를 다음 세 가지로 구분해 볼 수 있다.

- 협력적 혁신 네트워크   공동의 비전을 공유하고, 아이디어, 지식, 경험을 교환하며, 공동의 목표를 달성하는 협력적인 방법으로 작업하기 위해 웹을 통해서 만나는 자기 동기화가 되어 있는 사람들로 구성된 공동체다.

- 협력적 흥미 네트워크   같은 관심사를 가진 사람들끼리 구성되어 있지만, 가상 팀 안에서 공동의 작업을 수행하지는 않는다. 이러한 유형의 공동체는 웹에서 매우 자주 나타나며, 대체로 여기에는 활동하지 않는 구성원들이 많이 있다. 반면에 웹사이트, 포털사이트, 포럼과 같은 공동체 안에서 자신의 지식과 경험을 공유하고자 하는 몇몇 활동적인 구성원들은 다양하고 의미 있는 정보를 제공하고, 동시에 이 정보는 조용한 구성원들에게 일방적으로 수용되는 양상을 보인다.

- 협력적 학습 네트워크   개인적인 숙련과 유사한 습성을 지닌 사람들이 집합적으로 축적된 지식으로부터 상호 이익을 얻기 위해 지식과 수행을 공유하는 사람들로 구성된 공동체다.

3. 가상현실공간의 문화 발생 요인

가상현실공간에서 문화를 생성하는 요소로는, 첫째 활동과 인식의 중요성을 강조하는 상황 인지, 둘째 인지 행위를 개인의 내적 과정이 아닌 주변 환경에 분산된다고 보는 분산 인지, 셋째 사용자들 사이의 공통 그룹을 확립하는 공유 인지, 넷째 학습자의 이상화된 모습이자 분신인 아바타가 있다.

1) 상황 인지

가상현실공간에서는 사용자가 지닌 능력이나 기술을 적용할 수 있는 실제 환경과 비슷한 가상적인 문맥에서 개인의 추상적인 지식을 적용하고 응용하는 능력을 강화할 수 있다. 예를 들면, 외국인을 만났을 때 어떤 말을 해야 하며, 자신이 지닌 어떤 지식을 응용하는가는 다분히 개인이 지닌 상황 인지에 의존하게 된다.

2) 분산 인지

전통적인 인지이론은 인지 행위를 적절한 상징체계의 조작을 통해 확인할 수 있다고 보며, 이는 개인의 내적인 심리적 과정으로 간주한다. 반면에 1980년대 중반부터 주목받고 있는 분산 인지는 인지 행위를 개인의 두뇌나 신체에 제한되는 내적 과정이 아니라, 환경과 상황적 속성, 인공 대상물, 조직 구성원 등에 의해서 분산·확대되는 광범위한 것으로 본다. 실제로 환경과 학교 현장에서 발견되는 사례들은 분산 인지적 시각을 지지한다. 예를 들면, 맹인의 지팡이, 생물학자의 현미경, 관제탑의 레이더, 기타 연주자의 인공 손톱과 같은 인공 대상물은 개인 인지 행위의 지평을 확대해 준다. 학생이 연산 행위를 함에 있어서 머릿속의 내적 계산 능력에 의존하기보다는 계산기, 종이, 연필 등을 이용할 때 학생의 계산 능력은 급격하게 향상된다. 또한 학교교육의 총체적인 질적 수준도 수업 교재와 교수 방법의 유형, 보조자료의 수준 및 평가 방법의 형태에 따라 다르게 나타난다. 분산 인지는 개인의 인지 행위가 두뇌를 벗어나 사회 조직과 같은 총체적인 역동적 시스템 속에서 어떻게 분산·확대되며 기능하는지를 규명하고자 한다. 분산적 시각에서 인지 과정은 인간 개개인의 뇌에서 발생하거나 많은 사람들의 두뇌의 상호 작용 속에서 발생하는 공간적 현상이 아니다. 인지 과정은 인지 행위에 참여하는 모든 환경 요소들 간의 기능적 관계성에 의해서 규정된다(Hollan et al.,

2000). 이에 대한 예들은 선박 항해, 항공기 운행, 항공관제탑, 종합병원 등의 복잡한 사회체제의 역동적인 운영에서 찾을 수 있다. 선박 항해는 1인 항해자(선장)의 인지적 속성에 의해서 항해가 결정되는 것이 아니라, 복잡한 도구들의 집합과 환경 속에서 여러 항해자의 인지 과정이 상호작용한 결과로서 이루어진다. 항공기의 운행 역시 기장 한 사람의 인지 행위의 결과로 이루어지지 않는다. 항공기가 높은 고도로 상승하는 경우, 기장은 항법장치의 기술 정보에 의지함과 동시에 관제탑으로부터 고도상승 신호를 기다리면서 다른 동료 승무원(항공기장, 부기장 등)과 협동적으로 작업을 수행한다(Hutchins & Klausen, 1998). 이 경우 항공기의 성공적인 운행은 항공기장·부기장, 기술항법장치·비행무전시스템과 같은 기술적 인공물, 비행 환경 상황, 관제탑 등으로 구성되는 총체적 인지체계의 내적·외적 요소가 역동적으로 상호작용한 결과에 의하여 이루어진다. 이는 인간의 인지 행위가 결국 사건과 미디어의 조화는 물론이고 구성원 간, 구성원과 인공 대상물 간에 환경적 및 사회 조직적으로 분산됨을 의미한다. 분산 인지 시각은 암묵지의 획득 과정과 전이의 문제에 대한 설명력을 제공한다. 교원이 교육 현장에서 필요로 하는 전문성은 상징적 구조나 언어적 형태(명시지)로 구현되기보다는 암묵지의 형태로 나타난다. 암묵지는 상황 속에서의 다양한 경험과 반성적 성찰 속에서 얻어지는 실제적 지식이다. 인지 행위 발생 과정의 총체적 관계를 규명하는 분산 인지 연구는 전문성과 암묵지가 어떠한 내적·외적 요소들에 의해서 총체적으로 개발될 수 있는지를 보여 준다.

개인의 인지 행위가 신경활동 작용(예: 기억) 같은 내적 표상 및 외적 인공물(예: 지도, 차트, 데이터베이스, 이메일)과 환경적 속성에 의하여 분산되는 것을 규명하기 위하여 인지적 민속지학(cognitive ethnography)이 이용된다. 실제 작업 환경에 참여하여 전문가의 행위를 관찰하고 이를 기록함으로써 전문성이 길러지는 암묵적 맥락과 그에 따르는 명시적 지식 전이의 어려움을 포착할 수 있기 때문이다. 구체적인 예를 들면, 비행조종석에 탑승하여 비행 조종 과정을 관찰한 결과, 조종사는 비행 속도를 확인하기 위한 물리적 도구로서 최근에 개발된 디지털 속도계기판의 숫자가 아닌 아날로그적인 속도 측정 다이얼을 이용하고 있음을 밝혀냈다. 이러한 예는 명시지가 환경 요소 속에서 암묵화되어야 하며, 학습된 지식의 성공적 전이 또한 문맥적 상황을 반영함을 의미한다. 전이의 문제는 한 상황 속에서의 지식학습이 다른 상황 속에서 발생하지 않기 때문에 일어난다. 그러나 분산 인지에서 학습은 상황과 개인의 지적 활동의 결과로서 독립적으로 발생하는 내적 과정이 아니라, 상황과 도구에 의존하여 역동적으로 발생한다고 본다. 따라서 인공적 도구, 환경 요소, 구성원 및 개인 행위자의 상호작용 결과인 학습을 분산 인지 시각에서 경험적으로 규명한다면 전이 문제에 대한 단서를 발견할 수 있을 것이다(박선형, 2005).

3) 공유 인지

구성원들 간의 인지적 공통점이 증가하여 전체 공동체의 인지구조를 대표하게 된다. 공동체 구성원 각각의 인지구조 유형과 형태는 다양하나, 공동체를 대표하는 인지구조는 공동체 정신모형 및 공유된 인지 형태로 표현된다 (Park, 2008).

공동체 구성원들 간 상호작용에서 전달되는 부분은 그들이 공유 인지를 만들 때의 집단적인 처리와 결과에 이익을 낼 수 있는 인지 유형을 나타낸다. 의사소통은 공동체 구성원들이 어떻게 과업을 수행하는지에 현저한 영향을 미치기 때문에, 의사소통과 인지를 직접 연결하려는 노력이나 연구물은 구성원들의 공동 작업에 인지적 접근을 포함하려고 한다. 상호작용하는 사람들 사이에 집단을 구축하는 것은 그들의 의사소통을 더욱 효과적으로 만들어 준다(Clark & Carlson, 1982; Clark & Marshall, 1981). 합의에 의해 공유된 규칙은 구성원들 사이에서 일어나는 의사소통을 위해 필수적이며, 합의에 의해 공유된 규칙은 구성원들에게 다른 사람들과의 협력적인 활동을 더욱 효과적으로 할 수 있도록 해 준다. 정보의 성공적인 전이와 해석은 구성원들이 적절한 의사소통 규칙에 따르는지와 관련이 있다. 이 연구의 최초 개념은 공손함과 능률이라는 용어를 적당하게 전달하는 방법에 관한 사람들의 이해나 신념이다(Park, 2008).

공유 인지의 한 유형은 집단 작업 안에서 적합하고 효과적인 방법으로 집단 구성원들이 아는 것이나 믿는 것에 대해 전달하는 것이다. 집단 구성원들 간의 공손함이나 능률에 관련된 동일한 표준의 의사소통 규칙은 그들의 작업 수행을 향상시킬 수 있다.

4) 제2의 자아: 아바타

가상현실공간에서 학습자는 지식을 구성하기 위해서 가상의 가공품을 이용하여 활발히 협력하고 경험학습을 할 수 있는 아바타가 됨으로써, 분산되고 종합적인 환경 속에 그들 자신을 몰입시킬 수 있다. 학습자들은 그들 자신의 모습이 아닌, 아바타의 모습 뒤에서 활동하거나 협력하게 된다(Dede, 1995). 가상현실공간이 제공하는 가상의 물리적 환경에서 사용자는 아바타를 통해 자신을 표현하게 되는데, 이 아바타는 곧 사용자의 기본적인 정체성이라 할 수 있다. 이러한 가상의 환경에서 사용자는 아바타를 자신이 원하는 형태로 자유롭게 형상화할 수 있고, 곧 이상화된 모습을 만들게 된다. 이 때문에 사용자는 쉽게 아바타와 동일시되며, 아바타를 제어할 수 있게 되고, 나아가 자신이 가지고 있는 이미지를 아바타를 통해 구현하고자 한다. 아바타는 제2의 자아이며, 아바타의 경험은 모두 그 주인인 자신에게 전달된다. 가상현실공간의 생활은 주인의 생각에 따르는 아바타에 의해 살아가게 되는 것이다. 따라서 직접 체험의 주인인 아바타와 간접 체험의 주인인 현실의 자아는 정신적인 활동과 이것의 구현을 통하여 가상공간의 문화를 만들어 내고 누리는 주인공이라 할 수 있다.

4. 맺는말

가상현실공간에서의 생활은 더 이상 낯설거나 어려운 것이 아니다. 이미 머드 게임이나 세컨드 라이프와 같은 가상현실공간을 즐기고 활용하는 사용자가 늘어나고 있으며, 이 과정에서 가상현실공간에서의 문화를 만들어 내고 있다.

첫째, 가상현실공간에서 사용자는 자신의 아바타에게 일어나고 있는 일이 자신에게도 동일하게 일어나고 있는 것 같은 느낌을 받는 모방을 하게 된다. 비록 이 모방이 현실도피로 이어질 수도 있으나, 제대로 설계를 해서 모방의 초점을 재미있는 탐험이나 경험학습 등의 구성주의적 학습에 초점을 맞춘다면 의미 있는 모방을 이끌어 낼 수 있을 것이다.

둘째, 사용자는 정체성의 가변성을 느끼게 된다. 사용자는 가상현실공간 안에서 아바타 등을 통해 언어 및 신체 자세를 이용하여 사용자들 간에 협동적인 상호작용을 하게 된다. 이는 환경을 개인화하고 공유된 맥락에 무엇이든 첨가하기 위해 다른 사람들의 인지를 받아들인다는 점에서 사용자들에게 매력적이다.

셋째, 사용자는 긍정적 또는 부정적인 탈억제를 경험한다. 앞서 살펴보았듯이, 평소 수줍음이 많은 사람이 가상현실공간에서 용기를 내어 발언하거나, 평범한 사람이 가상현실공간에서 욕설을 퍼붓는 것은 그 예라 할 수 있다. 사이버공간에서 청소년들이 쉽게 범죄를 저지르거나 도덕적 일탈 행동을 하게 되는데, 이를 예방하기 위해서는 부정적인 탈억제의 원인을 파악하고 긍정적인 탈억제를 경험할 수 있는 방향을 제시해 주어야 한다.

넷째, 사용자는 실제 생활에서 자신의 모습을 원하는 대로 바꾸기 쉽지 않지만, 가상현실공간에서는 자신만의 아바타를 스스로 만들거나 고를 수 있는 프로테우스 효과를 경험할 수 있다.

다섯째, 사용자는 가상현실공간에서 서로 협력적으로 상호작용할 수 있다. 기존의 면 대 면 협동적인 만남과는 달리, 이는 학습 활동을 위해 사람과 사람 사이에 활력을 불어넣는 수단이 되기도 한다.

이러한 가상현실공간의 문화를 형성하는 요소에는 다음과 같은 것들이 있다. 첫 번째는 상황 인지다. 이것은 활동과 인식의 중요성을 강조하며, 사용자의 요구에 초점을 맞추는 데 더욱 주의한다. 두 번째는 분산 인지다. 이것은 인지 행위를 개인의 내적 과정이 아니라 환경과 상황적 속성, 인공 대상물, 조직 구성원 등에 의해서 분산·확대되는 광범위한 것으로 본다. 세 번째는 공유 인지다. 상호작용하는 사용자들 사이에 집단을 구축하는 것은 그들의 의사소통을 더욱 효과적으로 만들 수 있다. 네 번째는 아바타다. 학습자는 그들 자신의 모습이 아닌 아바타의 모습에 숨어서 활동하거나 협력한다. 이는 사용자 스스로 자유롭게 형상화할 수 있는 이상화된 모습이라 할 수 있다.

참고문헌

박선형(2005). 교원전문성 개발을 위한 인지과학적 연구: 쟁점, 이론적 기제 및 개발 실천 과제. 교육행정학연구, 23(2), 91-116.

추병완(2003). 사이버윤리교육의 새로운 접근 모색. 사이버커뮤니케이션 학보, 12, 133-163.

Adrian, A. (2007). I™: Avatars as trade marks. *Computer Law & Security Report, 23*(5), 436-448.

Aral, S., & Van Alstyne, M. (2007). Network structure & information advantage. *Proceedings of the academy of management conference.* Philadelphia: PA.

Bailenson, J. N. (2006). Transformed social interaction in collaborative virtual environments. In P. Messaris & L. Humphreys (Eds.), *Digital media: Transformations in human communication.* New York: Peter Lang.

Brown, J. S., & Duguid, P. (1991). Organizational learning and communities of practice: Toward a unified view of working, learning and innovation. *In Organization Science, Institute for Operations Research and the Management Sciences, 2*(1), 40-57.

Bruckman, A. (1992). *Identity workshops: Emergent social and psychological phenomena in text-based virtual reality* (Master's Thesis, MIT Media Laboratory). Cambridge, MA: Massachusetts Institute of Technology.

Clark, H. H., & Carlson, T. B. (1982). Hearers and speech acts. *Language, 58,* 332-373.

Clark, H. H., & Marshall, C. R. (1981). Definite reference and mutual knowledge. In A. K. Josheb & I. A. Webber (Eds.), *Elements of discourse understanding.* Cambridge, MA: Cambridge University Press.

Dede, C. (1995). The evolution of constructivist learning environments: Immersion in distributed, virtual worlds. *Educational Technology, 35*(5), 46-52.

Denning, S. (1998). Building communities of practice. *In knowledge management lessons from the leading edge,* APQC, 48-50.

Filiciak, M. (2003). Hyperidentities post-modern identity patterns in massively multiplayer online role-playing games. In M. J. P. Wolf & B. Perron (Eds.), *The video game theory reader*. London: Routledge.

Gloor, P. (2006). Swarm creativity. *Competitive advantage through collaborative innovation networks*. New York: Oxford University Press.

Goffman, E. (1959). *The presentation of self in everyday life*. London: Anchor Books.

Hofstede, G. (1993). Cultural constraints in management theories. *Academy of Management Executive, 7*(February), 81-94.

Hollan, J., Hutchins, E., & Kirsh, D. (2000). Distributed cognition: Toward a new foundation for human-computer interaction research. *ACM Transactions on Computer-Human Interaction, 7*(2), 174-196.

Hutchins, E., & Klausen, T. (1998). Distributed cognition in an airline cockpit. In Y. Engestrom & D. Middleton (Eds.), *Cognition and communication at work*. New York: Cambridge University Press.

Joinson, A. N. (1999) Anonymity, disinhibition, and social desirability on the internet. *Behaviour Research Methods, Instruments and Computers, 31*, 433-438.

Laurel, B. (1991). *Computers as theater*. Menlo Park, CA: Addison-Wesley.

Lesser, E. L., & Storck, J. (2001). *Communities of practice and organizational performance*. Retrieved December 29, 2009, from http://www.research.ibm.com/journals/sj/404/lesser.html

Linden Lab. (2006). *What is second life?* Retrieved May 5, 2006, from http://www.lindenlab.com/ProductFactSheet.pdf

McDermott, R. (2000). *Knowing in community: 10 critical success factors in building communities of practice*. Retrieved December 29, 2009, from http://www.co-i-l.com/coil/knowledge-garden/cop/knowing.shtml

Pan, S. L., & Leidner, D. E. (2003). Bridging communities of practice with information technology in pursuit of global knowledge sharing. *Journal of Strategic Information Systems, 12*, 71-88.

Park, H, S. (2008). The effects of shared cognition on group satisfaction and performance: Politeness and efficiency in group interaction. *Communication*

　　　Research, 35, 88-108.

Rheingold, H. (1993). *The virtual community: Homesteading on the electronic frontier.* New York: Addison-Wesley.

Smith, M. (1992). *Voices from the WELL: The logic of the virtual commons* (Master's Thesis, Department of Sociology). Los Angeles, CA: University of California at Los Angeles.

Sproull, S., & Kiesler, S. (1991). *Connections: New ways of working in the networked world.* Cambridge, MA: MIT Press.

Storck, J., & Hill, P. A. (2000). Knowledge diffusion through strategic communities. *Sloan Management Review, 41,* 63-74.

Suler, J. (2002). *Hypotheses about online text relationships.* Retrieved December 29, 2009, from http://www.rider.edu/~suler/psycyber/textrel.html

Von Krogh, G. (2002). The communal resource and information systems. *Journal of Strategic Information Systems, 11,* 85-107.

Wenger, E. C., & Snyder, W. M. (2000). Communities of practice: The organizational frontier. *Harvard Business Review,* 139-145.

Wenger, E., McDermott, R., & Snyder, W. M. (2002). *Cultivating communities of practice: A guide to managing knowledge.* MA: Harvard Business School Press.

Yee, N., & Bailenson, J. N. (2007). The Proteus Effect: The effect of transformed self representation on behaviour. *Human Communication Research, 33,* 271-290.

제3장

가상현실공간의 이론적 패러다임

1. 시작하는 말

가상현실공간은 학문적인 연구로부터 시작된 것이 아니라 컴퓨터게임으로부터 발전하여 탄생되었다. 이러한 가상현실공간은 학문적인 연구를 통해 현실 세계의 활동에 매우 유용하게 사용될 수 있다는 전망과 함께 지속적으로 성장하고 있다. 삼차원으로 구성된 가상현실공간은, 특히 공간 내부에서의 직접 경험을 가능하게 하고, 활동을 지속적으로 영위해 나갈 수 있는 세상을 지향하는 특징을 지닌다. 그리고 가상현실공간은 현실 세계를 재구성하여 사람들에게 현실 세계와 유사한 환경에서 활동할 수 있는 상황을 제공하고 있다. 또한 가상현실공간은 현실 세계의 특정한 상황을 그래픽으로 표현하기 때문에 사용자들은 가상현실공간에서 실제 현실과 같은 경험을 할 수 있다. 이러한 실제적인 현실감은 가상현실공간의 핵심 요소인 '몰입'이라는 심리적 효과를 유발하며 사용자가 어떤 가상공간 안의 실제 세계에 존재하는 것처럼 느끼도록 한다. 가상현실공간의 또 다른 특징은 가상공간에서도 실제 세계와 같은 다양한 환경을 만들 수 있다는 점이다.

드데와 그의 동료들(Dede et al., 1996b)의 연구에 따르면, 이러한 가상현실공간에서의 몰입과 다양성은 자극-반응 이론과 구성주의 이론에 입각하여, 학습자에게 다양한 상황(자극)을 제시하여 학습자 스스로 유의미한 반응을 구성해 낼 수 있도록 하며, 이는 곧 학습의 향상에 기여할 수 있다고 보았다. 가상현실공간은 학생들이 가상의 물건을 그들의 감각으로 조종하고, 조작 유형 또한 다양하게 시뮬레이션하는 것을 가능하게 한다. 가상현실공간에서 학습자들은 대부분의 경험을 스스로 체험하고 통제할 수 있기 때문에 몰입을 경험하기가 쉽다. 특히, 실제 세계와 비슷하고 현실 반영도가 높으며, 자신이 통제할 수 있는 권한이 많이 부여된 가상현실공간에서 학습자들은 더욱 깊이 있고 쉽게 몰입할 수 있게 된다. 학습자들은 가상현실공간에서 자신이 직접 조작하고 체험해 보면서 현실 세계에서와 유사하게 지식을 구성한다.

가상현실공간의 가능성에 기초해서, 윈(Winn, 1993)은 가상현실공간에서 몰입 활동의 심리 상태와 실제 세계에서 특정 객체 또는 사건과의 상호작용을 통해 얻게 되는 지식의 생산 방식이 매우 비슷하다고 보았다. 가상현실공간에서의 학습이 매우 효과적이며 유용하다고 볼 수 있으나, 가상현실공간과 이를 기술적으로 다루는 공학 간 학습의 집합점을 찾기는 쉽지 않다. 따라서 심리적인 면에서의 가상현실공간의 유익함과 공학적인 면에서의 활용 가능성이 교육공학에서 모두 다루어져야 한다.

이러한 가상현실공간의 특징은 세 가지 주요 심리학 이론, 즉 행동주의, 인지주의, 구성주의와 관련된 온라인 학습의 기반이 되고 있다. 블랙올(Blackall, 2008)은 이 세 가지 이론 모두가 언제나 온라인 학습의 이론적 토대가 된다고 보았으며, 특히 구성주의는 일반적으로 학습에 가장 중요한 수단이 되고, 형식적인 교육 장면에서는 행동주의가 가장 훌륭한 수단이라고 주장했다. 즉, 가상현실공간에 대한 이론적 틀은 행동주의, 인지주의, 구성주의를 포함한 심리학 이론이 그 토대가 된다고 볼 수 있다.

이 장에서는 가상현실공간과 심리학적 접근이 어떻게 연결될 수 있는지 논할 것이다. 먼저 세 가지 기본 심리학 이론, 즉 행동주의, 인지주의, 구성주의 각각의 특징을 살펴본 후, 심리학 이론에 기초한 가상현실공간에 관하여 탐구하고자 한다.

2. 행동주의 관점

행동주의는 학습자가 백지의 상태로 시작한다고 가정하고, 학습자의 행동이 정적강화나 부적강화를 통해 형성된다고 본다. 정적강화와 부적강화 모두 학습자가 바람직한 행동을 반복하게 할 확률을 높인다. 반대로 벌(수여성 벌과 제거성 벌 모두)은 바람직하지 않은 행동의 반복 확률을 감소시킨다. 수

여성 벌이란 바람직하지 않은 행동을 감소시키기 위해 불쾌한 자극을 제공하는 것이고, 제거성 벌이란 좋아하는 것을 제거함으로써 바람직하지 않은 행동을 약화 또는 감소시키는 것이다.

1) 행동주의 이론의 특징

행동주의 이론에서 인간의 마음은 마치 암실상자와 같고, 자극에 대한 반응은 양적으로 관찰이 가능하다고 보았으며, 마음속에서 일어나는 과정에 대해서는 고려하지 않았다. 이 이론에 기초하여 수행된 많은 연구 결과는 동물과 사람에게 일반화되었다. 행동주의를 배경으로 한 학교는 개인의 생각이나 감정, 마음속의 수행 과정 등을 제외하고 측정과 관찰이 가능한 사실에 초점을 맞추고 있다. 앳킨스(Atkins, 1993)는 웹 기반 원격 교육에서 행동주의 이론의 효과를 연구했는데, 교육 콘텐츠 구조의 기본 규칙은 행동주의를 기반으로 구성되어 있다고 정의하고 있다. 특히, 코스 설계자는 학습 콘텐츠를 작은 개념 단위로 나누고 진행하게 될 교수 단계나 교육의 순서를 정의한다. 또한 조건 분기나 무조건 분기를 이용하고, 특정 단계에서 이루어지는 진단 평가의 수행 결과에 따라 임계점 안에서 학생들이 반복할 수 있도록 반복 루프를 제공한다. 일반적으로 행동주의 이론을 바탕으로 한 공학적 설계의 접근은 현재 지식의 관점을 반영하고, 학습자는 수동적으로 환경의 자극에 반응한다고 가정한다.

행동주의 이론에서는 행동의 변화가 곧 학습이다. 따라서 행동주의 이론의 주요 구현 전략은 훈련과 연습, 프로그램 학습으로 볼 수 있다.

(1) 반복 훈련과 연습

교육 전략으로서 반복 훈련과 연습은 모든 교육자들에게 친숙하다. 학습자는 반복적인 연습을 통해 지식이나 기술의 습득이 가능하다. 반복 훈련과 연습에서는 덧셈과 뺄셈, 스펠링이나 단어 암기, 산술 계산 연습 혹은 매우 복잡한 학습 과제를 지시하며, 이러한 훈련과 연습은 의미 있는 학습의 기초로서 제공되어야 한다. 초·중등의 학습 환경에서 반복 훈련과 연습 전략을 구현하기 위해 초등이나 중등 수준에 적합한 다양한 교육용 소프트웨어가 사용된다.

가상현실공간은 학습에 반복 훈련과 연습 전략을 지원할 수 있다. 특히, 비행 훈련이나 군사 훈련 등에서 반복 훈련과 연습은 가상현실공간에서의 시뮬레이션을 통해 실제 세계에서보다 더 실제적이면서도 동시에 몰입할 수 있는 환경을 제공할 수 있다. 게다가, 실제 세계에서보다 비용과 위험성 등의 측면에서 훨씬 더 효과적이다.

(2) 프로그램 학습

프로그램 학습이란 학습자로 하여금 달성해야 할 학습 목표를 향해 점진적으로 접근할 수 있도록 학습자의 일련의 학습 경험을 계획적으로 서열화하는 학습 방법이다. 이 프로그램 학습은 학습자 자신이 행동함으로써 성립되며, 또한 주어진 학습자료를 학습자 스스로의 활동으로 진행해 가도록 하는 방법이다. 학생들은 자신의 수준에 맞춰 프로그램화된 자료를 학습하고, 매 단계가 끝날 때마다 학습의 성취도를 시험이나 도표를 채우는 형태로 검사한다. 이때 프로그램은 즉시 정답을 보여 주거나 학습자가 발전적인 방향으로 나아갈 수 있도록 추가적인 정보를 제공한다. 오늘날 사용되고 있는 주요한 컴퓨터 소프트웨어는 프로그램 학습 원리를 활용하고 있다. 가상현실공간 환경을 포함한 많은 온라인 학습은 행동적인 교수와 학습 과정에 전자적인 전달 프로그램 학습을 활용하여 구현해 나가고 있다.

(3) 강화의 원리

행동주의에서 강화란, 자극과 반응을 결합하여 학습이 일어나도록 촉진시키는 중요한 요소다. 강화에는 특정한 반응의 빈도를 높이기 위해 자극물을 제공하는 정적강화와 자극물을 제거하는 부적강화가 있다.

(4) 효과의 법칙

효과의 법칙이란 학습 활동에 대한 진전이나 효과의 자각이 있을 때 적극적인 학습 활동이 이루어진다는 법칙이다. 즉, 결과에 대해 만족하면 자극과 반응의 결합이 강화되고, 불만족할 경우 자극과 반응의 결합이 약화되는 것이다.

2) 행동주의 이론과 가상현실공간

가상현실공간은 학습에 있어서 행동주의 이론에 상당 부분 기초하고 있다. 행동주의 이론에서 개인의 행동은 자극과 반응에 의해 결정된다고 본다. 세컨드 라이프 사용자는 기본적인 학습을 가능하게 하는 많은 기능을 습득해야만 소프트웨어의 기능적인 측면에서 자유로워진다. 이 기능의 습득은 행동주의에 기초한 직접 교육을 통해 최고의 성과를 얻을 수 있다.

아직까지 행동주의는 정규 교육 환경에서 이루어지는 학습에서 최고의 수단임을 부정할 수 없다. 등록, 관리, 출석, 수업, 주제 범주 나누기, 교사와 학생의 구분, 평가, 정적강화와 부적강화, 기타 등등의 정규 교육 환경에서의 일반적인 면은 행동주의적 방법을 적용함으로써 쉽게 인정될 수 있다. 세컨드 라이프에서 공간의 확장, 정규 교육의 규칙 세우기, 학습 설계의 배경으로서 행동주의는 반드시 필요하다.

가상현실공간에서 나타나는 행동주의 관점의 특성은 다음과 같이 정리될 수 있다. 첫째, 가상현실공간에서 교육을 위한 교수 목표를 설정할 때는 구체적이면서도 명확한 목표를 설정함으로써 목표와 학습 내용 및 평가가 연계된 일관된 학습 과정이 될 수 있도록 강조한다. 둘째, 가상현실공간에서 학습 내용을 제공할 때는 다양한 자극자료를 제시함으로써 자극과 반응을 통한 상호작용이 활발히 일어날 수 있도록 유도한다. 셋째, 학습자의 행동 결과에 대해 칭찬과 같은 동기부여 피드백을 제공함으로써 학습 활동을 강화하도록 설계하고, 제공 시기 면에서도 즉각적인 피드백의 중요성을 강조한다. 만약 특정 학습 활동을 위한 목표가 지식 획득이라면, 개발자는 반복 훈련과 연습 그리고 프로그램 학습 부문을 고려해야 하는데, 이것은 가상현실공간에서 더 복잡한 학습 활동을 위한 것으로, 빌딩을 세울 때의 기초 단계처럼 용어 및 초기 개념의 지원을 제공한다.

3. 인지주의 관점

행동주의 이론과 달리 인지주의 이론은 생각, 기억 등과 같은 사람의 사고 과정에 중점을 둔다. 인지주의 심리학자는 앞선 지식과 정신 과정이 자극과 반응 사이에 개입한다고 믿는다. 또한 정보를 의미 있는 범주로 만들거나 그룹화하기 또는 상호작용적인 정신적 심상 같은 메커니즘은 자극과 반응 사이에 개입하여 기억력 증진을 도울 수 있다. 행동주의는 뚜렷한 학습 목표를 증명하는 반면, 인지주의는 선행 조직자를 활용한다. 뚜렷하게 진술된 목표는 학생의 가능성을 그 상황에서 지식을 활용하는 것으로 제한하고, 그것은 초기 학습의 발생과 비슷하지 않다. 반면에 선행 조직자는 더 높은 수준의 학습을 도와준다.

1) 인지주의 이론의 특징

인지주의의 가장 중요한 특징은 학생들이 학습 과정을 진행하는 동안 마음속에서 발견, 동일시, 모델 같은 정신 과정을 수행한다는 것이다. 학생의 마음은 수동적인 암실상자가 아닌, 복잡한 장치로서 환경으로부터 정보를 받으면 이 정보의 결과를 단기기억이나 장기기억의 저장소에 저장하는 작업을 한다.

영구기억은 어떠한 자료가 주어지면 기존 지식과 새로운 지식의 상호 관계를 신중하게 고려하여 자료를 조직하고 기억의 저장소에 저장한다. 이에

따라 정보가 단기기억에서 장기기억으로 이동하게 된다. 온라인 학습 환경
의 설계자는 학습자의 감각을 불러일으킬 수 있는 자극에 초점을 맞추어야
한다. 이러한 자극에 초점을 맞춘 디자인 설계가 가능하게 되면 중요한 정보
는 학생의 흥미와 집중을 이끌 수 있고, 이에 따라 학습자에게는 스스로 지식
을 찾고자 하는 의지가 자연스럽게 생긴다. 또한 설계자는 학생들이 의미 있
는 방법으로 기존의 개념적 모델과 새로운 정보를 연결할 수 있도록 학습 환
경을 조직해야 한다. 정보는 반드시 현실 생활의 경험과 관련된 것이어야 하
고, 학생들이 쉽게 이해하여 새로운 정보가 기존의 지식에 동화될 수 있도록
해야 한다. 하지만 어떠한 경우든지 정보의 홍수는 피해야 한다. 그것은 정보
가 장기기억에 저장되지 않았을 때를 포함하여, 불가피하게 개념 포화 상태
를 초래하기 때문이다.

(1) 베르트하이머의 이론

베르트하이머(Wertheimer)는 체제화가 모든 정신 활동의 기초가 되며, 인
간은 자신이 지각하는 장이 체제화되어 있지 않은 경우, 이것을 하나의 형태
로 체제화하려는 보편적·생득적 경향성을 갖고 있다고 보았다. 이러한 지
각 경향성을 '지각의 법칙(law of perception)'이라 한다. 지각의 법칙에는
대표적인 몇 가지가 있다. 유사성의 법칙은 개개의 부분이 비슷한 것끼리 연
결되어 하나의 형태나 색으로 지각되는 경향을 말하며, 근접성의 법칙은 개
개의 부분을 근접되어 있는 것끼리 하나의 의미 있는 형태를 이루고 있는 것
으로 지각하는 현상이다. 폐쇄성의 법칙은 불완전하거나 독립된 부분을 연
결되어 완전한 것으로 지각하는 것이고, 연속성의 법칙은 처음 시작한 것을
동일한 형태로 계속해서 완성해 나가는 현상이다.

(2) 쾰러의 통찰 이론

쾰러(Köhler)는 침팬지의 지적 능력에 대한 실험을 통해 시행착오를 거치
지 않고도 통찰을 통해 문제를 해결할 수 있다고 보았다. 통찰의 학습 과정

을 살펴보면, 학습자는 문제 장면에 직면하여 인지 불균형 상태를 일으키고 학습을 일으키는 동기가 유발된다. 그리고 문제 장면에 대한 탐색이 이루어지는데, 이를 통해 목적과 수단 그리고 요소와 요소 간의 관계에 대한 통찰을 하게 된다. 마지막으로, 부분과 부분, 부분과 전체, 수단과 목표 간의 관계를 성립시키고 통찰이 형성되며 인지적 불균형 상태가 균형 상태로 바뀌게 된다.

(3) 정보처리 이론

정보처리 이론은 인간의 일련의 기억 과정을 컴퓨터의 정보처리 과정과 유사하다고 본다. 따라서 인간은 감각기관을 통해 정보를 받아들이고 단기기억에 저장하며, 이를 다시 장기기억에 저장하게 된다. 그러나 단기기억에 저장된 정보는 쉽게 손실되기 때문에 기억을 위해 활성화할 필요가 있는데, 이를 위해 정보의 유의미화, 정보의 조직, 기억술 등의 전략을 구현하게 된다.

2) 인지주의 이론과 가상현실공간

온라인 학습 과정에서 인지주의 이론의 효과가 널리 인정되고 있다. 웹 기반 가상학습 환경의 인지주의 교수-학습 설계는 새로운 지식의 획득이 학습자의 이전 지식을 기반으로 한 활동적인 정신 과정이라고 본다.

인지주의 접근의 정보와 활동을 토대로 한 학습 설계는 인지의 과부하를 막기 위해 한 화면에 5~9개의 요소를 제공하고, 또한 심도 있는 진행을 위해 정보를 최대 한도로 장기기억에 전달할 가능성이 있는 활동들로 묶어 구성해야 함을 강조한다. 또한 온라인 교육자료와 교수자료를 설계할 때, 개별 인지의 차이를 고려한 다양한 활동을 제공하는 것이 중요하다. 예를 들어, MBTI(Myers-Briggs Type Indicator)는 사람들이 세상을 어떻게 수용하고 의사 결정을 내리는지에 대한 심리학적 선호를 측정하는 정신측정학 설문지로, 세컨드 라이프에서의 활동은 사람들의 잠재된 외향적 성격을 적극적으로 끌어내기에 적절하다는 것을 보여 주었다(Koper & Tattersall, 2005). 이 제안은 보다 내성적인 성격의 사람들을 돕기 위해서 비동시적인 활동을 고려하는 것으로, 세컨드 라이프의 주를 이루는 동시적인 경험과 양자택일할 수 있다. 그리고 콜브(Kolb)의 LSI(Learning Style Inventory), 켈러(Keller)의 ARCS(Attention, Relevance, Confidence, Satisfaction) 모델도 가상현실공간에 적용될 수 있다. 콜브의 학습 유형의 예로는 구체적 경험, 추상적 개념화, 적극적 실험, 반성적 관찰이 있다. 가상현실공간에 참여하여 얻게 되는 개인의 학습 결과는 참여에 대한 내재적 동기와 외재적 동기가 직접적으로 영향을 미치는데, 이는 성인 교육의 형태와 같다. 성인 교육이나 가상현실공간의 참여로 얻게 되는 개인의 학습 결과 형태는 본질적인 학습 목표 실현을 위한 동기 및 외부에서 주어지는 영향에 대한 학습자의 태도에 달려 있다. 켈러의 ARCS 모델에 따르면, 학습 과정에서 동기를 증진하고 지속시키기 위해서 4단계가 필요하다고 보았는데, 이는 주의 집중, 관련성, 자신감, 만족감이다. ARCS는 가상현실공간에서 구현하고자 하는 학습 설계 시 반드시 전달 과정을 고려해야 한다. 그 과정을 통해 가상공간에서 주어지는 몇몇의 함정을 피하기 위해 학습자가 접근 가능한 암시를 이용할 수 있고, 가상현실공간의 강점과 약점을 스스로 파악해 나감으로써 목표를 달성할 수 있다.

4. 구성주의 관점

구성주의는 지식의 포스트모더니즘 관점을 고려한 것이다. 이는 지식을 현실의 생산품으로 보고, 지식은 획득하는 것이라기보다는 구성하는 것이며, 활동 과정이 곧 학습이라고 본다. 학습자는 지속적으로 지식을 구성해 나가기 위해 사회적 상호작용 속에서 부단히 노력하며 이를 시험한다.

1) 구성주의 이론의 특징

구성주의 이론은 인지주의 이론에서 한 단계 나아가, 지식이란 학습자들이 그들의 개인적인 경험을 기반으로 하여 구성하는 것이라고 본다. 따라서 학습자는 학습 과정 자체에서 스스로 규칙을 찾으며 새로운 정보나 새로운 경험을 접했을 때, 사전 지식에 비추어 동화시키고 이미 자신에게 구성되어 있는 인지구조(schema)에 근거하여 지식을 구성한다고 보았다. 모퓨(Morphew, 2000)는 구성주의란 '학습 환경에서 의미의 공동 구성' 이라고 정의했다. 또한 메이스(Mayes, 2001)는 합의가 온라인 학습의 주요 이론적 토대로부터 나온다고 하였다. 이들은 학습자가 학습의 장에서 의미 있는 활동을 협력적으로 해 나감으로써 지식을 형성할 수 있다고 보았으며, 이러한 관점에서 구성주의를 옹호했다. 구성주의, 성인 교육학, 행동학습, 전환학습 및 상황학습은 모두 경험적인 학습의 형식으로, '지식, 기술, 태도, 가치, 감정, 신념에서 창조와 변형의 경험 과정' 으로 정의된다(Jarvis et al., 1998: 46).

비고츠키(Vygotsky)는 지식의 사회적 구성을, 브루너(Bruner)는 개인적인 지식의 발견을 중요시했는데, 이는 구성주의의 독특한 관점에 기여했으며, 가상학습 환경은 토론에 적합한 장으로 구성될 수 있기에 가치 있게 고려된다. 구성주의자들은 학습자들의 지식이 문제가 주어진 여러 맥락적 요인에 따라 활동적으로 구성된다고 믿는다. 온라인 학습 애호가들은 종종 구성주의나 사회적 구성주의를 자신들이 선호하는 이론적 틀로 인용한다. 구성주의자들 역시 협력적인 학습 활동에서 교사는 중재자 역할을 하며, 학습 활동은 학습자들 간에 적극적으로 상호작용할 수 있도록 설계되어야 한다고 주장한다. 구성원들 간의 의사소통을 통해 구성원의 적극적인 지식 구성을 유도하고, 능력을 향상시킬 수 있다. 학습자의 경험을 반영한 학습시간 역시 의미 있는 지식을 구성할 수 있도록 체계적으로 진행되어야 한다.

교육을 위한 가상현실공간의 적용과 관련하여 윈(1993)은 가상현실공간과 구성주의를 연결하는 핵심이 '몰입' 에 있다고 말한다. 사용자는 가상현실공간을 경험하는 동안 육체적으로나 지각적으로 자신이 컴퓨터가 만들어 낸 이미지 안에 있다고 믿게 된다. 이 몰입은 사용자가 가상공간에서 주어진 중심 혹은 주변의 경험을 통해 설명을 듣지 않아도 다양한 지식을 구성할 수 있도록 해 준다.

한편 드리스콜(Driscoll, 2000)은 구성주의에 다음과 같이 여섯 가지 조건이 필요하다고 조언했다.

- 복잡하고, 현실적이며, 환경과 관련된 내용이 내재된 학습
- 학습의 필수적인 부문으로서 사회적인 협상을 제공
- 다양한 견해와 여러 가지 표현 방식을 지원
- 학습에서 주인의식을 북돋움
- 학습자에게 조사와 깊이 있는 몰입을 위한 충분한 시간을 제공
- 지식 구성 과정의 자가 인식을 가르침

구성주의 학습은 문제 중심, 열린 결말, 구조화되지 않은 과제들을 기본으로 한다. 그들은 내용 자체에 중점을 두기보다는 학습자에게 제재와 결과에 대한 역할을 부여한다. 자기주도적 학습은 온라인 학습에서 효과적으로 구현될 수 있으며, 이는 성인 교육에도 마찬가지다. 따라서 구성주의 학습자는 외부 자극에 대해 단지 수동적인 수용자에 그치는 것이 아니라 최종적으로 정보의 해석을 위해 배경 개념을 검색하고, 선택하고, 적용할 수 있다. 구성주의 교육을 하는 학교에서처럼 온라인 학습 환경의 설계는 학습 과정에서 학생들의 참여에 초점을 맞추고 있다. 목표를 수행하기 위한 필수 조건은 발견이나 새로운 지식의 창조를 가져올 수 있는 교육적 소재를 제공하여 이를 통해 학습자 간의 상호작용을 이끌어 내는 것이다.

(1) 인지적 구성주의
구성주의 이론에서는 학습자가 자신만의 지식을 구성하는 주도적인 역할

을 한다고 보기 때문에 학습자들의 활동을 주요소로 삼는다. 그러므로 동기부여나 전략과 같은 감정적인 요인이 학습 과정에서 큰 영향을 미친다. 즉, 구성주의에서의 학습은 학생 중심으로 이루어지므로 학습 자체가 학습자 자신에게 의미를 갖도록 촉진하는 역할을 한다.

구성주의의 또 다른 중요한 개념은 피아제(Piaget)에 의해 처음 소개된 인지적 불균형이다. 피아제는 학습자가 새로운 지식을 접할 때, 이 새로운 지식이 학습자가 지닌 지식의 틀과 맞지 않을 경우, 이것이 인지적 불균형을 야기한다고 본다. 더 심도 있는 학습을 하기 위해서 학습자는 자신의 기존 인지구조를 확장하고 재조직해야 한다. 레이건(Reagan, 1999)은 피아제의 이론에서 등장한 '학습자가 새로운 지식을 접할 때 일어나는 실수와 불확실성'에 대해 학습에서 당연하고도 중요한 부분이라고 하였다. 그러므로 실수는 문제중심학습에서 최소화되거나 피해야 할 요소가 아니므로 학생들은 계속해서 새로운 아이디어를 시험해 봐야 하며, 그와 동시에 문제중심학습은 필수적으로 현실 세계의 상황과 비슷한 상황에서 전개되어야 한다. 구성주의 이론은 기본적으로 학습자가 자신의 사전 지식을 토대로 새로운 지식을 구축하는 것을 말한다. 따라서 학습은 학습자에게 이미 친숙한 요소를 포함하여 진행되는 수업에서 더욱 촉진될 수 있다. 학생들은 새로운 지식을 기존 배경지식에 연계함으로써 의미를 확장시킬 수 있다. 더욱이 학습자가 학습해야 하는 개념이 현실 세계와 비슷한 형식으로 설정되고 이를 통해 얻은 지식이 현실 세계에서 활용될 수 있다면 더욱 유의미한 학습이 될 것이다.

(2) 발견학습 이론

브루너(1966)는 개인적 탐구를 기반으로 한 구성주의 학습 이론으로서 발견학습 이론을 제안했다. 그는 학습을 학습자가 새로운 아이디어나 자신의 현재 혹은 과거의 지식에 기반을 둔 개념에서 이루어지는 활동 과정이라고 설명했다. 지식의 구조는 의미를 제공하고 경험을 조직하는 데 사용되며, 학습자가 주어진 정보를 넘어설 수 있도록 해 주고, 교사는 학생들이 가설을 세우고 결정을 하며 스스로 원리를 발견할 수 있도록 도와야 한다고 주장했다. 학생들의 순환학습 과정을 용이하게 하기 위해 기존의 지식으로 새로운 지식을 창출해서 이와 같은 방식을 계속 반복하여 효과적으로 정보를 표현할 수 있어야 한다. 그것은 학생들이 개념을 더욱 잘 기억하고, 스스로 지식을 발견할 수 있도록 해 줄 것이다. 이러한 접근은 만약 학습 활동이 학생들의 지식 소유권을 기른다면 학습자의 지식은 스스로에게 의미 있게 될 것이라는 가정을 바탕으로 한다. 브루너의 구성주의 이론은 키어슬리(Kearsley, 1994)가 추측한 다음의 원칙을 적용함으로써 교육적 실천에 적용할 수 있다. 첫째, 교육은 경험과 맥락으로써 학생들이 자발적으로 학습할 수 있도록 접근해야 한다(준비성). 둘째, 교육은 학생들이 쉽게 이해할 수 있는 구조로 이루어져야 한다(나선형 조직). 셋째, 교육은 추정이 쉬워야 하고 격차를 채울 수 있도록 설계되어야 한다(주어진 정보를 넘어서).

(3) 사회적 발달 이론과 근접발달영역

비고츠키(1978)는 사회적인 상호작용이 인지 발달에 큰 영향을 미친다고 주장했다. 그의 이론의 핵심은 생물학적이고 사회적인 발달이 사회로부터 격리된 상태에서는 일어나지 않는다는 가정이다. 그는 발달 과정이 태어날 때 시작되어 죽을 때까지 계속된다고 보았는데, 이는 단순한 단계로 정의되기에는 매우 복잡하다. 그는 혼자서 문제를 해결할 수 있는 실제적 지식 수준과 좀 더 능력 있는 동료와의 협력으로 문제를 해결할 수 있는 잠재적 발달 수준의 차이를 근접발달영역(ZPD)이라 지칭하고, 그 현상을 정의했다.

비고츠키의 근접발달영역의 주요 개념은 인지 발달 가능성이 있는 영역이 바로 이 근접발달영역에 한정되어 있다는 것을 말해 준다. 이 영역은 반드시 식별되어야 하고, 이 영역을 증가시킬 수 있는 전략이 있어야 한다. 지속적으로 지식을 발전시키기 위해서 근접발달영역은 반드시 사용되어야 한다. 이러한 영역의 범위는 학습자가 알고 있는 낮은 영역과 학습자가 달성할 수 있는 높은 영역 사이의 간격이다.

비고츠키 이론은 학생들이 학습에 적극적으로 참여할 수 있는 환경을 구성한다. 학생의 지식 구성을 돕는 협조자로서 교사의 역할과 지식을 습득하는 학생의 역할은 고정되어 있지 않다. 교사와 학생 상호 간의 경험이 바로 학습이 된다. 지식의 발달에 있어 중개자에서 학습자로의 지식의 전달은, 교사와 학생의 개인 간 심리적 단계에서 궁극적으로 개인 내 심리적 단계로 이동한다. 학생들은 지식의 구성에 적극적으로 참여함으로써 마침내 습득한 지식의 주인이 된다.

2) 구성주의 이론과 가상현실공간

드데와 그의 동료들(2000)은 구성주의를 바탕으로 한 가상현실공간이 몰입감, 다양한 삼차원의 표현 방식과 준거의 틀, 다감각적인 신호, 동기, 원격현존감의 특징을 갖는다고 진술했다. 요나센(Jonassen, 1996)은 구성주의가 어떻게 지식을 구성하는지를 보여 주고, 그 지식에 대한 의사소통이 가능할 수 있도록 기존의 의미에 대해 협상과 타협을 이끌어 가는 것이 요구된다고 말한다. 가상현실공간의 경험은 이 이론에 따라 단일 사용자를 위해 완벽하게 맞추어져 설계된다. 가상 세계로의 몰입은 사용자에게 실제 세계에서의 개체와의 상호작용과 같은 경험을 할 수 있게 해 준다. 만약 특정 지식과 학습자의 가상현실공간에서의 활동이 상호 관련되는 것이라면 학습자와 가상 세계와의 상호작용은 학습자가 지식을 구성하는 데 도움을 줄 것이다.

지식을 구성하는 과정은 지식의 물리적 표현이나 가상 표현과 같은 정신적 모델이나 인지구조의 개발을 통해 의미의 인지(Cunningham, 1988; 1993)와 물리적 구조(Harel & Papert, 1991) 모두를 포함할 수 있다. 더피와 요나센(Duffy & Jonassen, 1992)은 오늘날 교육공학의 실제가 구성주의 패러다임 안에서 표현되어야 한다고 생각했다. 이렇게 구성된 시스템은 가능한 한 많이 현실 세계를 표현해 내야 하고, 또한 가능한 한 경험적이어야 한다. 그 목표는 개인적으로 활동의 자유를 갖고 학습하고자 하는 분야를 경험할 수 있는 기회를 갖는 것으로, 학습자가 사용할 수 있는 방식으로 설계되어야 하고, 학습자에게 확실한 학습 기회를 제공할 수 있도록 표현되어야 한다. 또한 가상현실공간에서는 직접적인 체험을 통해 활동적인 지식을 구성하거나 자신과 타인의 견해에 대해 이해할 수 있는 환경이 조성되어야 한다.

 가상현실공간을 통한 지식 구성 과정의 한 예를 살펴보면, 건축과 인테리어 분야에서 CAD(Computer-Aided Design) 교육 과정 설계와 WebDeGrator (Web-based Interactive Design Graphics)의 활용을 들 수 있다. [그림 3-1]에서 보면, 학생들은 약간의 차이를 지닌 서로 다른 방식으로 개인적인 지식을 구성하며 이때의 경험은 정확히 일치하지 않는다. WebDeGrator 학습 시스템은 이러한 인식을 기반으로 하여 각 학생들 또는 그룹의 학생들에게 지식 표현 방법을 구성하는 데 도움을 주는 상호작용 학습 환경을 제공한다. 가상현실 기술은 복잡한 3D 그래픽과 3D 환경 사용자의 시각적 인지를 지원하는 독특한 방식을 제공하고, 가상현실공간에서의 경험과 환경적 상호작용을 통해서 사용자는 더욱 쉽게 정적 다중시점과 그래픽 차원 관계를 파악할 수 있으며, 지식의 구성과 경험의 반복을 통해서 새로운 지식을 생산할 수 있게 된다. 이는 가상현실공간에서 WebDeGrator를 활용한 가상현실 기술과 구

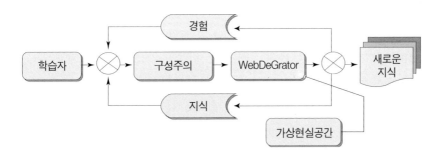

그림 3-1 WebDeGrator를 활용한 지식의 효과적 구성

출처: Sung, W. T., & Ou, S. C. (2000a). Integrated computer graphics training system in virtual environment case study of Bezier, B-spline and NURBS algorithms. *Proceeding of Conference on Interjectional Conference on Visualization* (IV2000) (p. 3338). London: IEEE Computer Society.

성주의 원칙의 응용이 이미 성공했다는 것을 보여 준다.

구성주의 이론의 주요 이점은 학습 과정의 중심에서 학습자를 우선시한다는 것이다. 따라서 구성주의적 접근은 전통적인 학습에서 나타나는 교사 위주의 학습보다는 학습자 중심의 수업 환경을 중시한다. 가상학습 또한 가상학습 환경을 통해서 배우기보다 가상학습 환경과 함께 배우는 학습자 중심 상황을 강조하게 된다.

또한 구성주의 이론은 직접적인 경험을 통해 지식을 획득하도록 도와준다. 원(1993)의 몰입형 가상현실공간은 사람이 세상을 이해할 수 있게 해 주는 현실적인 의미의 본질 획득을 통해 종합적인 경험을 허용한다. 가상 세계에의 몰입은 설명에 의한 경험이 아닌, 직접적인 경험을 통해 지식을 획득할 수 있도록 해 준다. 그러므로 몰입형 가상현실공간은 육체와 지각의 상호작용을 가능하게 한다. 학생들은 가상현실공간을 확장시키기 위해 실제 세계를 가장할 수 있다. 몰입형 가상현실공간은 학생들이 그 상황 안에 있을 때, 그들이 어디에서 무엇을 적용할 수 있는지를 배울 수 있도록 돕는다. 이러한 경우 실제 세계에서는 여러 가지 요인으로 불가능한 상황이 가상현실공간에서는 자료를 바탕으로 계산되어 이루어지기 때문에 더욱 효과적이라 할 수 있다. 즉, 가상현실공간에서는 무한대로 실험해 볼 수 있고, 실험 대상 또한 송두리째 바꿔 버릴 수 있는 다양한 변화의 가능성이 있다. 현실 세계에서는 자신이 객체에 접근하면 커지고, 멀어지면 작아지는 것처럼 보인다. 하지만 여기에는 한계가 있다. 무한대로 가까이 갈 경우 우리의 눈은 물체에 부딪치고, 시야는 초점을 잃어 객체를 바로 볼 수 없다. 이와 마찬가지로 무한대로 멀리 갈 경우는 시야에서 사라지게 된다. 하지만 가상현실공간에서는 객체로부터 무한히 가까이 또는 멀리 갈 수 있어 원근의 개념을 보다 폭넓게 체감할 수 있고, 크기의 극단적인 변화도 가능하다. 예를 들어, 우리의 눈이 가상 벽에 부딪치는 것 대신, 벽의 세부를 만들어 내부를 관찰할 수 있다. 우리는 나무 패널의 세포 구조를 볼 수 있고, 심지어 궁극적으로 그것의 조립된 분자와 원자도 볼 수 있다. 다른 극단으로는 우리가 원한다면 'zoom out'을 해서, 벽 밖, 집 밖, 도시, 국가 그리고 지구 밖에서 볼 수도 있다.

요나센(1994)은 구성주의 학습 이론과 이 이론의 학습 도구로서 매우 적합한 가상현실공간 환경의 3D 사용 사이의 관계를 설명하면서 가상현실공간과 관련된 구성주의 학습 환경의 여섯 가지 원칙을 제안했다. 이 원칙은 다음과 같다.

- 현실의 다양한 형태를 제공함으로써 현실의 자연스러운 복잡함을 표현한다.
- 지식의 재현보다는 구성에 초점을 맞춘다.
- 믿을 수 있는 작업을 제시한다.
- 반영적인 실습을 육성한다.
- 상황을 촉진하고 내용에 의존적인 지식을 구성한다.
- 인식에 대한 학습자 간의 경쟁을 유도하기보다는 지식의 구성을 위한 상호 간의 협력을 지원한다.

패퍼트(Papert, 1993)의 학습 철학과 구성주의적 인식은 컴퓨터에 크게 의존한다. 그는 지식 기계가 아동들이 세상을 풍부하게 탐험할 수 있도록 해 줄 것이라고 생각했다. 이 지식 기계의 원시적인 예로는 비디오, 전자책과 가상현실공간이 포함된다. 이 중 몰입형 가상현실공간은 그가 생각하고 있는 지식 기계의 개념과 매우 유사한 것으로 볼 수 있다. 한편 윈과 브릭켄(Winn & Bricken, 1992)은 가상 세계의 상호작용이 직관적이라고 주장했다. 왜냐하면 학생들은 특정 물체를 선택하거나 클릭함으로써 자연스럽게 객체와 상호작용하기 때문이다.

드데(Dede, 1995)는 구성주의 이론이 가상 환경에 매우 적합하다고 주장했다. 가상 환경을 통해 학습자는 개별적이면서도 종합적인 환경에 스스로 빠져들게 된다. 또한 지식을 구성하기 위해 가상 인공물을 사용하여 협력하고 직접 해 봄으로써 학습 과정을 주도적으로 경험하게 된다. 학습자와 현상

사이의 상호작용으로 학습자가 스스로에게 예를 들어 설명하는 것은 학습자가 그들의 물리적·사회적 상황의 경험을 기초로 해서 외부 세계로 향하는 놀라운 형태를 만드는 것이다.

따라서 가상현실공간은 학습 능력과 유용성을 촉진하며 상호작용을 강화한다. 또한 도달하지 못할 학습 경험을 자각하게 하며, 학습자의 적극적인 참여를 자극하고, 다양한 관점을 제시해 주며, 학습자의 접근성을 강화하는 특징을 지닌다.

5. 맺는말

가상현실공간은 교실과 가상 환경의 통합, 학습 과정의 설계 또는 경험적인 학습 도구 등의 측면에서 여러 연구가 수행되고 있는 초기 단계에 있지만 미래의 학습 도구이자 학습 환경으로서 지속적으로 개발되고 있다. 시공간을 넘어 몰입할 수 있는 경험과 다양한 상호작용의 기회를 제공하는 가상현실공간은 학습자가 지식을 구성할 수 있도록 돕고, 현실 세계의 학습 과제를 해결할 수 있는 실질적인 학습 기회를 제공한다는 점에서 학습 효과를 높이는 데 기여할 수 있을 것으로 기대된다.

이러한 학습은 행동주의, 인지주의, 구성주의 등의 심리학적 패러다임에 기초를 두고 있는데, 각각의 이론이 지닌 학습에의 시사점과 그 한계를 생각해 볼 때, 가상현실공간의 설계 및 운영에 있어서도 몇 가지 시사점을 얻을 수 있다. 행동주의 학습 원리는 목표와 학습 내용 및 평가가 연계된 일관된 학습 과정을 설계하고, 다양한 자극자료를 통해 상호작용이 활발히 일어날 수 있도록 유도하며, 동기 유발적 피드백을 통해 학습 활동을 강화하는 데 도움을 준다. 인지주의 학습 원리는 인지의 과부하를 막고 정보를 장기기억으로 전달할 수 있는 활동들을 의미 있게 구성하여 제시하고, 또한 개별 인지의 차이를 고려한 다양한 활동과 학습에 대한 동기를 제공하는 것이 중요함을 시사한다. 구성주의 이론을 통해 학습자는 현실 세계가 반영된, 혹은 현실적으로 불가능한 것을 체험할 수 있는 재구성된 가상 세계 속에서 가상현실공간의 객체 및 환경과 자유롭게 상호작용하고 몰입함으로써 스스로 지식을 구성하게 된다. 또한 이를 통해 자신과 타인의 견해를 쉽게 이해할 수 있게 된다. 현실의 자연스러운 복잡함이 반영된 가상현실공간에서 학습자는 맥락 중심적인 활동을 하게 되며, 학습 과정을 주도적으로 이끌 수 있게 된다.

앞에서 살펴본 행동주의, 인지주의, 구성주의 이론에 대한 학습 원리를 가상현실공간에 각각 독립적으로 적용하여 운영한다면 각 이론의 속성을 고려해 볼 때 분명 한계가 있다. 따라서 가상현실공간의 성공적인 활용을 위해 각각의 학습 이론이 가지는 장점을 적절하게 반영하여 가상현실공간이 구현하고자 하는 목표에 맞게 프로그램을 설계·운영해야 한다. 학습자들이 몰입과 상호작용을 통해 지식을 구성할 수 있도록 목적을 달성하기 위해서는 가상현실공간의 모든 요소에 학습 이론을 적용해서 지지대가 되도록 해야 할 것이다.

참고문헌

Atkins, M. J. (1993). Theories of learning and multimedia applications: An overview. *Research Papers in Education, 8*(2), 251-271.

Blackall, L. (2008). *Learn Online.* Retrieved July 7, 2009, from http://learnonline. wordpress.com/2008/04/

Bruner, J. S. (1966). *Toward a theory of instruction.* Cambridge, MA: Harvard University Press.

Cunningham, D. (1988). Abduction and affordance: A semiotic view of cognition. Paper presented at the 1988 AERA Conference, April 5-9, New Orleans, LA.

Cunningham, D. (1993). Assessing constructions and constructing assessments. In T. Duffy & D. Jonassen (Eds.), *Constructivism and the technology of instruction: A conversation.* Hillsdale, NJ: Lawrence Erlbaum.

Dede, C. (1995). The evolution of constructivist learning environments: Immersion in distributed, virtual worlds. *Educational Technology, 35*(5), 46-52.

Dede C., Salzman M., & Loftin R. (1996a). *ScienceSpace: Research on using virtual reality to enhance science education.* Proceedings of ED-MEDIA 96. Boston, USA.

Dede, C., Salzman, M., & Loftin, B. (1996b). *ScienceSpace: Virtual realities for learning complex and abstract scientific concepts.* Proceedings of IEEE Virtual Reality Annual International Symposium. New York: IEEE Press.

Dede, C., Salzman, M., Loftin, R. B., & Ash, K. (2000). The design of immersive virtual learning environments: Fostering deep understanding of complex scientific knowledge. In M. J. Jacobson & R. B. Kozma (Eds.), *Innovation in science and mathematics education.* Mahwah, NJ: Lawrence Erlbaum Associates, Inc.

Driscoll, M. P. (2000). *Psychology of learning for instruction* (2nd ed.). Boston: Allynand Bacon.

Duffy, T., & Jonassen, R. (Eds.) (1992). *Constructivism and the technology of instruction: A conversation.* Hillsdale, NJ: Lawrence Erlbaum.

Harel, I., & Papert, S. (Eds.) (1991). *Constructionism.* Norwood, NJ: Ablex

Publishing.

Jarvis, P., Holford, J., & Griffen, C. (1998). *The theory and practice of learning.* Kogan Page: London.

Jonassen, H. (1994). Thinking technology: Toward a constructivist design model. *Educational Technology, 34*(4), 34-37.

Jonassen, D. (1996). A manifiesto for a constructivist approach to technology in higher education. In T. Duffy, D. Jonassen & J. Lowyck (Eds.), *Designing constructivist learning environments.* Heidelberg, Germany: Springer Verlag.

Kearsley, G. (1994). *Constructivist theory* (J. Bruner). Retrieved July 7, 2009, from http://tip.psychology.org/bruner.html

Koper, R., & Tattersall, C. (2005). *Learning design: A handbook on modelling and delivering networked education and training.* Heidelberg: Springer-Verlag.

Mayes, T.(2001). Learning technology and learning relationships. In J. Stephenson (Ed.), *Teaching and learning online: Pedagogies for new technologies.* London: Kogan Page.

Morphew, V. N. (2000). Web-based learning and instruction: A constructivist approach. In L. Lau (Ed.), *Distance learning technologies: Issues, trends and opportunities.* Hershey, PA: Idea Group Publishing.

Papert, S. (1993). *The children machine: Rethinking school in the age of the computer.* New York: Basic Books.

Reagan, T. (1999). Constructivist epistemology and second/foreign language pedagogy. *Foreign Language Annals, 32*(4), 413-425.

Vygotsky, L. S. (1978). *Mind and society: The development of higher mental processes.* Cambridge, MA: Harvard University Press.

Winn, W. (1993). *A conceptual basis for educational applications of virtual reality* (HIT Lab Technical Report R-93-9). Seattle, WA: Human Interface Technology Laboratory at the University of Washington.

Winn, W., & Bricken, W. (1992). Designing virtual worlds for use in mathematics education: The example of experiential algebra. *Educational Technology, 32*(12), 12-19.

제4장

가상현실공간에서의 학습 활동

1. 시작하는 말

교육공학은 교수-학습의 과정에 참여하는 교사나 학생에게 활동적이고, 건설적이며, 협력적일 뿐만 아니라 상황에 맞는 사려 깊은 성찰을 할 수 있도록 도움을 주는 역할을 해야 한다. 교육공학은 학습 경험을 의미 있게 만들며, 효과적이게 하는 역할을 해야 한다는 것이다. 최근의 발전된 교육공학을 삼차원의 가상현실공간에 학습자가 중심이 되는 다양한 학습 모델에 적용할 수 있다. 이 모델의 요점은 학습자와 학습 과정 전반에 초점을 맞춘 것으로서 교사는 강의를 전달하는 사람이라기보다는 학습을 도와주는 중재자가 된다. 중재자는 복잡하지만 잘 구성된 문제에 대한 해결책을 찾는 방법을 학습자에게 안내함으로써 문제해결을 돕는다. 또한 이러한 학습자 중심의 모델은 학습의 결과를 명확하고 의미 있게 제시할 뿐만 아니라 평가에 있어서도 개별적인 학습자의 요구를 만족시킬 수 있고 학습이 목표와 수준에 맞게 정렬될 수 있도록 한다.

가상현실공간의 사회적인 특성으로 인해 학습에서도 사회적인 특성이 강조되고 있다. 다시 말하면, 동료들 사이에서 학습이 더욱 쉽게 이루어질 수 있다는 것이다. 학습은 경험의 축적과 획득이라고 하는데, 이러한 경험은 사회적인 경험과 개인적인 지각에 의한 경험 모두를 포함한다. 가상현실공간의 참여자는 작게는 자신이 거주하는 공간의 주변에 사는 동료 거주민들과의 사회적인 활동을, 크게는 이웃한 다른 사회의 거주민들과의 교류를 통해 교육을 포함한 일상의 활동을 수행할 수 있다. 이러한 점은 학습하고자 하는 의지가 있는 거주민을 더욱 사회적이고 지각력 있게 만들어 준다.

지금까지의 연구들은 가상현실공간에서 1인칭 경험을 통한, 즉 아바타의 경험을 통한 인지 상태의 변화를 중심으로, 그곳에서 습득한 내용을 실제 생활로 전이시키는 데 초점을 두고 있다. 이들 연구 중에서 구성주의적인 성향의 연구들은 가상현실공간에서 지식이 구성되는 과정에, 그리고 다수의 거주민들 간의 사회적 학습으로 인해 빚어지는 영향에 초점을 맞추고 있다. 구성주의 접근에서는 가상현실공간에 존재하는 공동체가 학습자들이 서로 협력하고, 정보를 다루고, 새로운 정보를 발견하며, 발견된 정보를 새롭고 의미 있는 방법으로 표현하는 기회를 제공해야 한다고 본다.

디지털 원주민(digital native)들은 자신들이 비판적으로 생각하고 자신들의 공간으로 전달할 수 있는 새로운 지식을 창조하며, 이러한 활동에 적극적으로 참여할 수 있는 방법을 찾고 있다. 가상현실공간의 한 가지 특징으로 시뮬레이션을 들 수 있는데, 학습자들은 현실 세계에서 다양한 경험을 할 수 없기 때문에 가상현실공간에서 시뮬레이션을 통해 현실에서 행하기 어려운 다양한 경험을 하게 된다.

사람들이 있는 곳에 교육 활동이 존재하듯이 가상현실공간에서도 특정 내용이 의도적으로 또는 비의도적으로 전달된다. 교육 활동이 거주민들에게 적극적으로 전개되기도 하고, 학교가 세워지거나 강의실에서 수업이 진행되기도 한다. 가상현실공간에서도 문제가 발생하여 해결해야 할 때가 있으며, 안면이 없는 이방인에게 조언을 청해야 할 때도 있다. 이러한 가상현실공간에서의 학습 활동이 어떻게 이루어지고 있는지 살펴보자.

2. 가상현실공간의 교수-학습 특성

가상현실공간에서 참여자들은 이전과 같이 굳이 음성장치와 시각장치를 사용하지 않더라도, 육감의 인터페이스를 통하여 컴퓨터로 만들어진 환경에서 다중감각을 이용하여 멀티미디어를 접하면서 큰 불편 없이 살아갈 수 있다. 참여자들은 그러한 환경을 현실과 유사하게 구성하고, 필요하면 더 환상적이게 수정할 수 있으며, 사회적인 협의하에 새로운 문화를 창조할 수 있다. 중요한 것은 가상현실공간이 단지 가상적인 허상이 아니라는 점이다. 그 안에서 참여자들은 실제의 사람들을 만날 수도 있고, 전 세계에 있는 실제 장소에 존재할 수 있다. 이러한 가상현실공간에서 이루어지는 교수-학습의 특성을 다음과 같이 몇 가지로 정리해 볼 수 있다.

1) 특별한 경험의 제공

가상현실공간은 교사와 학생에게 성공적인 교수-학습 전략으로 일관된 독특한 경험을 제공한다. 구체적인 실습, 그룹 프로젝트와 그에 따른 토론, 견학, 시뮬레이션 그리고 개념을 시각화하는 것이 가능하다. 가상현실의 시스템이 제공하는 기능의 한계 내에서 교사와 학생은 상상할 수 있는 것을 만들고 그것의 일부가 되어 활동하거나 경험할 수 있다. 가상현실공간에서의 학습 경험은 경험적이고 직관적인데, 이것은 독창적인 상호작용을 제공하고 개인적인 학습과 수행 양식을 형성할 수 있도록 정보를 공유하는 상황에서 비롯된다.

2) 혁신적 아이디어의 수용

교육공학은 그 자체가 교육적 혁신을 이끌어 가지는 못한다. 대신, 교수자들이 그것을 교수-학습에 적용하려는 노력을 통하여 효과적이고 세련된 응용 방법이 등장하게 되고, 그에 따라 교수자들은 강력한 교육 경험을 할 수 있게 된다. 가상현실공간에서는 혁신적인 방법과 적용으로 다양한 교수-학습을 진행해 나갈 수 있다. 이에 따라 기존의 학습 환경에서 제공하지 못하는 축제적, 환상적, 모험적, 원격 현존의 특성을 활용함으로써, 또한 이를 바탕으로 한 경쟁적 경험을 기본으로 하여 혁신적인 아이디어를 구현하는 것이 가능하다.

3) 아바타를 통한 학습

가상현실공간에서 존재하는 아바타는 현실 세계에 현존하는 사람의 분신으로, 공간을 날 수 있고, 수중에서 숨을 쉴 수 있으며, 다른 공간으로 순간이동이 가능하다. 그러나 모든 학습이 아바타의 존재로 가능한 것이라기보다는 아바타의 활동에 기반을 둔 학습과 사회적 네트워크에 의존하여 가능한 것이다. 즉, 스스로 아바타의 설정을 바꾸거나, 세상을 이동하면서 탐험하거나, 다른 사람과 정보를 교환하며 의사소통하거나, 객체를 사용한 상호작용에 의하여 객체를 설계하거나 만드는 등의 아바타 활동으로 학습이 이루어진다.

4) 개인에게 맞춘 학습 환경

가상현실공간에서 학습 환경은 개개인에게 맞추어진다. 교사는 학습자들이 편하게 생각하는 학습 양식과 학습자의 수행 특성에 맞게 학습 환경의 정보를 조정한다. 가상현실공간에서 이동이나 조종을 위한 도구는 개개인의 신체적 요구나 수행의 필요에 따라 설정된다.

5) 자연스러운 협력과 실제적인 경험

가상현실공간의 학습 환경은 직관적인 인간과 디지털로 이루어진 구성물과의 상호작용을 기반으로 하고 있다. 그 안에서 학습자는 자연스럽게 움직이고, 이야기하고, 몸짓을 사용하고, 객체를 조작할 수 있다. 예를 들어, 물건을 움직이기 위해서 손으로 물건을 잡거나, 뒤쪽에서 소리가 들리면 뒤돌아보는 식이다. 이러한 활동은 현실 세계에서는 자연스러운 것이지만, 가상현실공간에서는 기술이 지원되기 때문에 가능한 것이다. 가상현실공간에서 거주민들의 이러한 활동은 디지털 원주민에게는 매우 자연스러운 일이다.

가상현실공간은 컴퓨터로 이루어진 공간이며, 디지털 원주민들은 적어도 그들과 함께 자라 온 다양한 디지털 기기에 매우 친근감을 느끼기에 가상현실 공간을 상당히 자연스러운 공간으로 생각한다. 가상현실공간에서 협력학습과 관련된 질문은 '아바타와 학습 객체들 간의 상호작용에서 학습자가 어떻게 배울 수 있을까?' 라는 것에서 출발한다. 학습자는 소리, 음성 그리고 문자를 사용하여 다른 학습자에게 접근할 수 있는데, 단지 당면한 학습에서 파생되는 문제나 과제에 대한 이야기뿐만 아니라, 삶이나 일에 관련되거나 또는 최근의 소식에 관한 대화도 할 수 있다. 계획된 것이든, 우연히 일어난 것이든 간에 상호작용은 학습자들이 그들 자신만이 갖고 있는 정보에서 벗어나 다른 학습자 또는 거주민들과 협력하면서 발전해 나갈 수 있다. 협력학습의 교육적 가치는 무궁무진하다. 학습자는 고립되어 있는 것보다 집단 환경에서 생산성이 더욱 풍부해지는 경향이 있다. 즉, 경험을 나누면서 다중적인 참여를 허용하고, 자연스럽게 가능성을 증진시키는 대화를 하는 동안 학습은 자연스럽게 이루어진다.

6) 행위 유발적 요소의 편재

가상현실공간에서 거주민의 외형적인 모습은 서로의 관심을 끌기에 충분하다. 학습자들은 자신들을 대표하는 아바타를 꾸밀 기회를 갖고, 다른 거주민들과 대화할 때를 대비하여 옷을 갖추어 입으며, 얼굴 모양, 머리색 그리고 몸짓까지도 꾸며 본다. 이때 학습자들은 스스로의 활동에 몰입할 수 있다. 공간을 돌아다니면서 구경하고 물건을 만져 보기도 한다. 아바타는 공간 내의 도구, 물건 그리고 다른 아바타들과 지속적으로 상호작용하는데, 이 상호작용은 학습자들의 이해를 도와 유의미한 학습을 가능하게 한다. 공간 내의 물체들은 상호작용을 유발할 수 있을 만큼 호기심과 관심을 끌기에 충분하며, 결과적으로 개념의, 절차상의, 메타인지 수준의 스캐폴딩(scaffolding)을 가능하게 한다.

윈(Winn, 1990)에 의하면 현재 존재하는 교수-학습의 시점은 4세대에 이르러 있다. 1세대인 행동주의 입장에서는 세분화된 학습 목표나 내용에 초점이 맞추어진 전통적인 연습과 개별 지도를 중시하였다. 2세대와 3세대는 동화와 부호화된 정보가 포함된 인지주의 이론에 초점이 맞추어졌다. 구체적으로 2세대는 설계자나 전략을 만드는 교수자들이 학습자의 인지적 어려움을 줄여 주고, 그로 인해 교수-학습을 쉽게 하는 데 초점을 두었다. 3세대는 사용자와 정보 표현의 관계에 초점을 두었다. 이 단계에서는 프로그램과 학생들의 상호작용에 반응적이고 개별적인 학습 양식에의 적응을 시도할 수 있는 명석한 튜터가 있어야 했다. 4세대는 구성주의를 전제로 하고 있는데, 지식은 튜터에 의해 전달되는 것이 아니라 학습자에 의해 구성되는 것이라고 본다. 한편 요나센(Jonassen, 1997)은 구성주의와 그에 대비되는 객관주의를 언급하면서 각각을 다른 맥락에서 유용한 것으로 보고 있다. 정신 활동의 역할을 띠고 있는 객관주의는 현실 세계를 대표한다. 교육의 역할은 학습자들이 세상에 대해 배우고 그들의 생각으로 콘텐츠와 구조를 복제할 수 있도록 도와주는 것이다. 한편 구성주의는 우리의 지각 경험의 해석을 통해 자신만의 현실을 구성한다. 여기서의 현실은 인식하는 사람의 마음이라기보다 어떤 객체에 대한 우리의 '앎'이다. 구성주의자들은 학습 결과를 규정하는 것보다 자신만의 세상에 대한 다양한 견해를 지니는 것에 초점을 맞추고 있다. 구성주의 방법으로 학습자에게 효과적인 학습 경험을 갖게 하기 위해서, 교육 경험은 반드시 진정성이 있어야 하고, 계획되어 있어야 한다. 학습자는 그들이 스스로 콘텐츠에 대한 이해를 가지고 콘텐츠를 구성할 수 있다고 믿는다. 구성주의 관점에서 지식을 만드는 공동체는 멘토(mentor)와 동료의 역할모델, 열린 학습 환경 그리고 공동체에 머무는 거주민과의 상호작용을 통해 여러 가지 협동 전략을 만들 수 있는 잠재력이 있어야 한다. 가상현실공간에서는 다른 학습자들과의 토론을 통해 그들의 학습을 시험할 수 있는 기회를 가질 수 있고, 서로 다른 관점을 비교할 수 있다. 가상현실공간에서와 같이 활동이 교육공학과 통합되어 있는 환경에서 개인의 의사소통과 협력의 조합은 학생들에게 콘텐츠에 대한 학습을 준비시키고, 풍부하고 역동적인 학습 경험을 제공할 것이다.

가상현실공간과 학습의 4세대 동향인 구성주의와의 관련성을 살펴보면, 교수자들은 가상현실공간을 활용한 학습자료를 개발하여 교육공학의 성장을 도울 수 있으며, 교육의 변화에도 영향을 줄 수 있을 것이다. 학습자는 그들 고유의 현실이나 최소한의 지각을 통한 경험에 기반을 두고 가상현실공간을 구성한다. 그래서 개인의 지식은 하나의 사전 경험의 기능을 한다. 가상현실공간은 인간이 생성한 환경이라고 할 수 있다. 이는 인지주의와 구성주의의 패러다임이 만나는 곳이다. 가상현실공간에서는 교수 설계를 구축하는 것이나 학습자들로 하여금 상호작용할 수 있게 하는 대상을 구축하는 것이 가능하다. 감각의 조합과 경험에 대한 인식은 학습자가 그들의 경험을 통해 지식의 구조를 정의하도록 한다. 교육을 위한 가상현실공간의 가치는 학습자가 현실적이든 독창적이든 간에 추상적인 환경에서 집중적으로 훈련할 수 있도록 교육을 제공하는 것에 있다. 학습자는 집중 훈련을 통해 가상현실공간에서 진리(verity)를 탐구하는 동안 디지털 지식을 직접 발견하거나 상호작용하는 것을 경험한다. 또한 학습자가 현실 세계를 이해하거나 관련된 개념 획득을 돕기 위해 시각적 · 운동감각적 관계를 만들 수 있다.

3. 학습 활동의 특성

가상현실의 학습공간과 그 속에서의 활동은 역동적이고 휘발성이 있다. 그러나 그것이 지닌 삼차원의 특성은 다른 플랫폼을 통해서는 쉽게 경험할 수 없는, 풍부한 감각적 몰입 경험, 검증된 맥락 그리고 데이터 시각화를 위한 플랫폼을 제공하고 있으며 또한 학습공간에서 협력의 기회를 제공해 준다. 가상현실공간에서 학습 활동의 특성을 다음의 몇 가지 사항으로 정리해 볼 수 있다.

1) 원격 및 현존 활동

학교는 학생들을 세상과 격리시켜 놓은 상태에서 가르치고 있다. 그러나 가상현실공간은 원격에서 다른 물리적 세계와 연결되어 있다. 대부분의 원격교육 체제는 학생과 교사가 전 세계적으로 학습 환경을 공유할 수 있도록 확장되어 있다. 지역 및 국제적 활동의 원격 참여를 통해서 학생들은 다양한 문화에 더욱 활동적으로 참여하고, 인류 전체 내에서 자신들의 관계를 보다 명확하게 볼 수 있다. 원거리이지만 현존감을 가지고 활동할 수 있는 것이다.

2) 풍부하고 역동적인 활동

가상현실공간은 교사와 학생 모두를 위해 구성되며 객체를 조작함으로써 풍부하고 역동적인 학습 환경을 만드는 기회를 제공한다. 이러한 가상현실공간을 창조하고 객체를 조작하는 능력은 참여자들에게 물리적 차원의 물건이나 세상을 창조할 수 있도록 해 준다. 어떤 객체가 만들어지기 위해서는 학습 공동체 안의 구성원들이 반드시 상호작용하고, 예측을 지원하고 협력해야만 한다. 이 상호작용은 관련성을 높여 궁극적으로는 학습 능력을 향상시키는 긍정적인 역할로 이어질 수 있다.

3) 체험적 활동

가상현실공간은 체험적이다. 그 안에서 우리는 육체적이고 인지적인 경험이 가능하며, 강한 존재감을 느낄 수도 있다. 가상현실공간은 높은 수준에서 참여자들의 모든 감각을 사용하여 몰두하게 한다. 이 공간에서의 경험이 완전히 기술적으로 구성된 것이라는 점을 알고 있지만, 이 환경이 현실인 것처럼 생각하고 경험하는 것이다. 그래서 가상현실공간은 보다 직접적이고 다양한 학습 경험을 제공한다. 때로는 중국의 문화를 접하기 위해 그와 관련된 특별한 장소를 방문할 수 있고, 일본의 문화를 경험하기 위해 일본 문화가 펼쳐진 공간을 방문하여 체험할 수 있다.

4) 콘텐츠 조작 활동

가상현실공간에서는 학습자들이 콘텐츠를 가지고 활동할 수 있는 기회가 많다. 학습자들은 그들의 학습에 활동적으로 참여하고, 학습 과정을 통제하면서 자신의 학습을 위한 주체가 된다. 가상현실공간에서 학습자들은 개인의 생각, 탐험, 발견 그리고 콘텐츠 조정 능력을 갖게 되어 더욱 우수한 문제 해결자가 될 수 있다. 이렇듯 학습자와 환경과의 관계가 조정되는 콘텐츠의 특성은 학습자들에게 더 높은 수준의 학습을 할 수 있는 기회를 제공한다. 이 복잡한 환경은 때로는 학습자를 좌절시킬 수도 있지만, 복잡한 문제를 해결하는 데서 오는 성취감은 현실 세계에서 맛보기 힘든 큰 매력으로 작용할 것이다. 가상현실공간에서 구축된 환경은 현실 세계의 경험을 다양하게 시뮬레이션할 수 있게 되어 학습자는 자신의 현실 세계와 관련된 문제를 더욱 쉽게 해결하는 방법을 배우게 된다.

5) 학습 활동의 사례

가상현실공간에서 학습 활동의 특성이 잘 나타난 예를 들면 다음과 같다.

(1) 가상현실공간에서의 예술 활동

가상현실공간에서는 학습 개체를 활용하여 예술에 관련된 연구를 할 수 있다. 또한 학생들이 스스로의 양식을 강조하여 창조적인 예술 작품을 만들 수 있으며, 다양한 이론의 실습이 가능하다. 가상현실공간에 박물관을 만들어서 전시를 할 수도 있고, 가상현실공간을 학생들의 작업공간으로 활용할 수도 있다. 또한 자신이 건설한 박물관에 다른 아바타들을 초대할 수 있으며,

이로써 가상현실공간의 주민들은 박물관을 견학하여 예술 작품을 감상하고, 그들의 예술적 견해를 쉽게 공유할 수 있게 된다. 교사는 학생들에게 박물관 방문자들이 클릭한 각 예술 작품에 대한 노트카드를 만들었는지 확인하여 그들의 학습을 독려할 수 있고, 각각의 작품과 그에 수반된 연구를 검토하고 학습 상태를 확인하기 위해 질문할 수도 있다.

또한 학생들은 객체 조작 능력을 바탕으로 가상현실공간에서 역사적 사실이나 사건, 역사적 유물이나 유적을 만들 수 있다. 학생들은 역사적 공간, 역사 속 사람들과 그 시대의 정책 등을 조사하여 설계와 제작을 할 수 있다. 학습자들은 방문자들이 특정 대상에 대해 더욱 알고 싶어서 클릭할 때 노트카드를 만들 수 있는데, 이는 역사적인 연대와 현재가 어떻게 관련되어 있는지뿐만 아니라, 그 대상에 대해 더욱 심도 있는 학습을 할 수 있도록 도와준다.

(2) 일본 문화 체험

① Japan Shubu

Japan Shubu는 호소이 시장(Hosoi Ichiba)의 일부분으로 아시아를 테마로 한 섬으로 건설되었다. 일본의 환상적인 해안선을 따라 많은 일본 가옥들과 전통적인 일본 성이 줄지어 있다. 마쓰모토(Matsumoto) 성은 5개의 외부와 6개의 내부로 이루어진 일본에서 가장 오래된 구조를 가지고 있다. 이 성곽의 건물은 국보로 지정되어 있으며, 이곳을 방문하는 학생들은 일본 성곽에 대한 구조와 기본적인 형태에 대해 학습할 수 있다. 그리고 성곽 외에 일본 가옥의 형태와 구조, 생활 모습을 살펴보고 일본 전통 생활을 체험할 수 있다.

그림 4-1   Japan Shubu

출처: http://slurl.com/secondlife/Japan%20Chubu/190/36/36

② NAGAYA little Kyoto Japan

NAGAYA little Kyoto Japan은 일본의 여러 가지 문화를 체험할 수 있는 곳이다. 음악 공원이 조성되어 있고, 기모노, 게이샤, 닌자 등 다양한 일본의 대표 문화를 살펴볼 수 있다. 특히, 일본의 전통 의상인 기모노가 다양하게 전시되어 있어 기모노의 여러 가지 형태와 색상을 비교하고 학생들 자신이 원하는 의상을 직접 선택할 수도 있다.

그림 4-2   NAGAYA little Kyoto Japan

출처: http://slurl.com/secondlife/Juho/88/160/1

4. 해 봄과 경험 활동

실용주의 철학자인 듀이(Dewey, 1938)는 교육을 환경과의 상호작용에서 얻게 되는 경험의 재구성 과정이라고 하였다. 사고를 수반한 경험을 통해 현실 생활에서 일어나는 문제를 해결하게 되며, 경험(experiencing)은 재구성 과정을 통하여 또 다른 경험을 창출하게 된다는 것이다. 인간은 환경과의 상호작용 없이는 살아갈 수가 없고, 경험은 곧 이러한 상호작용에 지나지 않으며, 우리의 경험이 순탄하지 못할 때 그것을 변화시키기 위한 기능이 다름 아닌 사고의 작용인 것이다. 사고에 반영된 경험의 가치는 개인의 주관에 의해 달라질 것이고 그 결과 경험의 질이 변화된다. 이렇게 경험의 계속적인 재구성 과정을 통하여 학생은 이전과는 다른 경험을 하게 되고 이 경험을 통하여 이전에 상호작용할 수 없었던 개념들과 상호작용할 수 있게 된다. 이러한 생각은 진리를 실생활의 유용성에 의해 결정한다는 점에서 공리주의적이며, 진리는 경험에 의해서 검증되고 변화한다고 보는 점에서 경험주의적이며, 지식보다는 행동을 중시하는 점에서 반주지주의적인 성격을 지니고 있다고 본다.

가상현실공간에서 거주민들은 실생활에서와 다름없는 다양한 활동을 수행한다. 이들은 경험을 공유하는 공동체를 운영하고 있으며, 무엇을 해 봄(doing)으로써 경험을 공유한다. 또한 반성적 사고에 의해서 이러한 경험이 발전한다. 이것이 바로 듀이가 말하는 교육적 상황이다.

1) 가상현실공간에서 해 봄의 의미

가상현실공간에서 해 본다는 것은 상호작용성(interaction), 준사회적 상호작용(para-social interaction), 현존교수법(presence pedagogy) 등을 전제로 교수-학습에서 의미를 지니며, 이것을 정리하면 다음과 같다.

　첫째는 상호작용성이다. 사전적 의미로는 상호작용을 상호 간의 행동, 사람들에 의한 행동이나 영향 또는 서로 간의 영향이라고 말할 수 있다. 상호작용하는 것은 상호 간에 행동하는 것이고, 함께하거나 다른 사람들을 위해서 하거나 혹은 다른 사람들과 행동하는 것이다. 상호성은 사람과 사람, 사람 기계, 사람과 소프트웨어, 심지어 기계와 기계 사이에서도 일어날 수 있다. 인간과 컴퓨터 환경과 관련한 상호작용은 많은 의미를 가진다. 조작 가능한 맥락인가, 기계적인가, 실용적인가, 교육적인가, 사회적인가, 예술적인가, 창조적인가 또는 재창조적인가 등에 따라 의미가 달라진다. 상호작용은 조작 가능한 수준에서 입력 동작에 대해 컴퓨터와 시스템 환경이 반응하는 동안 사용자에 의해 요구되는 입력 기능으로 요약할 수 있다. 이러한 의미에서 상호작용은 매체의 사용자가 형식이나 조정된 환경의 콘텐츠에 영향을 미칠 수 있는 정도라고 말할 수 있다. 상호작용의 깊이는 사용자의 행동과 자유를 많이 허용할수록 깊어진다고 할 수 있다. 한편 상호작용의 경험은 아바타가 겪는 육체적이고 지적이며 감정적인 동시에 사회적인 성격을 갖는다.

　교육적인 맥락에서 볼 때, 학습에서의 상호작용성은 지식 획득과 인지적 · 육체적 기술 모두의 발달을 위해 필수적이고 기초적인 메커니즘이라고 생각된다. 가상현실공간과 같이 사회를 모방한 환경 속에서 아바타와의 관계를 통해 제한된 대리 경험이 가능하지만, 이는 인간의 육체적 관계와는 차이가 있다. 상호작용성은 일반적으로 사회 공동체의 감각에서 교육적인 수행의 본질적인 형태뿐만 아니라, 상호작용하는 멀티미디어나 신체적 감각에 덧붙여 정신적 활동과 반응까지 예상되는 가상현실공간으로서의 고유한 소유물로 보인다. 이것의 확신은 개인적으로 구성되거나 사회적으로 협력하여 구성한 지식을 통해 의미를 만드는 과정으로서, 학습의 특성이라는 일반적인 관점으로부터 도출된다(Jonassen, 2002).

　스트레인(Strain, 1997)은 멀티미디어 상황에서의 상호작용성이 사용자에게 어떤 콘텐츠를 언제, 어떻게 전달받을지 능동적으로 선택하고 결정할 수 있게끔 하는 것이라고 보고, 사용자의 필요와 기술적 세련도(technical sophistication)

에 따라 각기 다양한 수준의 상호작용성이 존재한다고 보았다. 그는 여기서 상호작용성의 수준을 3단계로 논의하고 있다. 1단계는 미디어가 사용자에게 콘텐츠에 대한 접근을 허용하는 단계를 말한다. 예를 들면, 사용자가 텔레비전을 켜고 끄거나, 간단한 채널 선택을 할 수 있는 수준을 말한다. 2단계는 사용자가 필요와 직감에 따라 프로그램 안에서 스스로의 행로를 선택할 수 있는 수준을 뜻한다. CD 플레이어에서 연주곡의 순서를 뒤바꾸는 기능을 조작하는 것과 같은 정보처리의 순서를 조작하거나, 기존 자료의 형태를 변화시켜 저장하는 경우 등이 2단계에 속한다. 3단계는 가장 높은 수준의 상호작용을 구현하는 단계로 다소 이론적인 수준에 가깝다. 이 단계에서는 사용자가 제작자가 되어 콘텐츠를 자유자재로 바꿀 수 있으므로 사용자의 수준에 따라 경험하는 콘텐츠의 다양성과 깊이가 달라질 수 있다.

스튜어(Steuer, 1992)는 개인적인 경험 측면에서 상호작용을 강조하였는데, 상호작용을 '사용자가 실시간에 매개된 환경 안의 형태와 내용에 영향을 줄 수 있는 정도'라고 정의하였다. 그는 상호작용성이 높을수록, 사용자가 커뮤니케이션 미디어 환경에서 가지는 가상의 경험이 실재의 것이라고 생각하는 원격 현존감(tele-presence)을 더 쉽게 느낀다고 설명하였다. 이러한 상호작용성은 기계와 인간 사이의 상호작용을 의미하는 것으로서 가상현실공간에서 인간이 느끼는 감각을 현실화하도록 돕는 도구라고 할 수 있다. 이는 공통적으로 상호작용 개념을 설명할 때 '통제력'의 측면과 함께 '실시간(realtime)'의 측면을 강조했음을 알 수 있다. 상호작용성은 사용자를 커뮤니케이션 과정에 적극적으로 몰입하게 하는 근원으로 작용한다.

둘째는 준사회적 상호작용이다. 현대사회의 계약적이고 기계화된 인간관계 속에서 사회적으로 고립된 대중은 상호작용의 결핍을 채우기 위해 미디어를 필요로 한다는 것이다. 대부분의 사람들에게 미디어는 대인 환경의 보완적 기능을 하지만, 일상의 교우 범위가 제한된 사람들 혹은 사회적 적응에 어려움을 겪는 사람들에게는 기능적 대체재(functional alternative)의 역할을 한다. 예를 들어, 많은 사람들이 대인 상호작용의 대체재로서 혹은 도피를 위해서 텔레비전을 시청하는 것이 그것이다. 이때 미디어와 미디어 사용자 사이에는 일상의 사회적 관계와 유사한 형태의 대인 관계적 인식이 존재하게 되고, 사용자들은 실제로 대인 커뮤니케이션을 하는 것처럼 미디어를 접한다. 이렇게 미디어를 통한 의사(擬似) 대인 환경의 경험은 사용자의 실제 대인 커뮤니케이션 상황에 적용됨으로써 사용자의 현실 적응을 돕기도 한다. 이와 관련하여 미디어 이용의 중요한 목적 중의 하나가 사용자의 대인 관계적 욕구를 충족시키고, 사용자가 사회적 역할을 원활히 수행하도록 하는 데 있다고 말할 수 있다.

미디어 이용자가 미디어를 현실 세계에서의 사회적 상호작용을 구현하는 기능적 대체재로 사용할 때, 우리는 미디어 이용자가 미디어에 등장하는 인물에게 마치 실제 친구처럼 친근감을 표현하는 것을 종종 확인할 수 있다. 이때 매스미디어는 대인적 관계의 환상을 제공하여, 텔레비전 등장인물에 대한 시청자의 반응은 일차집단에서 공유하는 감정과 유사하다. 종종 미디어의 인물은 시청자를 똑바로 쳐다보고 직접적으로 호명하며 사적으로 이야기하듯 말한다. 이러한 '원거리 친근감(intimacy to distance)'을 '준사회적 상호작용'이라고 하는데, 매스미디어의 가장 큰 효과 중 하나가 이용자들이 미디어 인물과 하나의 인간관계를 맺는 것이라고 주장하였다. 이러한 관계를 준사회적 상호작용이라 명명한 이유는 미디어 인물과 이용자와의 관계가 생활 속에서 실제 사람들과 맺는 일대일의 대면적 관계가 될 수 없기 때문이다. 준사회적 상호작용은 매스미디어에 의해 인위적으로 창출되는, 미디어 이용자와 미디어 인물 사이의 대면적인 것처럼 보이는 대인 관계인 것이다. '준사회적 상호작용'의 개념은 이용자와 미디어 인물이 원거리에서 주고받는 의사소통으로 비유할 수 있다. 미디어 인물의 모든 행위가 현실의 인간관계(대화)를 모방하여, 있을 법한 상황을 연출해 내기 때문에 이렇게 생성된 미디어 콘텐츠에 대한 이용자들의 반응은 실제 대인 커뮤니케이션과 거의 비슷한 양식으로 나타난다. 이용자들은 미디어에 등장하는 인물을 마치 일상생활 속에서 흔히 접하는 인물인 양 인식하게 되고, 이를 통해 이용자 개개인

은 자신이 속한 제한된 공간을 넘어서 다양한 사회적 환경을 대리 경험하게
된다.

셋째는 현존교수법이다. 애팔래치안 주립대학교(Appalachian State Univer-
sity)에서는 학생들에게 다양한 능력을 기르게 하고, 애팔래치안 주립대학교
의 교육공학 프로그램을 수강하는 학습자에게 함께 학습할 수 있는 동료를
지원해 주기 위해 삼차원 가상 세계인 AET Zone을 만들었다. AET Zone은
사용자에게 공간, 움직임, 다른 사람의 존재를 수용하는 컴퓨터 환경을 제
공한다. 그리고 사용자들은 디지털화된 그들 자신의 표상인 아바타를 선택
하고, 그 세계에 접목된 내용과 상호작용한다. 그뿐만 아니라 여러 가지 통
신 수단, 오디오와 텍스트에 기반한 채팅을 통하여 동료들과 협의·토론을
할 수 있다. 지난 7년 동안 AET Zone에서 실제적으로 학습하는 사용자의
수가 증가함에 따라 가상현실공간의 설계와 이 공간에서 이루어지는 교수-
학습에 대한 연구가 시작되었다. 이 연구는 교수-학습 형태와 전략, 그리고
현재 우리가 교실에서 얼굴을 보며 하는 수업이나 다른 웹으로 조정된 환경
으로부터 우리의 교육에 사용하려고 하는 공학기술을 인지하는 데 도움을
주었다. 우리는 이 새로운 모델을 현존교수법 또는 'the P2 Model'이라 부
른다.

고등교육에서 삼차원 몰입형 가상 세계의 사용이 확대됨에 따라, 교육학
적 접근은 이러한 가상 세계가 성공을 가져다줄 가능성이 많다는 것을 제시
하고 있다. AET Zone이라는 삼차원 몰입형 가상 세계는 교수-학습의 사회
적 관점에서 자본화된 교육학적 변화에 대한 하나의 구현체이며, 사회구성
이론에 근거한 교수-학습 방식이라고 본다. 이 접근 안에서 훈련의 진정한
커뮤니티를 구축하고, 반성학습을 위한 협동을 촉진하는 온라인 환경을 구
성하는 개념이 주를 이룬다고 할 수 있다. 전통적인 교수법을 거쳐 종종 등장
하는 학습 공동체와 달리, 학생들은 가상현실공간의 환경 중에서 어떤 특정
한 섹션, 교실, 과정이나 프로그램에 제한되지 않는 P2 학습 환경에서 매력
을 느낀다. P2 가상공동체에 있는 구성원은 누구나 잠재적인 교수자, 동료,

전문가 혹은 다른 사람으로부터 배울 수 있는 학습자가 될 수 있다. 얼굴을 보며 수업을 하거나 웹을 이용한 환경 모두 현존교수법과 전통적인 교수법 간의 상세한 차이를 설명하는데, 현존교수법의 특징을 살펴보면 다음과 같다(예: WebCT, Moodle).

과거로부터 교수법은 누군가에 의해 '아이를 이끄는' 과정이라고 정의되어 왔다. 일부는 교수법을 '교사들이 교육 환경을 관리하는 방법'이라고 본다(Banilower et al., 2006). 우리는 교수법의 광대한 의미를 이해하며, 일반적으로 다른 사람의 학습을 도울 때 사용하는 방법이라고 여긴다. 현존교수법의 주요 원리는 다음과 같다.

- 질문을 하고 잘못된 생각을 바로잡는다.
- 배경 지식과 전문가의 의견을 자극한다.
- 다른 사람들의 존재를 이용한다.
- 상호작용을 촉진하고 공동체를 장려한다.
- 인식의 분배를 돕는다.
- 도구와 자원을 공유한다.
- 탐험과 발견을 격려한다.
- 문맥을 설명하고, 목표에 따라 행동한다.
- 반성적인 습관을 기른다.
- 학습 과제를 완수하는 데 교육공학을 사용하고, 결과를 널리 알린다.

마지막으로, 가상현실공간에서 해 봄의 의미를 정리해 보면, 가상현실공간 참여자의 높은 조작 가능성을 토대로 한 현존감에 의지하여, 학습자 주도적 상호작용을 통해 현실에서의 오감 자극에 버금가는 경험의 기회를 제공함으로써 직접 체험에 상응하는 효과를 창출한다는 의미를 지닌다. 이 경우 참여자의 해 봄과 해 봄으로써 느끼게 되는 실제 감각 채널이 일치하지는 않으며, 컴퓨터 키보드나 마우스 클릭 등 정보의 입력장치에 의존한 촉감이 오

감을 대신하여 직접 해 보는 것과 같은 느낌을 갖게 된다. 준사회적 상호작용
으로 형성된 현존감은 주로 아바타를 통한 모방을 형성하며, 이것은 아바타
의 감각 채널에 의존하여 가상의 경험이 실제의 것이라고 착각하는 원격 현
존감을 지니게 한다.

　가상현실공간을 활용하여 현실에 기반하여 해 봄으로써 학습하는 것은 비
용, 위험도 등의 현실적인 측면에서 보다 용이하며, 학습 환경 구성의 밀도
조정으로 학습자의 체험 수위를 조절할 수 있다. 또한 환상적인 피조물들
(fantastic features)은 해당 체험에 관한 학습자의 흥미와 몰입을 증가시켜 학
습자의 적극적인 참여를 유도·유지할 수 있다. 네트워크라는 매체의 특성
은 개인적 시도의 경험을 넘어서 협동적이고 협력적으로 시도하는 가능성을
열어 주어 학습 목표로의 접근성을 지닌다.

2) 가상현실공간에서 해 봄에 의한 학습 기제

　'학습자들의 학습이 어떻게 일어나는가?'에 대한 최근의 입장은 구성주의
관점에 바탕을 두고 있는데, 이는 학습자들이 반드시 활동을 통해 지식을
'구성'해야 한다는 생각에서 비롯된다. 활동에 참가한 사람들은 아이디어를
시험하고 기존의 지식과 경험에 기초한 개념을 통해 그들 자신만의 지식을
구성하고, 그것을 새로운 상황에 응용하며, 새로운 지식과 이전에 존재했던
지적인 구성 요소들을 통합한다. 이러한 일련의 흐름이 우리에게는 현실 세
계의 상황과 비슷하게 느껴지는 과정이다. 개인적으로 끊임없이 가설을 구
성하고, 그것으로부터 반드시 최종적인 경험의 조각들을 모아 하나의 통합
된 지식을 창출한다.

　형식적인 교육(예: 학교교육) 혹은 비형식적인 교육(예: 박물관 견학)의 모든
영역에서 최근의 교육 실행은, 교육 과정의 설계와 전시에서 진보한 구성주
의 이론을 기반으로 한다. 학습자들에게 상호작용적이고 실제적인 경험을
제공하기 위해 교육은 학교와 박물관에서 깨달음의 활동적인 관계를 통해서

점차적이고, 단계적으로 구성된다(DeVries & Kohlberg, 1987). 현실 세계에서 가공되지 않은 자료, 최초의 자원, 다양한 물질 혹은 상호작용하는 물질을 사용하는 이유는 학습자들이 현상들을 함께 묶어 추상 개념을 생성하는 것을 돕기 위해서다. 패퍼트(Papert, 1980)는 '구성주의'라는 용어를 물체의 물질적인 창조로부터 일어난 지식 구성 과정을 표현하기 위해 사용하였다.

나르디(Nardi, 1996)에 따르면, 특정 현상과 관련된 원리는 활동 이론을 강화하기 위해 적용되는데, 이는 구성주의에서 보듯이 매일 동적이고 맥락의 존적인 문제를 연습하는 것이 높은 수준의 인간 활동을 지원하기 위한 도구로서 필요하기 때문이며, 구성주의의 사회적 역할을 강조하는 것이라 볼 수 있다. 활동 이론에서는 지각과 활동을 분리해서 개별적으로 인식할 수 없다고 본다. 따라서 특정한 지식과 우리가 상호작용하는 그 지식을 분리해서 생각할 수 없다. 다시 말해, 활동과 통합된 지식은 그것이 구성된 맥락 밖에서 고려될 수 없다는 것이다(Jonassen, 2000).

대부분의 이러한 이론들은 학생 중심의 학습 수행을 강조하는데, 이는 행동주의와 인지주의 학습 모델에 반대하며 등장했다. 지식의 큰 변화에 의해 유도된 이러한 흐름은 지식을 더욱 개방적이고 다양한 활동에 기반을 둔 학습 형태로 변하게 하며, 이러한 사회적인 학습 과정이 교육공학의 발달을 가져왔다. 다시 말하면, 지식의 형태 혹은 학습 형태에 따른 새로운 매체 자원은 새로운 교수-학습 방법을 지원한다는 것이다. 지난 10년간 구성주의를 전제로 만들어진 컴퓨터 기반 소프트웨어의 과다 영향으로, 해 봄에 의한 학습은 교육공학을 진전시키기 위한 교육학의 보안체로서 나타나게 되었다. 해 봄에 의한 학습은 하나의 경향으로 나타나고 있으며, 교육공학자들은 실제적이고 경험적이며 공개적이고 비형식적인 특징을 지닌 구성주의를 가상현실공간의 발전을 돕는 이론적 기반으로 삼고 있다. 그리고 그 틀 안에서 계속해서 연구해 나가고 있다.

가상현실공간에서 해 봄에 의한 학습 기제를 바탕으로 하여 비형식적인 학습 활동의 예로 박물관 체험과 유사한 교육 활동을 살펴볼 수 있다. 박물관은 우선 만지고 다룰 수 있게 되어 있는데, 특히 사용자가 과학적인 실험에 직접 참여할 수 있도록 조성한 샌프란시스코의 체험과학관(exploratorium)은 매우 유명하다. 체험과학관 미디어 제작자와 교육자는 세컨드 라이프에서 현실 세계에서는 어렵거나 불가능한 일들을 어떻게 구현해 낼 수 있는지에 대해 연구해 왔다. 학습자들은 아바타로 이 세계를 방문하고, 아바타의 눈을 통해 지역을 탐험하며, 다른 사람이나 기관들에 의해 특징지어지거나 또는 새로운 환경을 창조한다. 사회적 상호작용은 세컨드 라이프의 가장 중요한 특징이다. 학습자는 끊임없는 메시징, 몸짓, 사람들과 의사소통하기 위한 채팅을 사용할 수 있다. 또한 학습자는 가상현실공간에서 현실 세계에서는 불가능한 경험—세컨드 라이프에서 중력이 변화하는 태양계 밖으로 날아가는 것에서부터 다시 태양계를 통해 날아오는 것까지—을 할 수 있다. 2006년 초반부터 체험과학관 스태프들은 세컨드 라이프가 제공할 수 있는 다양한 가능성에 대해 탐색해 왔고, 이후 놀라운 일들을 해냈다. 예를 들어, 2006년 3월 29일 3개의 가상 세컨드 라이프 원형경기장에서 태양 일식에 관한 인터넷 생방송을 기획하여 실행함으로써 현실 세계와 가상 세계를 혼합했다. 이 일식 프로그램은 인터넷과 체험과학관을 통해서 중계되었는데, 아바타에 의해 표

그림 4-3 체험과학관

출처: http://slurl.com/secondlife/Exploratorium/146/118/2

현된 세계 각국의 사람들은 원형극장에 모여 체험과학관 스태프와 이야기를 나누는 특별한 경험을 공유했다. 체험과학관 스태프는 목소리 실황방송을 제공했고, 무대에 위치한 아바타 스태프는 국제적 관중인 아바타들의 질문에 대답했다.

이러한 체험과학관 외에 세컨드 라이프 내에 설립된 수많은 '미술관' 중 조지아 예술 박물관(Georgia Museum of Art)을 예로 들 수 있다. 이 박물관은 미국 조지아 대학교(University of Georgia)에 있는 박물관으로서 19~20세기의 다양한 미술 작품들을 소장하고 있다. 이 박물관은 세컨드 라이프 내에 따로 미술관을 짓고, 미술관에서 소장하고 있는 작품들 중 일부를 전시하여 전 세계 어디서든, 세컨드 라이프 내 미술관을 방문한 사람들이 이 미술 작품들을 볼 수 있도록 제공하고 있다.

가상현실공간의 박물관은 '손으로 만질 수 있는' 전시와 같이 직접 행동할 수 있는 아이디어를 추구한다. 무엇보다 가상현실공간의 박물관에서는 공개적으로 상호작용할 수 있으며, 관람객은 활동적인 참여자 혹은 창조자가 될 수 있다. 가상현실공간 속의 박물관은 현실 세계의 박물관이 가진 관람의 기능을 넘어 적극적으로 상호작용할 수 있는 경험을 제공하며, 이러한 특

그림 4-4　조지아 예술 박물관

출처: http://slurl.com/secondlife/UGA%20CTL/140/129/44

징은 가상현실공간의 엔터테인먼트를 가능하게 하는 동시에 다양한 유형의 엔터테인먼트 요소로 발전할 수 있음을 보여 준다. 가상현실공간의 박물관에서는 '활동 경험'을 갖게 하기 위하여 '메타 시네마' 또는 사차원 영화를 감상할 때의 감각을 위한 자극과 문화적 언어가 갖는 모든 방법을 삼차원의 형식으로 통합하여 제공하고 있다. 이곳의 관람객들은 수동적으로 관람하는 것이 아니라, 객체에 대한 자신만의 시각을 갖고 자신만의 관점에서 객체를 경험함으로써 명확한 신체적·가상적 관계를 맺을 수 있다. 이를 통해 가상현실공간에서 더욱 생생한 박물관 체험을 구현할 수 있다.

요약하자면, 많은 아이디어들이 활동 이론, 구성주의 및 동기 이론에 근거를 두고 있고, 상호작용성의 개념과 직접적으로 관련되어 있다. 구성주의는 사용자가 수정하고, 만들고, 요소들을 충당하고, 아이디어를 시험하고, 문제를 해결하고, 비판적인 사고를 하는 것을 통해 활동적인 참여를 하고, 환경과의 상호작용을 통해 지식이 발전한다고 주장한다. 이러한 관점은 상호작용의 발전뿐만 아니라 가상학습 환경에도 영향을 미쳐 '행동을 통한 학습'과 '현대 박물관의 손으로 만질 수 있는' 체험에도 영향을 미치고 있다. 나아가 가상현실의 공학은 다양한 유형의 상호작용 기회를 제공하고 여러 활동에 참여할 수 있도록 지원하는 것이 가능하기 때문에 학교, 박물관 및 교육기관에서 유용하게 사용될 수 있는 강력한 매체가 될 것이다.

클릭 행위는 현실적인 맥락에서 해 보는 것과 상응하는 현존감을 제공한다. 또한 통제의 가능성이 증대되어 학습자의 자유의지가 더 많이 반영될 수 있다. 다른 사람에게 일어나는 일이 자신에게 일어날 때의 느낌인 모방은 예로부터 모든 연극의 중심에 있는 강렬한 감정이었다. 아바타들을 혼합한 매혹적인 매체는 지배하고 싶은 욕구를 일으키는 매력적인 존재다. 모방에 초점을 둔 훌륭한 설계는 재미있는 탐험, 행동을 통한 학습 그리고 구성주의 학습을 포함하는 중요한 과정으로 변화된다. 가상현실공간에는 지리적으로 떨어진 학습자들과 가상 환경에 동시에 존재하는 아바타를 통한 현존감이 있는데, 이것은 상징적인 의미가 있다.

3) 가상현실공간에서 경험의 의미

학습자는 경험을 통하여 행동하게 되고, 그 행동의 영향과 결과를 예측하는 반성적 사고 과정을 갖는다. 이 과정에서 사고의 변화를 일으키게 되고, 광범위하게 적용시킬 수 있는 구체적인 반응을 함으로써, 자신의 지식과 경험을 받아들여 새로운 상황에 적응할 수 있게 하는 것이 경험학습 모형이다. 콜브(Kolb, 1999)는 지식이 경험의 획득과 변형에서 기인한다는 경험학습 이론(experiential learning theory)을 주장하였다. 그는 두 가지 경험의 획득 방법인 구체적 경험(concrete experience: CE)과 추상적 개념화(abstract conceptua-lization: AC), 두 가지 경험의 변형 방법인 반영적 관찰(reflective observation: RO)과 능동적 실험(active experimentation: AE)을 통해 발산적 학습자(diverger), 동화적 학습자(assimilator), 수렴적 학습자(converger), 조절적 학습자(accommo-dator) 등의 네 가지 학습 유형을 구안하였다(오인경, 2005; Kolb, 1984).

정보를 획득하는 방법으로 어떤 사람은 구체적으로 만지고 느낄 수 있는 대상을 사용하고, 또 어떤 사람은 상징적 표상이나 추상적 사고를 사용한다. 전자는 감각과 구체적인 현실에 자신을 몰입시킴으로써, 후자는 감각보다는 깊은 사고, 체계적인 분석과 계획을 통해 정보를 획득한다. 이와 유사하게 정보를 변형하거나 처리하는 방법으로 어떤 사람은 자신과 동일한 상황에 있는 다른 사람을 조심스럽게 관찰하거나 일어나고 있는 상황을 생각함으로써 정보를 변형하고, 또 어떤 사람은 직접 그 일을 해 보거나 그것에 참여함으로써 정보를 변형하거나 처리한다. 다른 사람을 관찰함으로써 정보를 처리하는 사람은 반영적인 관찰을 선호하지만 일에 직접 참여하기를 좋아하는 사람은 능동적인 실험을 선호한다(오인경, 2005; Kolb, 1984).

콜브의 경험학습 이론 모형은 구체적 경험, 반영적 관찰, 추상적 개념화 그리고 능동적 실험의 4단계 순환적 형태를 바탕으로 한다. 구체적 경험에서 습득한 개념을 관찰과 반영을 통해서 추상적으로 개념화, 일반화하고 그것을 다른 새로운 상황에서 검증하고 수정하는 능동적 실험의 과정을 거쳐 다시 새로운 경험을 만들어 내면서 순환하는 학습 사이클을 가지게 된다(권정희, 이재경, 2002). 특히, 일반화된 원리를 새로운 상황에 적용하는 능동적 실험 단계의 최종 부분에서 적극적 실험을 통한 학습 활동으로 확장된다. 이는 일종의 심화 활동으로 앞의 과정을 통해 습득한 일반화된 관련 자료나 관련 활동 속에서 재해석하는 기회가 제공됨으로써 새로운 결론에 도달하게 하는 변증법적인 학습 활동이다(김숙자 외, 2008).

콜브(1984)는 경험 획득 과정을 한 측면에 대한 이해(현실적인 경험과 감정의 조합)와 다른 한 측면의 포함(추상적인 개념화와 사고의 조합)으로 이루어지는 경험 확장의 연속이라고 했다. 그는 경험을 통한 학습이 두 과정의 경험 간 상호작용이라고 생각했으며, 이러한 경험 활동 과정은 대립되는 상호작용으로 양극에 있는 경험의 연속체라고 하였다. 경험중심학습의 중요한 요소는 학습자들이 사전 경험에서 그것의 의미를 도출하기 위해 자신들의 경험을 반영하고, 평가하며, 재구성함으로써 그들의 경험을 분석한다는 것이다. 경험중심학습은 직접적인 수행, 풍부한 학습 이벤트와 학습자에 의한 의미 구성을 강조하여 더욱 활발한 참여를 이끌어 내고 학습자 중심의 접근을 지원한다. 경험중심학습은 성인 교육자에게 특별한 흥미를 불러일으킨다. 왜냐하면 이는 형식적인 학습, 비공식적인 학습, 무형식의 학습, 평생학습, 우연한 학습, 작업공간의 학습을 포함하기 때문이다(Andresen et al., 1995).

로릴러드(Laurillard, 1998)는 교수-학습 과정이 다음과 같은 필수적인 요소들로 구성되어 있기 때문에 매체로서 시뮬레이션 환경이 필요하다고 주장하였다.

- 서술의 수준에서 교사와 학습자 간의 토론
- 학습자와 교사가 정의한 세계의 특별한 측면 간의 상호작용
- 교사에 의한 특별한 세계에의 적응과 학습자의 행동
- 학습자의 수행에 대한 교사와 학습자의 반응

가상현실공간은 다감각적인 경험을 통해 사용자를 가상현실공간에 완전히 몰입시키는 효과가 있고, 인간과 컴퓨터의 상호작용 방식은 기존의 방식과 달리 실제 상황과 유사한 행동을 할 수 있는 방식으로 상호작용을 중시하는 교육 분야에서 매우 매력적인 매체라고 할 수 있다(한정선, 이경순, 2001). 많은 학생들이 어려워하고 이해할 수 없는 복잡하고 추상적인 내용에 대해 가상현실공간의 다감각 몰입기법이 효과적으로 활용될 수 있다는 연구 결과에서 보듯이(Dede et al., 2000), 가상현실의 기술은 학습자의 지식 구성을 돕는 탐구 환경이나 자연 세계에 대한 경험적 직관을 형성하는 데 매우 유용하다고 할 수 있다. 가상현실공간은 교육 분야에서 직접 관찰이 힘들거나 텍스트와 이차원 그래픽 자료로 설명하기에 까다로운 학습 내용, 가시화하기 어려운 내용, 추상적인 학습 개념, 고위험 및 경비가 많이 드는 실험 등의 교육 분야에서 적용하기에 유용하다고 알려져 있다(Dunser & Hornecker, 2007; Fruland, 2002).

현존감은 환경에서의 의사소통 매체 수단으로서 실제 경험으로 정의된다. 현존의 개념은 일반적으로 매체로부터 묘사된 장면에서 '그곳'에 대한 사용자의 주관적인 감각으로 정의된다(Barfield et al., 1995). 현존은 가상현실공간의 필수적인 구성 요소 중 한 가지로 두드러지며, 가상현실공간으로의 개입이 요구된다. 즉, 가상현실공간의 효과는 사용자들에 의한 현존의 보고된 감각과 연결되어 있다. 현존은 주관적인 경험으로 정의되고 다차원 구조를 가진다. 이러한 전제로부터 시작해 조작할 수 있게 하는 실제 노력은 지각과 인지 구성 요소, 생리적 반응과의 결합, 자기 보고와 생리적 검사를 통한 평가에 초점을 맞춘다.

세컨드 라이프와 같은 삼차원 가상현실공간은 더욱 광범위하고 생생한 특별한 경험을 제공한다. 이러한 경험은 신체적인 구현의 감각을 느낄 수 있을 만큼 충분히 현실적이다. 가상현실공간에서의 경험은 가상현실공간이 생활형인가 또는 파생형인가에 따라 달라질 수 있다. 생활형 공간은 사용자들이 미디어 창작 자동화 시스템으로 집, 가구, 옷 같은 가상 재화를 만들고, 이를 자유롭게 상거래하며, 현실의 기업, 정당, 학교가 참여하는 현대사회를 그대로 시뮬레이션한 공간을 말한다. 세컨드 라이프와 같은 가상 세계가 여기에 속한다. 세컨드 라이프는 사용자들을 아예 '거주민'으로 지칭하며 사용자의 주민성을 극대화하기 위해 다음과 같은 네 가지 전제, 즉 ① 창작물의 완전 소유 시스템, ② 부동산의 완전 소유 시스템, ③ 린든 달러를 미국 달러로 환전하는 시스템, ④ 가상현실공간에서의 상거래 합법화를 사회경제 시스템 속에 철저히 관철시킨다. 이처럼 가상현실공간에서의 행위가 현실의 화폐로 전환되는 사회경제 시스템은 재미와 함께 그에 따른 노동의 현실적 가치를 긍정적으로 여기고, 가상현실공간에서 사회적이고 진지한 경험과 자기표현을 원하는 사용자의 욕구를 반영하여 이루어진다. 특히, 앞의 네 가지 항목 중 두 번째, 즉 부동산의 완전 소유 시스템은 세컨드 라이프 사용자들에게 정주성(settlement)을 부여한다. '토지'와 '정착'은 상징적인 연관 관계를 지니기 때문이다. 사용자들은 현실의 화폐를 지불하고 가상의 토지를 구입하며 그 안에 정주하여 다양한 형태의 노동을 수행한다. 또 세컨드 라이프에서는 누구나 검색창에서 원하는 장소를 검색하거나, 가고 싶은 곳의 좌표를 입력하여 자유롭게 이동할 수 있다. 이러한 자유 텔레포트(teleport) 방식은 버스나 지하철, 택시 등의 대중교통을 이용해 계층의 구분 없이 자유롭게 공간을 이동할 수 있는 현대 대도시의 일상성을 그대로 수용한 경우라고 할 수 있다. 또한 세컨드 라이프에는 현실에서 사용자들이 경험하는 시설, 제도, 알고리즘이 그대로 유입된다. 그리하여 세컨드 라이프 내에서 사용자들은 댄스홀에 가서 춤을 추고, 유명 스타들의 공연도 보러 가며, 마음이 맞는 사람과 가정을 꾸리거나 새로운 친구를 만드는 등 주민으로서의 일상생활을 영위하게 된다. 사람들이 가상현실공간에서 보내는 시간은 점점 길어지고 있으며, 그곳에서 그들은 캐릭터를 만들고, 정보를 공유하며, 세금을 납부하고, 규칙을 준수하거나 위반하는 등 복잡한 사회적 활동을 하고, 세금 폭동이나 반전평화시위 등의 정치적 활동에도 참여한다. 이처럼 사용자들이 직접 콘텐츠를 창작할 수 있도록 함으로써, 또한 복잡한 경제적 · 법률적 선택이 존재하고 이들 사이의 관계를 주의 깊게 조정함으로써, 사용자들은 가상공간의 주민으로서 또는 주인으로서 세계를 창조해 나가는 진지한 경험을 창출할 수 있게 된다.

파생형 가상 세계란 가상 세계의 활동이 현실 세계의 교육, 전시, 의료, 직업 훈련에서 직접 파생되어 공간적 현존을 갖는 가상 세계를 말한다. 워싱턴 약학대학의 가상현실 치료 프로그램, 게임 '아메리칸 아미'의 현장 직업 훈련 프로그램 등이 여기에 속한다. 한편 재미와 그에 따른 노동을 경험하는 세컨드 라이프로 대표되는 생활형 가상 세계는 사용자 생성 콘텐츠에 의해 유지되고 확장되는 세계다. 사용자들에게 있어 콘텐츠를 제작하고 공유하는 기쁨은 무궁무진한 창조성과 표현력을 이끌어 낸다. 이처럼 가상현실공간에서는 사용자의 콘텐츠 생성이 현실 세계의 예술가의 창작이나 수공업자의 제작과 같이 독자적인 지식 재산권과 저작권을 갖는 완전한 노동의 하나가 된다. 많은 사용자들에게 가상 세계의 인간 행위는 현실의 업적에 필적하는 명성, 인맥, 보상을 제공하는 진지한 노동 행위로 발전한다. 이러한 점에서 재미와 그에 따른 노동은 단순한 게임 중독과는 차별화되는 사회적이고 관계 지향적인 성향을 가지고 있다. 가상현실공간은 현실 세계를 모의적으로 실험하기에 편리한 공간을 제공할 뿐 아니라 커뮤니케이션, 상호작용 그리고 사회적 질서화의 새로운 형태의 출현을 야기하고 있다.

4) 가상현실공간에서 경험학습의 기제

브리콜라주(bricolage) 과학자란 자명한 공리로부터 출발해서 가설을 세우고 이를 검증하여 정리를 만든 뒤에 결론에 도달하는 학문 방법론 대신, 속성이 자명한 사물을 조합·재조합하는 과정을 통해 이론을 개발해 가는 사람들이다. 원시 부족의 약초학자들에게는 추상적 사고보다 몸으로 체험하는 것이 학문 연구에 더 중요할 것이다. 이처럼 '위에서 아래로'의 계획된 방식이 아니라, 이미 알려진 재료들을 조합하고 재조합하는 과정에서 문제를 해결하는 것이 브리콜라주다. 많은 물질, 재료 및 사건을 직접 접하며 배워 간다는 점에서 브리콜라주는 '독백'이 아니라 '대화'다. 프로그래밍에서 브리콜라주는 한 줄 한 줄의 코드를 마치 실제 물질처럼 여기저기 뗐다 붙였다 하며 땜질하듯 프로그램을 만든다. 브리콜라주는 맥락 또는 상황을 고려하는 유연한 사고방식이며, 길리건(Gilligan, 1982)은 브리콜라주를 하나의 성숙한 사고 방식으로 유용하게 평가하고 있다. 브리콜라주를 즐기는 프로그램 기획자들은 작동 원리를 모르는 프로그램이나 운용체계를 보고도 당황해 하지 않는다. 오히려 직접 만져 보면서 새로운 환경을 알아 가는 즐거움을 느낀다. 시뮬레이션 환경에서는 스크린상의 아이콘만 누르면 얼마든지 원하는 대상에 쉽게 접근할 수 있다. 전혀 이질적인 요소들을 연결하는 것도 어렵지 않다. 그 자체가 지극히 브리콜라주적이다. 과다한 정보를 처리하고 최적의 검색을 하기 위해 사용자들은 브리콜라주를 하고, 데이터를 저장하고 기억으로 끌어내기 위해 관리할 수 있는 덩어리로 조직하고 정렬하며, 하나로 연합하기 위해 연결 짓고 연결선을 탐색한다. 그렇게 함으로써 막대한 양의 정보가 제시되었을 때, 유용한 정보 사이에 있는 원하지 않는 정보를 우회한다. 막대한 양의 정보란 더 이상 회피의 대상이 아니고, 오히려 학습자의 다양한 감각기관을 자극하기 때문에 학생들의 흥미를 유발한다. 스리브니(Sreebny, 2007)는 세컨드 라이프를 통하여 우리는 최종적으로 "지혜를 얻기 위한 원천으로서 수백만 명의 사람들이 온라인 소프트웨어를 활용한 활동으로 작업을 하고 있다."(p. 4)라고 지적하였다. 그는 계속해서 "학생들의 비전과 시공간을 뛰어넘는 의사소통 능력은 잠재적으로 변화시킬 힘이 있는 교수-학습 활동을 위해 폭넓게 인식된다."(p. 8)라고 하였다.

5) 가상현실공간에서의 교육적인 경험

가상현실공간의 구성원들과 학생들의 능력을 끌어내기 위해 교수-학습 도구로서 세컨드 라이프를 이용하는 것이 편리한 것만은 아니다. 세컨드 라이프에 구현된 세계는 수많은 요구와 신뢰의 불확실성으로부터 만들어진 그들의 아바타를 통해 탐색된다. 그러나 학생들은 가상현실공간의 '현실감'이 이차원적 경험보다 더 몰입할 수 있는 기회를 제공하기 때문에 더 강한 의지를 가지고 학습 경험에 참여한다. 비록 가상일지라도, 학생과 교사는 그들이 존재하는 환경 속에서 일반적인 상황을 만나게 되면 학습에 참여하는 사람들을 포함한 모든 구성 요소들을 결합시키는 역할을 한다. 가장 중요한 것은 학생들이 감정적으로 열중하게 되는 것인데, 이는 다른 한편으로 존재하지 않는 몰입의 수준을 의미한다. 세컨드 라이프에서 주어지는 것은 현실 세계에서는 불가능한 것으로, 독창적인 학습 환경을 제공함으로써 참여를 유도할 수 있다.

6) 아바타를 통한 경험학습의 유형

학습자는 다양한 경험을 하고 행동하며, 행동의 결과를 예측하는 반영적 사고를 함으로써 경험을 유의미하게 받아들일 수 있다. 이를 위해 학습자는 가상현실공간에서 실제 상황과 유사한 경험을 할 수 있다. 진정한 학습은 경험에 의해 이루어진다는 존 듀이의 경험학습 이론을 바탕으로, 아바타를 통한 경험학습의 예를 들면, 실험, 해양과학 체험, 토론 활동, 가상현실 고릴라 체험, 서사구조, 몰입, 구성주의 및 협력학습 환경을 통한 경험학습, 경제 활동, 역할 수행, 여행, 대학의 원격교육 프로그램 등 여러 가지가 있다. 그 내용을 자세히 살펴보면 다음과 같다.

(1) 실험

우주과학 프로젝트는 미국 조지 메이슨 대학교(George Mason University)의 드데(Dede)에 의해 1994년부터 가상 환경 시스템의 몰입 수준에 대한 교육적인 가능성을 시험하는 고성능 공학에 사용되었다. 로핀(Lofin)은 휴스턴 대학교(University of Houston)에 가상 환경 기술 실험실을 만들고 연구를 수행했으며, 우주비행사 훈련 프로그램에 사용된 최첨단 가상현실 기술에 접근했다(Moshell & Hughes, 2002). 우주과학에 초점을 둔 목적은 몰입에 대한 가상현실의 해결 지원을 확인하고, 학습 복잡도의 의미로서의 효과성, 부피, 밀도와 운동량과 같은 추상적인 개념을 평가하고자 하는 것에 있다. 원칙에 관련된 세 가지 주요 지원 요소는 열중, 참조의 복합적인 틀 이용, 다감각의 신호다.

우주과학 실험은 세 단계로 구성된다. 첫 번째 단계 뉴턴 월드(Newton world)는 기본적인 뉴턴식 메커니즘을 나타낸다. 두 번째 단계 맥스웰 월드(Maxwell world)는 정전기 힘과 공간에 관련된 것이다. 세 번째 단계 파울리 월드(Pauli world)는 양자 현상과 관련되어 있다.

뉴턴 월드는 일차원 축을 따라 이동하는 구형 덩어리의 움직임에 초점을 맞춘다. 그 축은 두 행렬 사이의 통로를 통과하면서 눈에 보이게 되는데, 행은 사용자가 덩어리의 움직임을 측정하고 인지하는 것을 돕는 여러 가지 방법에 활용된다. 예를 들어, 행은 덩어리가 통과하면서 색깔이 바뀌거나, 소리가 나도록 한다. 첫 번째 실험에서 학생들은 삼차원의 트래킹 장치나 음성 제어 시스템을 이용하면서 세상을 제어한다. 두 번째 실험에서는 30명의 고등학교 학생들이 학습과 관련된 뉴턴 월드의 가능성을 평가했다. 학생들은 미리 평가를 받았고, 속도와 가속도의 개념에서 가장 혼동하는 부분과 두 덩어리가 충돌할 때 예상되는 결과를 찾아냈다. 약 한 시간 동안 뉴턴 월드 사용 방법에 대한 수업이 끝나고, 학생들이 개념을 제대로 이해했는지 다시 시험했다. 현저한 향상이 측정되지는 않았으며, 뉴턴 월드에 한 번 방문하는 것으로 사용자가 기존에 지니고 있던 물리 현상에 대한 지식의 틀을 변화시키기에는 역부족인 것으로 나타났다. 그러나 실험적 기술과 가상공간 디자인의 복합적인 향상은 다음 단계로 나아갔다.

학습 분류에 의하면, 우주과학은 새로운 실험적 영역으로 나뉜다. 따라서 학생들이 물리학에서의 공간과 수학적-논리적 관계에 관한 절차적인 지식을 얻을 수 있도록 새로운 인지 전략이 필요하다. 현상에 대한 학생들의 이해에 대해 유의미한 피드백이나 해석을 제공하고 있지 못함에도 불구하고, 조사자들은 학생들의 신체적 직감의 발전을 위해 학습자의 신체 운동 학습이 기여할 수 있기를 기대한다.

(2) 해양과학 체험

국가 해양 및 대기 관리청(National Oceanic and Atmospheric Administration: NOAA)과 지구 시스템 연구소(ESRL)가 세컨드 라이프에 설립되었는데, 그것들은 학습자가 가진 유동적인 원동력으로부터 자연적으로 기대하는 재미와 흥미를 제공해 주었다. 만약 당신이 최근에 잠수함을 타 보지 못했다면, 국가 해양 및 대기 관리청을 둘러보면 된다. 국가 해양 및 대기 관리청은 대양, 기후, 기상 및 공기와 물의 거대한 덩어리에 대해 연구하는 미국의 정부기관이다.

국가 해양 및 대기 관리청의 시뮬레이션은 메테오라(Meteora)라고 불리고, '공중에 떠 있다' 는 의미를 갖는 그리스어 형용사에서 유래했다. 이 연구소의 시뮬레이션에 참가하는 학습자는 대양과 날씨에 관해 충분히 상호작용하는 교육적인 실연을 경험할 수 있다. 마술사들에 의해 만들어진 잠수함 체험과 에이미 웨버 스튜디오(Aimee Weber Studios)와 전자 양 회사(Electric Sheep Company)에 의해 기획된 두 가지 다른 종류의 쓰나미를 경험할 수 있다. 다른 재미있는 요소로 야후에 있는 현재 시간, 온도, 지도의 실물, 과학자의 회장 폴 도허티(Paul Doherty)의 체험관을 통한 설명, 비행기를 타고 허리케인 안으로 들어가기와 빙하가 녹는 체험 등을 포함한다. 국가 해양 및 대기 관리청의 출현은 앞으로 다가올 지구의 변화에 대한 중요한 신호가 될 것이다. 견고한 교육 도구로서의 세컨드 라이프에 대한 그들의 흥미는 플랫폼의 안전성을 바탕으로, 보다 다양하고 편안한 감각을 사용자나 회사에 제공하는 것이다. 우리는 이제 꿈을 꿀 수 있다. 현실 세계의 불가능은 가상현실공간에서 실현될 수 있다. 만약 현실에서 실현 불가능한 현상을 보고 싶다면, 학습자들은 세컨드 라이프의 거주민 이스라엘 아스투리아스(SL Resident and Friend Israel Asturias)

가 제작한 영화 형식 에이미의 쓰나미 체험을 보러 갈 수 있을 것이다.

나는 아침 일찍 국가 해양 및 대기 관리청 시뮬레이션에 방문했고, 순식간에 완전히 빠져들었다. 나는 그곳에서 약 한 시간 반 동안 좋은 시간을 보냈고, 세 가지 놀이를 했다. 첫 번째는 천문학과 관련된 과학 체험이었다. 나는 체험 중에 여러 가지 이유로 오래된 천문대에 마음이 끌렸다. 다음은 에이미의 허리케인 추격기 체험 그리고 마지막으로 쓰나미 체험이었다. 쓰나미는 환상적이었다! 대단했다! 그곳에서 일하는 모든 사람들은 정말 자랑스러울 것이다. 나는 특히 파도의 맹공격 아래에서 폭발시켜 만드는 에이미의 아이스크림 셰이크를 보는 것을 즐겼다. 나는 에이미가 있을 때 세컨드 라이프에서 내 첫 번째 브러시 '왕'과 그곳에 갔다. 나는 열렬한 애호가나 무엇이나 되는 양 행동하지 않도록 최선을 다했다. 하지만 그녀의 퍼덕거리는 날개를 본 나의 첫 반응(고맙게 거절당한)은 그녀의 발아래 엎드려 "나는 훌륭하지 않아요!"라고 외친 것이었다. 나는 곧 자세를 가다듬고, 주변을 둘러보았다. 나는 그녀가 실제로 내가 거기에 있었던 것처럼 알고 있어서 놀랐다. 난 모든 사람들에게 에이미가 영원히 IMs와 비슷한 것에 묻히는 것처럼 표현했다. 그리고 맞다, 레몬과 타르타르소스는 생선과 함께라면 좋다. 나는 또한 거기에 있는 동안 Kiari LeFay(레몬 머리 장식을 한 물고기 숙녀와 쓰나미가 들이칠 때 어떻게 몸을 던져야 하는지에 관해 유익한 대화를 나누었다. 비록 그녀의 열광적인 해설에 대한 두려움 때문에 그렇게 많은 질문을 하지 않으려 노력했지만, 나는 그녀가 쓰나미 구축을 일환으로 하는 애니메이션 작업을 이해한다. 그리고 나는 곧 에이미의 뜻밖의 출현으로 인해 기절했기 때문에, 남아 있는 또 다른 체험을 놓쳤다는 것을 지금 깨달았다. 아마 돌아가기 위한 변명거리를 찾고 있었나 보다.

2006년 8월 19일, AM 4 : 16, 토머스 하우스도프(Tomas Hausdorff)

그림 4-5 국가 해양 및 대기 관리청

출처: http://slurl.com/secondlife/Meteora/177/161/28

(3) 토론 활동: 가상공동체의 학습 경험

가상현실공간은 사람들에게 다른 매체에서는 부족한 현존감을 전달하는 방법으로 상호작용할 수 있는 기회를 제공한다. 가상현실공간에서 토론 활동의 공간은 광범위하며, 사용자들에게 인기가 높다. 왜냐하면 웹 2.0을 정말 재미있게 만드는 구성 요소들의 결합이 많기 때문이다. 그 구성 요소에는 사회적 네트워킹과 한결같이 풍부한 매체를 공유할 수 있는 능력, 친구들과 연결시켜 주는 능력, 현존감 그리고 공동체와의 연결 등이 있다(NMC & ELI, 2007). 이러한 토론 활동을 세컨드 라이프에서 실현할 수 있는 곳이 케이브(Community of Academic Virtual Educators: CAVE)다. 이곳에는 미국 보이시 주립대학교(Boise State University)가 2010년 봄 학기 가상 세계 과정으로 교육 및 가상 세계에서의 학습, 가상 세계에서 수학 교육, 교육 게임 및 모의실험 과정을 개설해 놓았다. 그중 교육 및 가상 세계에서의 학습은 대학원 레벨 코스(3학점)로 대학원 수준의 교육 과정과 학습을 위한 가상 세계를 경험하게 된다. 여기에는 참가자 식별뿐만 아니라 도구, 교육학, 세컨드 라이프 교수-학습 환경, 콘텐츠 자원 그리고 가상 세계의 교육을 위한 다양한 평가가 있다. 예를 들어, 프로젝트 기반 수업에서는 참가 학생들의 대화와 토론, 각

그림 4-6 케이브

출처: http://slurl.com/secondlife/CAVE/172/225/30

종 조사 등 다양한 기회를 제공한다. 이곳에서는 참가자, 세컨드 라이프 교사, 학생, 연구자를 위한 다양한 가상 견학이 준비되어 있고, 마이크로(5분, 상호작용에 참석하는 매우 매력적인 코스)나 미니(15분) 교육 세션 및 개별 프로젝트에 대한 작업 연구를 수행한다. 이러한 좋은 기회는 가상 세계의 교수자를 위한 신흥 네트워크의 일부가 될 것이다. 케이브 안에는 정보통신기술 도서관이 있는데, 1층은 정보를 제공하기 위한 곳으로 책장, 컴퓨터, 포스터가 배치되어 있어 학생들이 각종 자료를 찾는 데 많은 도움을 준다. 2층은 정보통신기기를 쇼핑할 수 있는 공간으로 교육에 도움이 되는 제품을 판매하고, 3층은 사회적인 공간으로 학생들이 서로 의견을 공유할 수 있는 공간이다. 3층의 사회적인 공간에서는 학습자들이 공동체를 형성할 수 있고, 대화와 토론 활동을 할 수 있다.

(4) 가상현실 고릴라 체험

조지아 공과대학교(Georgia Institute of Technology)에 있는 한 팀의 연구자들은 애틀랜타 동물원에 있는 새 고릴라의 서식지 시뮬레이션을 개발했다. 이 프로젝트의 기본적인 규모는 교육적으로 유용한 결과를 얻기 위해 가상의 경험이 배경 정보 및 이용 가능한 다양한 형태의 정보와 어떻게 연계되는지에 초점이 맞추어져 있다. 이를 위한 최초의 실험으로, 중학생들에게 고릴라의 사회적 상호작용을 가르쳐 주기 위해 학생들이 직접 젊은 고릴라가 되어 보는 역할놀이를 설계하였다(Moshell & Hughes, 2002). 학습자는 가상의 관점에서 가상의 고릴라를 본 후에 서식지 안으로 이동시키고, 곧 청소년기에 해당하는 고릴라의 역할을 한다. 학습자가 움직일 때, 다른 고릴라들은 멀리 움직이거나 방문자를 바라보는 등의 반응을 한다. 만약에 방문자들이 수컷 고릴라에게 너무 가까이 다가가거나 너무 오랫동안 수컷 고릴라를 응시할 때, 수컷 고릴라는 화를 내거나 자신의 가슴을 물어 버린다.

(5) 서사구조, 몰입, 구성주의 및 협력학습 환경을 통한 경험학습

서사구조, 몰입, 구성주의 및 협력학습 환경을 통한 경험학습은 케이브 안에서 여러 명의 사용자가 가상현실 공학에 관련된 학생을 위해 마련한 몰입 학습 환경을 말한다. NICE 프로젝트는 학생들이 간단한 가상 생태계를 만들거나, 경작하는 환경을 멋지게 만들어 주고, 다른 먼 곳에 있는 학생들과 네트워크를 통해 협력할 수 있게 하며, 또한 현실과 가상 세계에서 학습자들의 상호작용을 통해 이야기를 만들어 낼 수 있도록 한다.

예를 들어, 아이가 씨앗을 땅에 뿌리면 그에 맞는 식물이나 꽃, 나무가 자라기 시작한다. 학생들은 각각의 식물들이 서로 적당한 거리를 두고 자란다는 것을 알게 되고, 식물의 성장을 위해 충분한 물과 태양빛을 주어야 한다. 그들은 비, 구름을 가져와서 채소에 물을 줄 수도 있고, 태양 요정을 데리고 와서 햇빛을 줄 수도 있다. 식물이 적당히 물을 흡수하면 갑자기 우산이 나타날 것이고, 그렇게 되면 학생은 곧 구름을 옆으로 끌어 갈 것이다. 햇빛이 너무 강하면 식물은 선글라스를 착용할 것이고, 주위가 번잡하게 느껴지면 식물은 불안하게 이동할 것이다. 두 그룹의 학생들은 함께 일하며 정원을 청소하고 청결을 유지했다. 그들은 씨앗과 꽃을 교환하고, 여러 가지가 뒤섞인 더미 안에서 재활용할 수 있는 것들을 찾아내어 깨끗하게 만들고, 수확물을

그림 4-7   정원을 가꾸는 아이들의 아바타

출처: http://www.ice.eecs.uic.edu/~nice/

담는 통 안에 성공적으로 채소를 수확해 넣었다. 무거운 통은 오직 원격으로 참여하는 모든 사람들에 의해서만 정원에서부터 옮겨질 수 있다. 친절한 올빼미 요정인 소피아는 성실하게 도와주고, 새들 또한 재배를 도와준다.

(6) 경제 활동

세컨드 라이프는 가상 세계의 거대한 공간이다. 사용자들은 그래픽화된 정교한 환경에서 땅을 사거나 집을 짓고, 콘서트를 관람하거나 사람들을 만나고, 외식을 하는 등 가상현실 생활에 참여한다. 세컨드 라이프의 가상 보석 가게를 그 예로 들 수 있다. 이곳은 시계, 사진 넣는 목걸이, 금·은·다이아몬드 등의 보석, 선물상자, 구두, 장신구류, 스타일리시한 아이콘 등 독특한 디자인의 다양한 상품을 매우 저렴한 가격으로 보유하고 있다. 현실 세계와 같이 물건의 종류대로 상점이 나뉘어 있으며, 다양한 상품이 진열되어 있고, 상품을 선택하면 가격이 제시되어 구매자가 원하는 상품을 쉽게 구매할 수 있다.

그림 4-8　가상 보석 가게

출처: http://slurl.com/secondlife/Istanbul%20Edition/247/100/23

(7) 역할 수행

가상현실공간에서 역할놀이가 어떻게 이용될 수 있는가를 알아보기 위해 가상 의료 진료소를 살펴본다. 이 진료소는 학생들이 의사, 간호사, 환자나 환자의 배우자 역할을 하고자 할 때 역할놀이의 시나리오로도 사용될 수 있다. 이러한 접근을 통해 학생들은 다양한 관점에서 환자를 볼 수 있게 되는데, 이는 현실 생활에서는 어렵거나 불가능한 체험이다. 역할놀이 후에, 학생들은 그들의 경험과 미래에 환자들을 대할 때의 응용 방법을 토론하고 반성하게 된다. 비디오 실연 역할놀이의 가능성을 보려면 [그림 4-9]의 출처에 제시된 사이트에 접속하면 된다.

이 비디오에 나오는 사람과 사람 간 상호작용의 환자 시험 역할놀이 시연은 통신을 위해 대화에 주목하기를 바라고, 움직임을 위한 애니메이션, 현실적인 준비를 위한 의료복과 장비, 환자의 다리 느낌을 체험할 수 있는 기구 등을 응용한다. 또한 참여자들은 영국, 덴마크, 시애틀에 있지만, 그들 모두 진료소 안에 가상으로 존재하고 있어 이 시연을 할 때 지속적으로 주목해야 한다. 의료 교육에 덧붙여, 사람과 사람 간 상호작용이 필요한 여러 분야에서 가상 세계에서의 의료 교육과 비슷한 교육적인 응용이 요구된다. 당신은 당신의 분야

그림 4-9 환자 시험 역할놀이

출처: http://www2.kumc.edu

—판매, 인터뷰, 협력 또는 고객의 불편 사항 관리— 에서 학습자가 다른 사람들과 상호작용하는 것을 돕도록 어떻게 가르칠 것인가? 학생들이 사람이 살고 있는 중세 마을을 설계하고 만든다면 그들은 어떤 것들을 배울 수 있는가? 만약 학생들이 다른 나라나 문화의 축제기념행사에 참가한다면 어떨까 (Antonacci & Modress, 2008)?

(8) 여행

가상 세계 사용자들은 다양한 매체를 섭렵하며 다양한 다중 정체성을 가질 수 있다. 가상 세계를 여행하면서 일상생활에서 벗어난 낯선 공간에서 대리만족을 느낄 수도 있다. 그러나 사용자가 가상 세계의 사회적 맥락 속에서 진지한 자기표현을 원한다면 그는 한곳에 정착하여 하나의 최종 정체성 (terminal identity)을 선택하지 않을 수 없다. 세컨드 라이프에서 여행과 관련하여 '여행 경험 재구성하기(RIP-Remix your experience)' 라는 곳을 방문할 수 있다. 이곳에서 학습자들은 3D 가상 세계의 거주자에 의해 만들어진 수천 개의 놀라운 장소를 발견할 수 있다. 그중 '함부르크 도시' 라 불리는 함부르크 섬은 세컨드 라이프의 세계 최초의 도시로, 공식적으로 현재 건설 중인

그림 4-10　여행 경험 재구성하기

출처: http://slurl.com/secondlife/Hamburg%20North%20Beach/150/209/91

지역의 '함부르크 제도'가 시작되는 곳이다. 이곳에는 갤러리, 음악, 클럽이 있고, 각종 스포츠 시설, 쇼핑몰이 있어 진정으로 성장하는 도시라 할 수 있다. 또한 함부르크 북쪽 해변, 엘베 강과 시티파크, 호수와 천문관 등의 관광 명소가 있어 많은 학습자들이 여행을 목적으로 방문하기에 좋은 곳이다.

(9) 대학의 원격교육 프로그램

하버드 로스쿨의 유명한 교수인 찰스 네슨(Charles Nesson)은 그의 딸과 팀을 이루어 하버드의 확장된 학교의 교수가 되었고, 이 확장된 학교를 통해 대중에게 사이버공간을 열어 강의를 제공했다. 많은 사람들을 주체성이 있는 인격으로 표현하고, 사회적 교제를 통해 만나고, 가상의 집을 짓고, 가상의 물건을 교환하는 가상 세계인 세컨드 라이프는 교수들 사이에서 점차 인기 있는 교수 방법이 되고 있다. 왜냐하면 상대적으로 위험하지 않은 환경에서 건축 설계를 실험할 수 있고, 통화 정책을 연구할 수 있으며, 교육적 사용에 이름을 붙이기 위한 다소의 사회학 연구를 수행할 수 있기 때문이다. 하버드 외 대학의 교수들은 그들의 정규 수업의 일부를 세컨드 라이프에서 열었다. 네슨은 딸과 기획한 수업을 홍보하기 위해 3분 분량의 비디오를 제작하여 제공하였다. 인기 있는 비디오 공유 웹 서비스인 유튜브에서도 시청 가능한 이 비디오는, 네슨이 오토바이를 타고 로스쿨의 오스틴 홀(Austin Hall) 방향으로 나아가는 영상을 보여 준다. 네슨은 수업이 진행되는 동안 헬멧을 벗고 카메라를 응시한다. 그는 학생들이 블로그, 위키, 포드캐스트, 웹캐스트 그리고 지역사회 텔레비전을 이용해 이를 논증할 것이라고 했다. 네슨은 관중에게 현실 세계에서의 그들의 모습과 비슷한 세컨드 라이프의 캐릭터(Eon과 dean)와 딸의 캐릭터를 소개했다. 네슨의 캐릭터는 관중에게 하버드 암스 법정(Ames Courtroom)의 가상 모습을 보여 주었고, 그곳에서 강의를 열었다. 네슨은 누구든지 관심이 있다면 비디오 수업과 강의자료에 접근할 수 있다고 말했다. 그리고 미국 케임브리지의 주민이라면 그 지역사회의 텔레비전을 통해 비디오 수업을 선택하여 볼 수 있다. 세컨드 라이프를 낯설어하는 사람들을 위해, 하버드의 원격교육 프로그램은 사람들이 어떻게 가상 세계에 참여하고, 어떻게 조종할 수 있는지를 가르쳐 주는 비디오를 만들었다. 네슨은 그의 블로그에서 수업이 '감정이입'의 논의에 초점이 맞추어질 것이라고 했다. 그는 "'감정이입'의 논의는 당신이 알고 있는 그 문제를 사람들에게 명확하게 설득하기 위해 사람들을 감정적으로 연결시켜 준다."라고 말했다. '사이버 원(Cyber One, 공적인 의견의 법정에서의 법)'이라 불리는 강의에 대해서 네슨은 "이 강의는 하버드가 어떻게 새로운 공공 강연 공간의 콘텐츠를 구성하여 기여할 수 있는지 증명한다."라고 저술했다.

5. 맺는말

가상현실공간에서 학습자들은 그들의 학습에 대한 소유권을 가질 수 있고, 교사는 이전에는 불가능했던 방법을 활용하여 더욱더 동기부여를 하여 학습을 강화할 수 있다. 교수자들은 학습자들을 학습 과정에 참여시키고, 교육공학적인 도구와 협력적인 교수-학습 방법을 조합한 학습 환경과 기회를 만드는 새로운 전략과 방법론에 대한 연구를 지속하고 있다. 교수자들은 진정한 학습 커뮤니티가 개발되고 유지될 수 있도록 하기 위하여 가르치는 것과 배우는 것을 다르게 인식하여야 한다. 또한 학습자들에게는 연구하고, 분석하고, 종합하고, 새롭고 재미있는 방법으로 콘텐츠를 만드는 능력이 요구된다. 학습자들은 교실에서 배운 과제와 주제를 비판적으로 생각하고 개인적인 시각으로 바라볼 수 있는 공간으로 가상현실공간을 활용해야 한다.

가상현실공간에서의 해 봄에 의한 학습(learning by doing)은 가상현실공간 참여자의 높은 조작 가능성을 토대로 한 현존감에 의지하여, 학습자 주도적 상호작용을 통해 현실에서의 오감 자극에 상응하는 경험의 기회를 제공함으로써, 직접 체험에 상응하는 효과를 창출하기 위한 교수-학습 방법이다. 따라서 관조가 아닌 참여로써 자발적 참여와 이의 향유 그리고 향연이 핵심이다. 가상현실공간에서의 학습은 교육 내용 자체가 흥미로워야 하며, 함께 즐길 수 있게끔 하여 적극적인 참여를 이끌어 내는 것이 교수자의 역할이다. 해 봄에 의한 학습은 이미 그 자체가 적극적인 참여이고, 가상현실공간의 매체 특성에서 기인하는 환상적인 구성은 재미의 요소로 작용하며 자발적 흥미와 몰입을 유도할 수 있어 가상현실공간에서의 학습을 보다 강력한 향연으로 이끈다.

가상현실공간에서의 경험을 통한 학습(learning by experiencing)은 적극적인 참여와 가상 환경에서의 오랜 체류가 필수다. 직접 경험으로는 아바타를 통한 채팅, 쓰기, 말하기, 노래하기, 춤추기, 운동하기, 운전하기, 실험하기 등을 예로 들 수 있다. 아바타를 통한 체험은 현존감과 감정적 몰입, 다른 사용자들과의 교류를 통한 사회성(협동, 사용자들 간의 상호작용 등) 증진 등에 의해서 경험학습(구체적인 경험, 반영적 사고, 추상적인 일반화, 능동적인 실험에 의한 적용 등)을 일으킨다. 이러한 세 가지 요소에 기반을 둔 가상현실에서의 경험학습은 실제 경험을 대체할 수 있는 학습 효과를 가질 것이다.

참고문헌

김숙자, 김현정, 박현진(2008). 경험학습 중심의 인권교육 프로그램 개발 및 현장 적용 연구: 유아 인권교육 프로그램 개발을 위한 기초 연구. 교육학연구, 46(4), 255-284.

권정희, 이재경(2002). 웹기반 학습환경에서 학습양식이 학업성취 및 웹기반 학습자 지원기능 선호에 미치는 영향. 교육공학연구, 18(4), 111-138.

오인경(2005). 경험학습 이론과 웹기반 교육을 통합한 인권 수업 모형. 기업교육연구, 7(1), 75-93.

한정선, 이경순(2001). 교수-학습과정에서 가상현실의 구현을 위한 이론적 고찰. 교육공학연구, 17(3), 189-209.

최유식 역(2003). 스크린 위의 삶: 인터넷과 컴퓨터 시대의 인간. 서울: 민음사.

Andresen, L., Boud, D., & Cohen, R. (1995). Experienced-based learning. In Understanding Adult Education and Training (Ed.), G. Foley, Allen and Unwin, Sydney. Retrieved from http://www.handbook.uts.edu.au/subjects/details/27351.html

Antonacci, D. M., & Modress, N. (2008). Envisioning the educational possibilities of user-created virtual worlds. *AACE, 16*(2), 115-126.

Banilower, E. R., Boyd S. E., Pasley, J. D., & Weiss, I. R. (2006). *Lessons from a decade of mathematics and science reform: A capstone report for the local sysmetic change through teacher enhancement initiative.* Chapel Hill, N.C.: Horizon Research, Inc.

Barfield, W., Zelter, D., Sheridan, T. B., & Slater, M. (1995). *Presence and performance within virtual environments, in virtual environments and advanced interface design.* Oxford: Oxford University Press.

Dede, C., Salzman, M., Loftin, R. B., & Ash, K. (2000). The design of immersive virtual learning environments: Fostering deep understandings of complex scientific knowledge. In M. J. Jacobson & R. B. Kozma (Eds.), *Innovations in science and mathematics education.* Mahwah, NJ: Lawrence Erlbaum Associates, Inc.

DeVries, R., & Kohlberg, L. (1987). *Constructivist early education: Overview and comparison with other programs.* Washington, DC: National Association for the Education of Young Children.

Dewey, J. (1938). *Experience and education.* New York: Macmillan.

Dunser, A., & Hornecker, E. (2007). Lessons from an AR book study. Proceedings of Tangible and Embedded Interaction (TEI 2007). February, Baton Rouge, Louisiana, USA. Retrieved January 13, 2010 from http://www.hitlabnz.org/fileman_store/2007-TEI-LessonsFromARBook.pdf

Fruland, R. (2002). *Using immersive scientific visualizations for science inquiry: Co-constrcution of knowledge by middle and high school students.* Paper Presented at the American Educational Research Association, New Orleans, LA.

Gilligan, C. (1982). *In a different voice: Psychological theory and women's development.* Cambridge, MA: Harvard University Press.

Jonassen, D. (1997). Instructional design models for well-structured and ill-structured problem solving learning outcomes. *ETR & D, 45*(1), 64-94.

Jonassen, D. (2002). Learning as activity. *Educational Technology, March-April,* 45-51.

Kolb, D. A. (1984). *Experience learning: Experience as the source of learning and development.* NJ: Prentice Hall.

Kolb, D. A. (1999). *The Kolb Learning Style Inventory, Version 3.* Boston: Hay Group.

Laurillard, D. (1998). Multimedia and the learner's experience of narrative. *Computers & Education, 31*(2), 229-242.

Moshell, J. M., & Hughes, C. E. (2002). VE as a tool for academic learning. In K. M. Stanney (Ed.), *Handbook of virtual environments: Design, implementation, and applications.* Mahwah, NJ: Lawrence Erlbaum Associates.

Nardi, B. (1996). *Context and consciousness: Activity theory and humancomputer interaction.* Cambridge, MA: MIT Press.

New Media Consortium and EDUCAUSE Learning Initiative (2007). *The Horizon Report, 2007 Edition.* Austin, TX, and Boulder, CO: Authors. Retrieved August 1, 2007, from http://www.nmc.org/pdf/2007_Horizon_Report.pdf

Papert, S. (1980). *Mindstorms: Children, computers, and powerful ideas.* New York: Basic Books.

Sreebny, O. (2007). *Digital rendezvous: Social software in higher education* (Research Bulletin, Issue 2). Boulder, CO: EDUCAUSE Center for Applied Research. Retrieved August 1, 2007, from http://www.educause.edu/ecar/

Steuer, J. (1992). Defining virtual reality: Dimensions determining telepresence. *Journal of Communication, 42*(4), 73-93.

Strain, J. (1997). Interactivity in Multimedia Applications. Unpublished class material. Retrieved January 13, 2010, from http://www.deakin.edu.au/~agoodman/sci204/lecture8-98.html

Winn, W. D. (1990). Some implications of cognitive theory for instructional design. *Instructional Science, 19*(1), 53-69.

〈참고 사이트〉

http://slurl.com/secondlife/Japan%20Chubu/190/36/36

http://slurl.com/secondlife/Juho/88/160/1

http://slurl.com/secondlife/Exploratorium/146/118/22

http://slurl.com/secondlife/UGA%20CTL/140/129/44

http://slurl.com/secondlife/Meteora/177/161/28

http://slurl.com/secondlife/CAVE/172/225/30

http://www.ice.eecs.uic.edu/~nice/

http://slurl.com/secondlife/Istanbul%20Edition/247/100/23

http://www2.kumc.edu

http://slurl.com/secondlife/Hamburg%20North%20Beach/150/209/91

제5장

가상현실공간의 교육적 활용 사례

1. 시작하는 말

가상현실공간은 자료나 객체를 조작하여 결론을 이끌어 내는 기능, 정보 검색 기능, 상호작용 기능을 갖추고 있어 교육적 활용 가능성이 매우 높다. 따라서 교육, 의료, 경제 등 다양한 분야에서 이를 이용한 교육이 이루어지고 있다. 이 장에서는 실재감을 바탕으로 한 공간이지만 현실의 제약과는 상관없이 사용자가 다양한 표현과 활동을 할 수 있는 세컨드 라이프를 중심으로 한 교육적 활용 사례를 살펴보고자 한다. 세컨드 라이프가 기존에 존재하는 다른 종류의 가상공간과 획기적인 차이를 보이는 것은 직접 코딩언어인 린든 스크립트 언어(Linden Scripting Language)를 통해 사용자가 아바타의 동작이나 아이템을 효과적으로 만들어 낼 수 있다는 점 그리고 현실 세계와 상당히 높은 수준의 유사성을 보이는 사회적 상호작용이 이루어진다는 점 때문이다(이연호, 조화순, 2008).

이러한 점에 주목하여 싱가포르는 정보통신 기술의 인프라를 바탕으로 한 교육 환경 혁신을 시도하면서 창의적인 사고 능력, 의사소통 능력, 학습 능

그림 5-1 공동 제작과 해 봄에 의한 학습

출처: http://www.youtube.com/watch?gl=AU&hl=en-GB&v=qOFU9oUF2HA

력의 습득을 위한 새로운 교수–학습법의 일환으로 세컨드 라이프를 활용한
다양한 교육법을 시험 중이다. 이미 세컨드 라이프에는 70여 개의 대학들이
가상 캠퍼스를 설립하였으며, 사용자는 세컨드 라이프에 진출해 있는 가상
대학뿐 아니라 가상 학원 및 기업 교육 프로그램을 통해 원격교육도 받을 수
있다. 세컨드 라이프에 참여한 대학은 오픈 대학, 하버드 대학교(Harvard
University), 텍사스 주립대학교(University of Texas System), 스탠퍼드 대학교
(Stanford University) 등이 있으며 우리나라에서도 몇몇 대학에서 강의를 진
행하고 있다. 또한 뉴미디어협회(New Media Consortium)는 교사들의 교수–
학습 활동을 지원하기 위한 네트워킹을 구축하고 가상현실공간에서의 학습
활동에 관한 세미나와 회의, 심포지엄 등을 운영한다. 이처럼 세컨드 라이프
의 교육적 활용은 기업 및 대학 전반에서 시도되고 있다. 다음으로 세컨드 라
이프에서의 교육 활동이 읽기, 강의 수강, 필기하기 등에 종속된 전통적인
수업에서 벗어나, 멀티미디어를 활용한 상호작용의 수업을 어떻게 구현할
수 있는지 다양한 사례를 통해 살펴보고자 한다.

2. 의료 보건 분야

의료 및 건강 관리 분야의 교육자들은 역할놀이와 모의실습을 통해 섬세한
기술 훈련과 연습 등 세컨드 라이프의 교육적 가능성에 주목하고 있다(Salt et
al., 2008). 세컨드 라이프의 '건강 정보 아일랜드(Healthinfo Islands)'는 루게
릭병 등 만성질환을 가진 사람들에게 건강 정보와 학습 플랫폼을 제공하며,
또 여기는 시뮬레이션 환경과 학습 지원 도구 등에 대한 토론이 이루어진다.

안토나치와 모다레스(Antonacci & Modaress, 2008)는 가상 의학 클리닉을 만
들어 의학적 모의훈련 과정을 제공한다. 캔자스 메디컬 센터(Kansas Medical
Centre) 대학은 세컨드 라이프에서 심장박동 소리를 규명하는 기술 실험을
진행하고 있으며, 세컨드 라이프 주민들에게 가상의 병원 방문도 제공한다.

그림 5-2 건강 정보 아일랜드

출처: http://slurl.com/secondlife/Healthinfo%20Island/132/140/23

또한 학습자가 가상공간에서 시청각적 분열을 경험할 수 있는 '가상 환각 프로젝트(Virtual Hallucinations Project)'라는 정신분열증의 이해를 위한 교육 프로그램도 있다. 그 밖에 세컨드 라이프에는 뇌성마비 환자들을 위한 모임인 Live2Give, 아스퍼거 증후군의 모임인 Brigadoon 그리고 자폐증을 가진 사람들을 위한 모임인 Autistics.org 등이 있다(Conklin, 2007).

게놈 섬(Genome Island-Senior High School)은 게놈 유전학에 대한 섬으로 노발 니튼(Norval Kneten)이 대학 학부생의 생물학과 유전학 연구 수업 지원을 위하여 설계하였다. 여기에서는 인간의 유전자, 세균, 초파리 유전학, 동물 모델 등을 구현하고 있다.

세인트 조지아 병원에서는 진료보조원 훈련을 위하여 프리뷰(Preview) 프로젝트를 진행하고 있다. 2008년 1월부터 시작된 이 프로젝트에서는 환자 진단 및 이송 등의 진료보조원 교육에 초점을 두고, 가상의 환자가 있는 다섯 가지 진료보조 장면을 만들어 학습자가 다양한 방식으로 상호작용할 수 있도록 구성하였다. 훈련자들은 환자에게 간단한 질문을 할 수 있으며, 진단 카드 및 조사 기구 사용이 가능하다.

뉴질랜드 오클랜드 대학교(The University of Auckland)의 스콧 디너(Scott Diener)는 의학과와 간호학과 학생으로 구성된 소규모 팀들이 응급처치가 필

그림 5-3 게놈 섬

출처: http://slurl.com/secondlife/Genome/174/4/23

요한 환자를 진단하고 치료하는 협력 활동 공간으로 모의병원 응급실을 제
작·활용한다(Diener, 2008).

가상현실을 활용한 심리적인 치료들은 인간의 행동을 이해하고, 행동을
유발하는 자극을 주어 자극에 익숙해지게 함으로써 두려움과 같은 심리적인
어려움을 감소시키는 방법을 이용한다. 이것은 구성주의의 직접적인 경험
중심의 활동인 동시에 행동주의의 자극과 반응의 관계 그리고 인간 내면세
계를 중시하는 인지주의 특징까지 모두 반영하고 있다.

가상현실의 행동치료는 환자들에게 만족감을 주기 위해 노력하고 있으며,
이러한 노력으로 환자들은 보다 건강한 치료 방법을 제공받을 수 있다. 건강
한 치료란 환자 스스로가 치료 과정에서 곧 건강해질 수 있다는 긍정적인 확
신을 얻게 되는 것을 말한다. 이는 가상현실의 행동치료가 중독성이 있는 자
극을 피하고 치료의 중재가 예정된 특별한 방법을 포함하기 때문에 가능하
다. 행동주의 연구와 행동주의 심리학의 논문들은 행동치료, 공동체적 접근
의 강화, 노출치료, 사회적 기술 훈련 그리고 우연성 관리 전략 등이 중독치
료에 유용하다는 것을 보여 준다(O' Donohue & Ferguson, 2006).

[그림 5-4]의 '유레카'는 중독 예방과 치료를 위한 세컨드 라이프의 섬이

그림 5-4 e-건강을 위한 유레카

출처: http://slurl.com/secondlife/eureka/203/113/29

다. 이 섬은 가상 몰입 환경으로서, 학습공간, 공동체 공간 그리고 경험공간이라는 세 가지 다른 공간으로 구성되어 있으며 동시에 서로 연결되어 있다.

가상현실 속에서의 거미공포증 치료는 거미 공포를 포함한 넓은 범위의 공포증이나 어떠한 상황이나 객체에 노출되는 것에 대한 공포증을 가진 사람이 조금씩 공포를 감소시키고, 거미와 있어도 편안하게 느낄 수 있도록 만드는 탈감각치료의 효과를 거둘 수 있다. 가상현실공간에서는 이와 다른 유형의 공포증 치료기법에서도 환자나 의사 모두 더욱 공포스러운 상황을 설정할 수 있다는 장점이 있다. 또한 현실 속의 거미와는 다르게 가상의 거미는 컴퓨터의 명령을 따르는 동시에 환자나 치료사에 의해 다양한 위치에 놓을 수 있고 방향 조절이 가능하며, 어떠한 위험 없이도 만질 수 있다. 이처럼 가상현실은 사용자가 소름 끼쳐 하는 거미의 출연을 얼마든지 통제할 수 있도록 한다.

세컨드 라이프에서는 간단한 삼차원 그래픽 환경을 사용해서 고층 건물과 같은 높낮이를 설정하는 것도 가능하다(Ibrahim et al., 2008). 조지아 공과대학교(Georgia Institute of Technology)의 고소공포증 치료는 가상현실을 통해 세 단계의 가상 높이인 엘리베이터, 다리, 발코니를 설정하고, 이 상황에 공포증을 가진 사람을 노출시켜 공포증을 치료한다. 이러한 연구는 최소한의 치료 상황에서 시작되고, 사용자의 통제하에 진행된다. 즉, 사용자는 더 이상 자신이 감당할 수 없다고 느끼는 곳에서 멈출 수 있다. 이 가상현실의 치료 결과는 고소공포를 줄이고, 높은 곳에 대한 두려움과 회피 그리고 높은 곳에 대한 태도를 개선시키는 데 매우 효과적인 것으로 드러났다.

그림 5-5 워싱턴 대학교의 가상 환경에서의 탈감각

출처: http://vrlab.epfl.ch/~bhbn/psy/index-VR-Psychology.html

그림 5-6 고소공포증 치료

출처: Ibrahim et al. (2008). Virtual reality approach in treating acrophobia: Simulating height in virtual environment. *WSEAS Transactions on Computers*, 5(7), 511-518.

3. 관광 관리 분야

　가상 관광과 손님 접대 훈련은 비교적 많은 구조물과 관광객을 위한 전용 섬이 제공되는 등 관광 관리 업무에서 활발하게 활용되는 분야다.

그림 5-7 　세컨드 라이프의 교육적 활용

출처: http://www.youtube.com/watch?gl=AU&hl=en-GB&v=qOFU9oUF2HA

그림 5-8 　경회루

출처: http://www.etnews.co.kr/news/detail.html?id=20070 3290210

홍콩의 호텔관광 학교인 폴리테크닉 대학교(Polytechnic University)는 폴리유소텔(Polyusotel)이라고 불리는 가상 캠퍼스를 만들어 학생들이 이용할 수 있도록 다양한 교육 내용을 제공한다. 네 곳의 홍콩 학교는 학생들의 세컨드 라이프 사용을 위해 1~2회의 워크숍을 진행하며 2008년 봄 학기에 일부 수업을 세컨드 라이프에서 운영하였다.

4. 언어와 문화 분야

가상공간은 타 문화에 대한 이해를 바탕으로 한 언어 학습 환경으로 오래 전부터 주목받아 왔다(Von de Emde et al., 2001).

테네시 대학교(The University of Tennessee)는 세컨드 라이프에 4개의 스페인어 수업을 개설하였고, 개설된 수업에서 이루어진 다양한 상호작용을 통한 학습 활동은 언어 습득 수준을 향상시켰다. 세컨드 라이프 내의 영어 마을에서는 세계 전역의 언어 교사들이 언어 교육에 대해 탐구하기 위해 공동체를 형성하여 교류하고 있다(Kay & FizGerald, 2008). 이곳에서는 교사들에

그림 5-9 세컨드 라이프에서의 문화 체험

출처: http://www.youtube.com/watch?gl=A U&hl=en-GB&v=TMGR9q43dag

게 식당, 버스 정류장, 병원, 우체국 등의 학습공간과 교수 도구 및 홀로데크 (Holodecks, 사람이 명령하면 곧 실제 풍경이 만들어지는 방으로 가상현실 기술의 하나)를 통한 역할놀이 환경을 제공한다(Salt et al., 2008).

미국의 머데스토 시립학교는 일본 교토의 한 고등학교와 맺은 교환학생 프로그램을 확대한 팩림엑스(PacRimX) 프로젝트를 진행하였다. 이 프로젝트는 세컨드 라이프에 양국의 학생들이 직접 만나 교류할 수 있는 공간을 마련함으로써 양국 학생들의 상호작용을 통한 언어 학습에 기여하였다(Kelton, 2007).

컨(Kern, 2009)은 세컨드 라이프에서 홀로데크와 버디 스크립트(Buddy Script, 액티브버디 사에서 만든 자연어 검색 응용 프로그램으로, 로이터 등과 같은 다양한 콘텐츠 데이터베이스와 교신이 가능하도록 되어 있어 주제에 대한 답변을 빠른 속도로 찾아낼 수 있다), 브레인보드[Brainboard, 가상 환경(오픈 시뮬레이터, 세컨드 라이프, Unity3D)에서 사용하기 위한 사용자 협력 도구의 하나다], 머시니마[Machinima, 기계(machine), 영화(cinema), 애니메이션(animation)의 합성어로 게임을 통해 만들어진 영화 예술 장르. 일반적으로 특정 게임에 사용된 컴퓨터 그래픽스(CG) 기술이나 게임 엔진, 애니메이션 소프트웨어를 기반으로 만들어진

그림 5-10 머데스토 시립학교: 팩림엑스 프로젝트

출처: http://pacificrimx.wordpress.com

그림 5-11 **지그문트 프로이트의 사무실**

영화1 등을 활용한 학습자의 상호작용 활동 및 브레인스토밍을 이끌어 내는 언어 교육 활동을 제공한다. 또한 세컨드 라이프에서의 영어 학습 활동으로 PBL(Project-Based English Language)에 대한 정의 및 예를 들고 있으며, 가상 세계에서의 언어 학습과 관련된 다양한 모범 사례와 사이트 및 교수법을 제공하고 있다.

언어 교육의 일환으로 세컨드 라이프의 지그문트 프로이트 사무실(Sigmund Freud's office)에는 프로이트 봇(bot, 인간이 아닌 컴퓨터가 조작하는 아바타-NPC)이 있어 학습자가 대화를 나눌 수 있다.

또한 세컨드 라이프에는 남아메리카 북부 카리브 해 연안의 베네수엘라 기념품 가게는 없지만, 교수의 아이디어로 만들어진 메리의 베네수엘라 마켓(Mary's Venezuelan market)이 있다. 여기에서 학생들은 구매 및 판매 활동을 통해 베네수엘라의 문화·도시·생활 및 다른 나라의 시장, 세관, 여행, 휴일, 기념품, 수공예품, 예술 등에 대해 질문하고 답하는 활동을 한다.

안나의 부엌 장면(Anna's kitchen scene)에서는 파스타 등 이탈리아 요리법을 이야기하면서 부엌과 요리에 관련된 어휘를 익힐 수 있다.

텍사스 오스틴 대학교(University of Texas at Austin)의 조 산체스(Joe Sá nchez)는 학생들이 실제 교실에서 이루어지는 슬라이드쇼 강의는 지루해하

그림 5-12　메리의 베네수엘라 마켓

출처: http://slexperiments.edublogs.org/

그림 5-13　안나의 부엌 장면

출처: http://slexperiments.edublogs.org/

는 반면, 새로운 장소를 방문하는 활동에 대해서는 선호한다는 것을 발견하였다. 이에 그의 영어 수업에서는 학생이 말콤 엑스(Malcolm X), 테레사 수녀(Mother Theresa), 빌 게이츠(Bill Gates), 루스벨트(Roosevelt) 등의 역할모델을 고르고 아바타를 만들어 다양한 상황에서 대화하는 역할놀이 학습 활동이 이루어진다.

그림 5-14   텍사스 오스틴 대학교의 역할놀이 영어 수업

출처: http://www.usatoday.com/news/education/2007 -08-01-second-life_N.htm

그림 5-15   제니의 영어 교실

출처: http://www.atlatl.com.mx/youtube/viewvideo.php?id=3sBsucO-ASk

세라 코리아에서는 매주 보이스 채팅을 통한 외국어 강좌가 진행되고 있다. 또한 외국어 강좌를 위해 만들어진, 영어 학습을 위한 가상현실 게임(Virtual Reality Game for English: VIRGE)도 있다.

OCC 이론(The Theory of Ortony, Clore and Collins)은 감정의 생성과 강도를 이론적으로 설명할 뿐만 아니라, 이를 간단하게 구조화하였다. 따라서 감정의 구현이 용이하여 감성 모델링에 여러 가지로 활용되어 왔다. OCC 이론

그림 5-16 영어 가상현실 게임

출처: Katsionis, G., & Virvou, M. (2004). A cognitive theory for affective user modeling in a virtual reality educational game. *Paper Presented at the IEEE International Conference on Systems.* Man & Cybern-etics, October 10-13, 2004, The Hague, Netherlands.

은 감정이 감정 유형에 영향을 미치는 세 가지 요인인 사건, 개체, 에이전트에 대한 평가의 결과라고 설명한다. 사건은 에이전트의 목표에 관련된 행위이고, 개체는 다른 사물을 의미하며, 에이전트는 감정의 주체로 사건과 개체에 따라 감정 유형을 가지게 된다. OCC 이론에서 분류 정의된 대표적 감정 유형에는 기쁨과 고통, 희망과 두려움, 자부심과 수치심, 칭찬과 비난, 분노와 감사, 만족과 후회가 있다.

이를 기반으로 하여 학습자의 행동으로 감정 상태를 표현하고 처방하는 영어 가상현실 게임을 만들어 연구에 적용하였다. 이 연구는 가상현실 게임의 학습 진행에 영향을 미친 학생들의 행동과 감정 상태를 보여 준다. 또한 학생들이 가상현실에 갖추어진 교육 환경을 통해 상호작용하는 동안에 시스템이 어떻게 학생들의 행동 특성을 관찰할 수 있는지, 즉 학생들이 학습하는 동안 학생들의 감정에 대해 판단하는 중요한 증거를 제시한다. 관찰로부터 수집된 정보는 주로 학생들의 반응과 질문에 대해 가상현실 내의 시스템이 답의 정확성을 근거로 한 응답을 조합하여 학생들의 행동에 대해 제시하는 데 크게 활용된다. 이러한 형태의 시스템은 개별 학생들의 욕구를 수용하여 학생의 감정을 추론하고, 이 추론은 가상현실 속의 캐릭터와 분위기 평가를 위한 상호작용에 사용된다.

이 게임에서 학습자의 반복 훈련을 위한 활동은 행동주의 요소이며, 학습자의 마우스 조작 시간이나 횟수 등의 행동을 감정과 연결하는 방법은 행동주의와 인지주의를 결합하여 가상현실공간에 적용한 사례라고 할 수 있다. 또한 학습의 촉진을 위해 조언자, 활동 안내자, 동료 아바타를 제공하고, 학습자의 활동에 도움을 주는 방식은 사회적 구성주의의 특성을 반영한 것이다.

세컨드 라이프에 구현된 한국교원대학교 가상영어모험은 영어와 같은 외국어의 동시적 · 비동시적 활동을 경험할 수 있는 기회를 제공한다. 가상영어 모험은 반복 훈련과 연습, 즉각적인 피드백, 보상을 통한 강화 등 다양한 특징을 지닌다. 또한 학습자는 학습자 중심 환경 속에서 다양한 체험을 주도적으로 하면서 학습하고, 학습자 스스로 임무를 해결해 나가는 형태로 진행되므로 구성주의의 특성 또한 잘 반영되어 있다고 볼 수 있다.

그림 5-17 한국교원대학교의 가상영어모험

5. 심리학 분야

세컨드 라이프에는 몇 가지 특정 심리학과 관련 사이트가 있다. 예를 들면, 더비 대학교(University of Derby)의 세컨드 라이프 연구소는 심리학 연구와 교육에 초점을 두고 있다. 이 사이트의 프로젝트는 가상 환경에서 심리학과 관련된 교육을 어떻게 펼쳐 나갈 수 있는지 시험하는 것이다. 또 다른 예로, 이미 언급된 바 있는 '가상 환각 프로젝트'는 정신분열증 환자의 왜곡된 지각 경험의 단편을 정상적인 상태로 되돌리려는 시도를 한다. 이 사이트에서는 아바타가 건물에 들어가거나 공간을 이동하게 되고, 객체들은 상황에 따라 모습을 바꾸며, 실체가 없는 목소리가 공간 속에서 들리기도 한다.

심리학의 적용 혹은 심리학을 가르치기 위한 도구로서 세컨드 라이프를 이용한 사례도 있다. 교사나 학생이 중요한 역사 현장, 예를 들면 파블로프의 실험실에서 이루어진 작업을 재현한다든지, 두뇌와 신경계통을 확대한 큰 규모의 모델 또는 '아바타 크기'로 운영되는 방 등을 가상공간에 만들 수 있다. 심리학과 학생들을 위해, 가상 환경은 컴퓨터로 중재된 사회적 상호작용 연구를 위한 흥미로운 플랫폼을 제공한다. 세컨드 라이프에서는 사용자가 가상 환경이나 상황을 직접 만들 수 있고, 또한 그 상황 속에서 아바타의 행동을 관찰할 수 있다. 가상 환경과 현실 환경에서의 행동 반경을 좁히기 위하여 가상 세계에서 행동의 많은 측면을 연구하는 기회를 가질 수 있다(Bainbridge, 2007; Schroeder, 2002; Sherwin, 2007). 예를 들어, 이와 그의 동료들(Yee et al., 2007)은 세컨드 라이프에서 상호작용하는 남-남, 여-여 그리고 혼성 한 쌍 사이의 개인 간 거리를 시험했다. 그들은 세컨드 라이프에서의 각 쌍의 상호작용이 현실 세계에서의 상호작용과 비슷한 패턴을 보인다는 것을 발견했다. 또한 연구 팀은 가상 환경에서의 사회성 촉진과 적합성을 실험했다. 이 연구는 현실 세계와 가상 세계에서 비슷한 과정으로 운영되었고, 참가자들이 현실 세계에서 직접 사람을 대하는 상호작용의 반응과 가상 세계에서 아바타에게 대하는 상호작용의 반응이 비슷하게 나타났다(Blascovitch, 2002).

6. 과학 기술 분야

과학과 공학의 탐구 양상에는 대규모 프로젝트들이 있다. 이들 중 일부는 비록 재미나 일반적인 흥미를 위해 만들어졌다 할지라도 다른 프로젝트에 비해 독특한 교육 요소를 포함하고 있어 교육적 맥락에서 다양하게 활용할 수 있다. 스팀펑크(Steampunk) 프로젝트는 엘론 대학교(Elon University)의 컨클린(Conklin, 2007)이 만든 교수-학습 모형으로, 학생들은 19세기 영국이 배경인 역사 게임에 참여하면서, 과학과 공학에 관한 중요한 질문에 답하게 된다.

텍사스 웨슬리언 대학교(Wesleyan University)의 생물학과 교수인 클락이 만든 게놈 섬은 과학 교육의 혁신적인 예로 자주 언급된다. 이것은 상호작용적인 실험실 환경의 잠재력을 탐구하도록 설계되었다. 그는 과학 수업의 전형적인 문제가 현상과 분리된 강의 위주의 수업에서 비롯된다고 생각했다.

그림 5-18 나노 테크놀로지 연구소

🔖출처: http://christytucker.wordpress.com/2009/04/14/tcc09-digital-learning-
environments-context-sensitive-and-imaginative-classes-in-second-
life

그리고 대학의 과학 강의는 직접 경험과 강의 및 설명을 의미 있게 통합하는 것이 핵심이라고 보았다. 가상공간은 강의식 수업을 지양하여 게놈 섬의 환경에서 고양이와 염색체, 꽃과 과일, 파리, 생쥐와 믹솔라마스(Mixollamas, 하마로 시작하지만 어딘가 돌연변이 같은 신비한 동물)를 기를 수 있으며, 각각은 유전학의 원칙을 연출함으로써 반응한다.

공개적으로 접근할 수 있는 게놈 섬은 다량의 상호작용 객체를 포함하고 있다. 게놈 섬이 제공하는 약 40세트의 분석 가능한 데이터를 갖는 실험 객체는 주로 비교의 용도로 사용되며, 그 외의 것들은 흥미를 위한 홍보용이다. 섬에 있는 객체는 사용되기 위해 만들어졌고, 학생과 연구자 모두에 의해 몇몇의 어려운 활동에 재사용되기도 하며, 제한된 입학생들을 위해서도 사용된다. 클락은 계속해서 특정한 세 가지 활동을 해 왔는데, 그중 하나는 게놈 조직 구성이 어떻게 다른 종과 차별될 수 있는지를 상세히 설명하는 일이다. 또 다른 실험 활동은 멘델의 고전 실험의 재건으로, 녹색 완두콩은 노란 완두콩과 그 잡종 자손과의 교배로 여러 세대에 걸쳐 나타날 수 있다고 하였다. 숫자를 기록하는 것은 이러한 실험에서 중요하다. 그래서 실험 과정에서 나오는 숫자 데이터를 잘 살펴야 하는데, 각 완두콩의 형질은 세컨드 라이프의 채팅 기록에 남는다. 채팅 기록으로부터 수집된 데이터는 스프레드시트나 분석을 위한 다른 종류의 문서에 복사하여 붙일 수 있는데, 이렇게 하여 몇 개월에 걸쳐 수집될 번식 실험의 결과를 한 시간 만에 알 수 있다.

아이다호 주립대학교(Idaho state University) 농어촌 보건연구소와 공동으로 진행하는 Play 2 Train은 아이다호 생물 테러리즘 인식 및 대비 프로그램(Bioterrorism Aware-ness and Preparedness Program)의 하나로, 아무런 피해를 보지 않고 원하는 상황을 경험할 수 있는 가상훈련공간이다. 이 프로그램은 상상력과 창조력을 발휘하게 하며, 한계가 거의 없는 가상학습 경험을 제공한다.

국가 해양 및 대기 관리청(NOAA)은 세컨드 라이프에 등장한 최초의 연방기관으로 여기에서 보유한 섬에는 허리케인 속으로 날아가기, 빙하가 녹았

그림 5-19 국가 해양 및 대기 관리청: 교수 센터 및 상황

출처: http://www.noaa.org

을 때의 상황, 쓰나미가 몰려올 때의 상황 등 여러 가지 학습 상황이 마련되
어 있어 학습자가 능동적으로 경험할 수 있다(Kelton, 2007).

그 외에 정기적으로 업데이트되는 세컨드 라이프의 메인 그리드와 틴 그리
드의 지도는 다양한 수준에서 지도 확대 및 축소가 가능하며, 전체 지도의 좌
표를 통해 학습자가 자신의 위도와 경도를 참조할 수 있어 지리 수업에 유용하
게 활용할 수 있다. 또한 세컨드 라이프의 우주정거장 알파(Spaceport Alpha)와
국제우주박물관(International Spaceflight Museum), 사일랜드(Scilands)는 천문
학 수업에 활용할 수 있다(Conklin, 2007).

7. 건축 및 인테리어 디자인 분야

몰입형 삼차원 공간의 건설과 설계를 위한 가능성은 건축과 인테리어의
견본을 만들 수 있는 훈련 공간을 제공한다. 케이와 피츠제럴드(Kay & Fitz-
Gerald, 2008)는 건축과 인테리어 디자인 훈련이 두 프로젝트에서 효과적이
라고 보고한다. 인테리어 디자인 훈련과 관련된 '가상공간-실제 학습 프로

젝트' 에서 학생들은 세컨드 라이프상의 고객의 요구를 분석하고, 고객에게 반응하면서 고객의 집을 꾸미는 상호 활동을 수행한다.

또한 세컨드 라이프는 건축과 학생들을 위해서도 가치 있는 경험을 제공한다. 세컨드 라이프에서는 집의 판매나 건축 기술의 적용, 견본 제작 등 다양한 건축 관련 활동의 경험이 가능하고, 호텔의 체크아웃과 숙소 예약도 가능하다. 몬태나 주립대학교(Montana State University-Bozeman)의 건축가 테리 보보이스(Terry Beaubois)가 지휘하는 연구소에서는 건축 학교와 건축 수업을 협동으로 진행하며, 서부 오클랜드 활성화 프로젝트를 지속시킬 수 있는 커뮤니티 설계를 위한 참신한 발명을 위하여 세컨드 라이프를 활용하였다. 지역 또는 원격으로 만난 학생 팀을 실제로 만날 뿐 아니라 세컨드 라이프에서도 만나며 작업한다.

8. 가상 실습 분야

세컨드 라이프에서 만들어진 공간에는 학생들이 인터뷰 연습이나 취업에 도움이 되는 기술을 획득하도록 만들어진 것들도 있다. 캐나다 온타리오에 있는 로열리스트 대학 가상 디자인 센터의 켄 허드슨(Ken Hudson)은 학생들이 CBSA(Canadian Border Service Agency)와 함께 실제 상황을 훈련하는 미국의 캐나다 국경 프로젝트(US-Canadian Border Progect)를 만들었다. 학생들은 미국과 캐나다 국경의 시뮬레이션 속에서 운전자들을 면담하는 안내자로 활동한다. 프로그램 감독에 따르면 학생들이 시뮬레이션 경험을 통해 평균 28%의 점수 향상을 보이며 직업 배치에서 경쟁력을 가지는 것으로 나타났다(Au, 2008).

우리나라의 중앙대학교 경영학과 마케팅조사론 강의실은 세컨드 라이프 내의 CMI 코리아에 있으며, 프로젝트 활동을 통해 학습이 이루어진다. 프로젝트는 4명씩 8조로 나뉜 32명의 학생들이 세컨드 라이프 내에서 자율적으

146

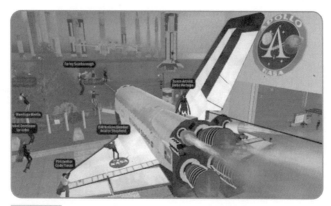

그림 5-20 우주선 시뮬레이션

출처: http://christytucker.wordpress.com/2009/04/14/tcc09-digital-learning-
environments-context-sensitive-and-imaginative-classes-in-second-
life

그림 5-21 중앙대학교 경영학과 마케팅조사론 강의 화면

출처: http://www.hankyung.com/news/app/newsview.php?aid=2007120306231

로 다양한 사업을 진행하여 수업 시간에 성과 보고를 하고, 학기가 끝날 때까
지 매출을 올리는 활동이다.

오하이오 주립대학교(Ohio State University) 공과대학은 중학교 과학 수업

을 세컨드 라이프에서 게임 형식으로 진행하고 그 효과를 알아보기 위해 스팀(STEAM) 프로젝트를 실시하였다(Bruce et al., 2008). 이 프로젝트에서는 미스터리 스쿨(Mystery School) 그룹과 초파리 유전자(Fruit Fly Genetics) 그룹으로 나누어 비교 검증하였다. 초파리 유전자 그룹은 신속하고 정확한 판단을 요하는 것이 목적이며, 미스터리 스쿨 그룹은 교실 밖으로 나가 학교를 탐험하고 애완동물이 실종된 것이 아니라는 사실을 파악하는 것이 목적이다. 학생들이 주어진 허드(Head-Up Display: HUD)에 단서의 목록을 입력하면 탐사 지도 및 보상을 제공받게 된다. 실험 결과, 미스터리 스쿨 그룹이 허드 사용과 흥미, 성취도 면에서 효과적이었으나, 초파리 유전자 그룹에 비하여 세부적인 학습을 하기에는 혼란이 생길 수 있는 게임이라는 결론을 도출하였다.

세컨드 라이프에서의 수업 활동을 조사한 결과, 교사와 학습자의 오리엔테이션 훈련이 요구되며, 가상 강의나 실연에서는 수동적 수업 활동이 아닌, 열린 결말을 가진 역할놀이, 견학, 상호작용 활동, 협력 활동과 같은 능동적인 수업 활동이 필요하였다(Salt et al., 2008).

그림 5-22 초파리 유전자 및 미스터리 스쿨 스크린샷

출처: Bruce, B., Chang, L., Teresa F., & David. C. (2008). *Using games creation in second life to teach middle-school science content.* K-12: National Science Foundation.

9. 맺는말

이 장에서는 가상현실공간에서 적용된 교육적 사례를 세컨드 라이프를 중심으로 하여 살펴보았다. 세컨드 라이프는 직접 코딩언어인 린든 스크립트 언어를 통해 아바타의 동작이나 사용자가 아이템을 효과적으로 만들어 낼 수 있다는 점 그리고 현실 세계와 상당히 높은 수준의 유사성을 보이는 사회적 상호작용이 가능하다는 점에서 그 활용성이 높으며 연구자들은 이 점에 주목하고 있다(이연호, 조화순, 2008). 이에 따라 앞으로 세컨드 라이프를 교육적으로 활용하는 사례가 늘어날 것이며, 가상현실공간은 현실 세계와 상호 보완적인 역할을 해 나갈 것으로 기대된다.

참고문헌

이연호, 조화순(2008). 가상현실 내에서의 사회 구조의 형성과 변화. 한국 사회의 방송통신 패러다임 변화 연구-총괄 보고서. 정보통신정책연구원.

Antonacci, D., & Modaress, N. (2008). Envisioning the educational possibilities of user-created virtual worlds. *AACE Journal, 16*(2), 115-126.

Au, W. J. (2008). *Border crossing: Future canadian border guards train in SL.* Retrieved October 28, 2008, from http://nwn.blogs.com/nwn/2008/05/border-crossing.html

Bainbridge, W. S. (2007). The scientific research potential of virtual worlds. *Science, 27*, 472-476.

Blascovich, J., Loomis, J., Beall, A. C., Swinth, K. R., Hoyt, C. L., & Bailenson, J. N. (2002). *Immersive virtual environment technology as a methodological tool for social psychology. Psychological Inquiry, 13*(2), 103-124.

Bruce, B., Chang, L., Teresa, F., & David. C. (2008). Using games creation in second life to teach middle-school science content. K-12: National Science Foundation.

Conklin, M. S. (2007). *101 user for second life in the college classroom.* Retrieved August 1, 2007, from http://facstaff.elon.edu/mconklin/pubs/glshandout.pdf

Diener, S. (2008). Virtual worlds, real collaborations. *Proceedings of eFest 2008.* Auckland, NZ

Gorini, A., Gaggioli, A., Vigna, C., & Riva, G. (2008). A second life for eHealth: Prospects for the use of 3-D virtual worlds in clinical psychology. *Journal of Medical Internet Research, 10*(3), e21.

Katsionis, G., & Virvou, M. (2004). A cognitive theory for affective user modeling in a virtual reality educational game. *Paper Presented at the IEEE International Conference on Systems.* Man & Cybernetics, Octover, 10-13, 2004, The Hague, Netherlands.

Kay. J., & FitzGerald, S. (2008). *Educational uses of second life.* Retrieved September 8, 2008, from http://sleducation.wikispaces.com/educationaluses

Kelton, A. (2007). Second life: Reaching into the virtual world for real world learning *(Research Bulletin, Issue 17). EDUCAUSE center for applied research.* Retrieved January 13, 2010, from http://net.educause.edu/ir/library/pdf/ERB0717.pdf

Kern, N. (2009). Teaching in second life: Reflectims of a lauguage teacher. from http://Slexperiments.edublogs.org/

Ibrahim, M., Balbed, M. A. M., Yusof, A. M., Salleh, F. H. M., Singh, J., & Shahidan, M. S. (2008). Virtual reality approach in treating acrophobia: Simulating height in virtual environment. *WSEAS Transactions on Computers, 5*(7), 511-518.

O'Donohue, W., & Ferguson, K. E. (2006). Evidence-based practice and behavior analysis. *The Behavior Analyst Today, 7*(3), 335-350.

Penfold, P. (2008). Learning through the world of SL-a hospitality and tourism experience. *Journal of Teaching in Travel & Tourism, 8*(2 & 3), 139-160.

Salt, B., Atkins, C., & Blackall, L. (2008). Engaging with second life: Real education virtual world. *Education UK Island.* from http://slenz.files.wordpress.com/2008/12/slliteraturereviewa1.pdf

Salt, B., Atkins, C., & Blackall, L. (2008). *Engaging with second life: Real education virtual world.* Retrieved January 13, 2010, from http://slenz.files.wordpress.com/2008/12/slliteraturereviewa1.pdf

Schroeder, R. (2002). Social interaction in virtual environments. In R. Schroeder (Ed.), *The social life of avatars: Presence and interaction in shared virtual environments.* London: Springer.

Sherwin, J. (2007). Get a second life: Studying behavior in a virtual world. *APS Observer, 20*(6). Retrieved August 29, 2009, from http://www.psychologicalscience.org/observer/getArticle.cfm?id=2179

Von de Emde, S., Schneider, J., & Kotter, M. (2001). Technically speaking: Transforming language learning through virtual learning environments(MOOs). *Modern Language Journal, 85* (2), 210-225.

Yee, N., Bailenson, J. N., Urbanek, M., Chang, F., & Merget, D. (2007). The unbearable likeness of being digital: The persistence of nonverbal social norms in online virtual environments. *CyberPsychology & Behavior, 10*(1), 115-121.

〈참고 사이트〉

http://www.youtube.com/watch?gl=AU&hl=en-GB&v=qOFU9oUF2HA

http://slurl.com/secondlife/Healthinfo%20Island/132/140/23

http://slurl.com/secondlife/Genome/174/4/23

http://slurl.com/secondlife/eureka/203/113/29

http://vrlab.epfl.ch/~bhbn/psy/index-VR-Psychology.html

http://www.youtube.com/watch?gl=AU&hl=en-GB&v=TMGR9q43dag

http://www.etnews.co.kr/news/detail.html?id=200703290210

http://pacificrimx.wordpress.com

http://slexperiments.edublogs.org/

http://www.usatoday.com/news/education/2007-08-01-second-life_N.htm

http://www.atlatl.com.mx/youtube/viewvideo.php?id=3sBsucO-Ask

http://christytucker.wordpress.com/2009/04/14/tcc09-digital-learning-
　　　environments-context-sensitive-and-imaginative-classes-in-second-life

http://www.noaa.org

http://www.hankyung.com/news/app/newsview.php?aid=2007120306231

제6장

가상현실공간에서의 수업 사례

1. 시작하는 말

이 장에서는 가상현실공간에서 실시한 수업의 사례를 소개하고자 한다. 우선 가상현실공간에서 예비 교사들이 수업 실습을 행한 사례를 소개하고, 문제중심학습(Problem-Based Learning: PBL)의 실시 사례, 목표 기반 시나리오(Goal-Based Scenario: GBS), 인지적 도제 이론의 적용 사례를 살펴보고, 가상공간에서 교수-학습 모델의 적용이 어떻게 가능한지를 살펴보고자 한다. 우선 가상공간에서 예비 교사의 수업 실습이 교수-학습 활동에 어떠한 영향을 주는지 생각해 보고, 교수-학습에 가상공간을 어떻게 활용할 수 있을지 탐색할 것이다. 또한 새로운 교육 패러다임으로 자리 잡고 있는 구성주의 교수 방법이 어떠한 형태로 가상현실공간에서 구현될 수 있는지 알아볼 것이다. 특히, 구성주의에서는 학습자가 삶의 맥락에서 실제로 경험하거나 또는 경험하게 될 내용을 중요한 과제로 제공하거나, 동료 학습자들 사이의 활발한 협력 활동과 같은 상호작용을 학습의 핵심 사항으로 여기고 있다. 따라서 학습자의 시각에서 학습 효과를 증진시키려고 하는 노력은 문제중심학습, 목표 기반 시나리오, 인지적 도제 이론 등으로 구체화될 수 있다.

문제중심학습을 적용한 수업에서 우선 교사는 학생들에게 학습할 문제와 가상현실 학습 공간 및 콘텐츠를 제공한다. 그리고 학생들은 문제해결을 위하여 동료 학습자와 협력, 역할 분담, 토론하기 등 다양한 방식으로 상호작용하며 문제를 해결하는 형태로 수업이 구성된다.

다음으로 목표 기반 시나리오를 적용한 수업은 교사가 제시한 시나리오에 따라 학습이 진행되며, 학습자는 자연스럽게 교육 과정에서 요구하는 학습 목표를 수행하게 되고 세컨드 라이프의 기초 활용 기능을 숙지한다.

마지막으로 인지적 도제 이론을 적용한 수업은 학생들에게 현실과 유사한 가상현실공간을 제시하고 이를 그림지도로 나타내도록 한다. 이 과정에서 학생들은 모델링, 코칭, 스캐폴딩(scaffolding), 명료화, 반영적 사고, 탐구 단계를 거치면서 학습하게 된다.

2. 수업 실습

　최근 발달된 정보통신 기술 및 가상공간의 특성은 교육 환경과 교육 방법에도 다양한 변화를 가져오고 있다(백영균, 2006). 가상현실공간도 교육에 이용되고 있으며, 여기서는 수업 실습의 사례를 제시하고자 한다. 가상현실공간인 세컨드 라이프 내에 수업 실습장을 개발하여 교사 양성 과정에 이를 활용함으로써 예비 교사의 교수 효능감에 효과를 가져올 수 있다.

　교수 효능감이란 교사 자신이 학생의 학습에 영향을 미칠 수 있는 능력을 가지고 있는 것과 관련된 믿음이다. 여기서 주목할 만한 것은 이 교수 효능감이 교수에 대한 초기의 경험에 크게 영향을 받는다(Woolfolk & Spero, 2005)는 것이다. 이는 교사 양성 과정에서 형성된 예비 교사의 교수 효능감이 그 이후로도 지속적으로 이들의 교수 효능감에 영향을 미칠 수 있다는 것을 의미한다. 현행 교육 실습은 교수 효능감을 증진시키기 위한 전략을 실시하기에는 여러 가지 제한점이 있으므로, 가상현실공간에서 교육 실습의 장을 마련하고 직접 경험에 가까운 실습을 제공하여 예비 교사들의 교수 효능감을 높이는 것이 의미가 있을 것으로 판단된다.

1) 수업 실습장의 설계 및 개발

　문헌연구 및 예비연구를 바탕으로 하여 다음과 같은 설계 방향 및 조건을 설정하였다. 첫째, 수업 실습장은 실제 교실 및 학교 공간 충실도(fidelity)가 높아야 한다. 세컨드 라이프에서의 수업 실습 주체는 성인 학습자인 예비 교사이기에 수업 실습장 개발에 있어 실제 교실과 학교 공간에 대한 충실도가 높아야 한다(Alessi & Trollip, 2001). 따라서 학교 건물 및 교실의 외형, 복도,

창문, 칠판, 책걸상, 조명장치 등이 실제와 유사한 형태로 개발되어야 한다.

둘째, 수업 실습장은 책걸상 및 프레젠테이션 스크린의 배치가 자유로워야 한다. 다양한 형태의 수업 방법을 사용한 수업 실습이 가능하기 위해서는 책걸상 및 스크린의 배치를 토론학습, 모둠학습, 강의식 수업 등 수업 방법에 따라 용이하게 바꿀 수 있어야 한다.

셋째, 수업 실습장은 교수자의 음성 강의를 지원해야 한다. 실습장은 음성 채팅이 가능한 지역으로 설정하여야 하며, 각 교실의 음성은 인접 교실과 방음이 되어야 한다. 방음을 위해 각각의 교실을 파셀(parcel)로 구분하여 소리를 차단해야 한다(Robbins & Bell, 2008).

넷째, 수업 실습장은 수업에 필요한 의사소통이 가능한 곳이어야 한다. 수업 실습장에서 교수자와 학생 간 의사소통을 가능하게 하는 도구가 제공되어야 하며, 학생 간 의사소통도 가능해야 한다(문제안, 1983). 의사소통은 일대일 및 일대다 모두 가능해야 한다.

다섯째, 수업 실습장은 여러 실습 팀이 동시에 실습할 수 있도록 여러 개의 교실로 구성되어야 한다. 이 연구에서는 예비 교사 50명, 10개 팀이 동시에 수업 실습을 할 수 있도록 교실을 개발하였다.

수업 실습장 설계의 방향 및 조건을 고려한 세부 구조는 교실의 구조와 학교 건물 구조로 구분된다. 교실의 구성 요소는 출입문, 칠판, 교탁, 프레젠테이션 스크린, 창문, 커튼, 벽, 책걸상, 게시판, 시계, 천장, 조명, 바닥 등으로 설정하였으며, 학교 건물의 구성 요소는 현관, 2층 계단, 복도, 교실 등으로 설정하였다.

수업 실습장 개발은 프림(prim)을 기본으로 하여 개발된다. 여기서 이용하고 있는 세컨드 라이프에서는 아바타를 제외한 모든 객체들이 기본 단위인 프림으로 구성된다. 세컨드 라이프에서 사용할 수 있는 린든 스크립트 언어(Linden Script Language: LSL)는 프림에 삽입하여 구현한다(Robbins & Bell, 2008).

[그림 6-1]과 [그림 6-2]는 개발된 교실의 정면과 후면을 보여 주고 있다.

그림 6-1   가상현실공간의 교실 정면

그림 6-2   가상현실공간의 교실 후면

교실에는 출입문, 칠판, 스크린, 교훈, 전등과 스위치, 창문, 책걸상, 교사용 컴퓨터 책상, 게시판, 사물함, 에어컨 등의 객체를 포함하여 실제 교실과 유사한 수업 환경을 개발하였다.

[그림 6-3]과 [그림 6-4]는 여러 개의 교실들이 인접해 있는 복도와 학교 건물을 보여 주고 있다. 각 교실들은 파셀로 구분하여 교실 안의 음성이 교실 밖에서 들리지 않도록 개발하였고, 여러 팀들이 동시에 실습할 수 있도록 총 14개의 교실로 구성하였다.

그림 6-3　가상현실공간의 학교 복도

그림 6-4　가상현실공간의 학교 건물

2) 세컨드 라이프에서의 수업 실습

세컨드 라이프의 수업 실습장에서 한국교원대학교 '교육방법 및 교육공학' 과목을 수강 중인 예비 교사 110명이 실습 기회를 가졌다(정동욱, 2010). 이 강좌는 일주일에 2시간씩 진행되었다. 예비 교사들의 전공은 다양하였으며, 모두 실제 교육 실습 경험뿐만 아니라 가상공간에서의 수업 실습 경험도 없었다. 이들은 전공별로 3～5명씩 팀을 구성하여 수업 실습에 참여하였다.

예비 교사들은 개인별로 총 2회씩 수업 실습을 수행하였고, 적게는 4회부터 많게는 8회까지 동료의 수업 실습에 학생으로 참여하였다.

세컨드 라이프의 수업 실습장에서는 16주 동안 수업 실습이 진행되었다. 연구자는 이 중 10주 동안 수강생들이 세컨드 라이프의 사용법을 익힐 수 있도록 하기 위해 매주 강의 시간 중 일부를 사용하였다. 남은 6주 동안은 강의 시간의 일부 또는 전체를 사용하여 수강생들이 세컨드 라이프에서 수업 실습을 할 수 있도록 지원하였다. 예비 교사들은 6주 동안 강의 시간 이후에 팀별로 시간을 정하여 수업을 설계하고 실습하였다.

개발된 수업 실습장을 활용한 예비 교사의 수업 실습은 준비 과정을 포함해다음의 6단계로 이루어졌다. 1단계에서는 세컨드 라이프의 기본 사용법을 숙달한다. 이 단계에서 예비 교사들은 세컨드 라이프 가입 후 프로그램을 다운로드하여 개인 컴퓨터에 설치하였다. 교수자는 세컨드 라이프를 소개하고, 일반 강의실에서 멀티 프로젝터로 가입하는 방법과 세컨드 라이프에 참여하기 위한 기본적인 사용법을 시연하였다. 또한 세컨드 라이프에서 활동 중인 교육 관련 그룹을 소개하면서 관심 있는 그룹에 가입하여 활동하도록 권장하였으며, 다양한 체험 및 활동을 통해 세컨드 라이프의 교육적 활용 방안을 탐색해 보도록 하였다. 이에 따라 수강생들은 세컨드 라이프에 가입하여 기본적인 기능을 다루어 보고 다양한 상황을 체험하면서 세컨드 라이프를 교육적으로 활용할 수 있는 방안을 모색하였다.

교수자는 수강생이 세컨드 라이프 내 그룹에 가입하고, 의사소통(로컬 채팅, 인스턴트 메시지, 음성 채팅, 제스처 등) 기능과 랜드마크(landmark), 텔레포트(teleport) 기능 등 다양한 기능을 스스로 사용할 수 있도록 시연을 통해 설명하였다. 수강생들은 어렵지 않게 교수자와 동료 학습자들을 친구로 추가하였으며, 자신이 속한 분반 그룹에 가입하였다. 또한 수강생은 동료들과 함께 상호작용하면서 다양한 기능을 익힐 수 있었다. 이 과정에서 수강생들은 음성 채팅을 위한 하드웨어의 설정을 다소 어려워하였으나, 교수자는 전화 및 이메일 그리고 세컨드 라이프에서 수시로 학생들의 질문에 응해 그들의 문제를 해결해 주었다. 또한 학생들은 문제 발생 시 교수자에게 질문하거나, 세컨드 라이프 사용에 익숙한 동료들에게 도움을 청하여 해결하였다.

2단계에서는 교수 이론에 대하여 학습한다. '세컨드 라이프'에서 '교육방법 및 교육공학' 수업 실습을 진행하기 위해 필요한 강의 내용은 강의법과 교수기술이다. 이 내용에 대한 강의는 학기 초부터 당초 강의 계획에 따라 진행되었으며, 예비 교사들이 수업 설계를 하기 전에 마쳤다. 예비 교사들은 강의법과 교수기술에 대한 나름의 개념 및 설계안을 구성하여 이를 다음 단계인 교수 설계에 적용하였다.

3단계에서는 교수자의 시범수업에 참관한다. 이 단계에서는 교수자가 '교육방법 및 교육공학' 강의를 세컨드 라이프에서 진행하고, 예비 교사들도 세컨드 라이프에서 수강하였다. 교수자는 세컨드 라이프에서의 음성 강의를 위해 사전에 세컨드 라이프 내 한국교원대학교의 한 강의실에 강의식 수업을 진행할 수 있는 스크린과 프로젝터, 책걸상 등을 배치하여 강의실 환경을 만들고, '교육방법 및 교육공학'의 강의를 위해 만든 파워포인트 수업자료를 이미지 파일로 변환한 후 목록에 업로드하여 수업을 준비하였다. 모든 수강생들은 세컨드 라이프에 로그인한 후, 교수자가 전송한 '그룹 노티스(Group Notice)'의 랜드마크를 통해 세컨드 라이프 내 강의실로 이동하였다. 시범수업은 프레젠테이션 스크린을 사용하여 강의식으로 진행하였다. 교수자의 시범수업 장면은 [그림 6-5]와 같다.

수강생들은 기숙사나 집 또는 학교의 컴퓨터실 등 다양한 장소에서 세컨드 라이프에 접속하였다. 수강생들은 '교육방법 및 교육공학' 강의 내용을 학습하였으며, 교수자가 사용하는 프레젠테이션 툴의 사용법, 교수자와 학생 간의 의사소통 방법, 제스처 사용법 등을 관찰하고, 지역 채팅이나 음성 채팅 등의 도구를 사용한 의사소통을 경험하였다. 또한 수강생들은 교수자가 안내하는 세컨드 라이프에서 이루어지는 강의의 녹화 기능 사용법과 파일 저장 방법에 대해서도 지켜보았다. 예비 교사들은 이 시범수업을 자신들의 수업 실습 모델로 삼았다.

그림 6-5 ┃ 시범수업 장면

4단계에서는 수업 실습을 준비한다. 이 단계에서는 우선 예비 교사들에게 수업 실습에 필요한 도구들이 제공되었고, 그 사용법이 안내되었다. 교수자는 수강생의 수업 실습을 지원하기 위해 수업에 필요한 책걸상, 프레젠테이션 스크린을 팀의 리더에게 나누어 주었으며, 팀의 리더들은 그것을 팀원들에게 나누어 주었다. 교수자는 강의식 수업 실습에 필요한 객체의 사용법, 지역 채팅, 인스턴트 메시지 보내기, 음성 채팅, 제스처 등의 사용법을 사례를 들어 설명하였다. 또한 교수자는 팀별 수업 내용 및 방법에 따라 책걸상 배치 방법, 프레젠테이션 스크린 사용법 등에 대한 설명도 하였다. 각 팀원들은 교수자로부터 제공받은 프레젠테이션 스크린과 책걸상을 배치하는 연습을 하였다. 책걸상은 팀별로 수업 방법에 따라 원형, 반원형, 일자형 등 다양하게 배치되었다. 각 팀들은 교수자의 안내에 따라 수업에 사용될 파워포인트의 슬라이드를 이미지 파일로 변환하여 세컨드 라이프의 개인 목록에 저장하였다. 또한 각 팀들은 교수자의 안내에 따라 수업 실습에 필요한 다양한 기능을 실습하였다.

다음으로 수강생들은 수업 설계안을 작성하였으며, 수업 설계안에 따라 필요한 수업자료를 개발하였다. 수강생들은 실습할 수업 내용을 각 전공 교과에서 강의식 수업에 적합한 주제로 자유롭게 선정하였지만, 동기 유발, 발문, 강화, 의사소통 등의 수업기술 전략은 의무적으로 포함하도록 하였다. 수업 설계에는 교수자가 시범수업에서 보여 주었던 프레젠테이션 및 의사소통 기능과 상호작용 방법 등을 반영하였으며, 그 외에도 각 팀별로 세컨드 라이프의 여러 기능들을 선택하고 창의적으로 반영하였다. 각 팀들은 협력 활동을 통하여 공동의 수업 설계안을 작성하였다. 수업 방법은 강의형, 토론형, 발표형, 스토리텔링형, 체험학습형 등 팀에 따라 다양하게 적용하였다. 또한 수업 장소 역시 박물관, 역사 현장, 문화 체험의 장, 전통적인 학교 및 교실 등 자유롭게 사용하였다. 어떤 팀들은 텔레포트 기능을 이용하여 교실 수업 중 특정 장소를 견학 또는 체험하고 다시 교실로 돌아와 수업을 진행하는 수업을 설계하였다. 예비 교사들은 이 자료의 각 슬라이드를 모두 이미지 파일로 변환하여 수업 실습 전에 세컨드 라이프에 미리 탑재하였다. 이 과정에서 모든 예비 교사는 구글의 문서작성도구를 사용하였다. 실습 팀의 각 구성원들은 자신의 안을 문서에 포함시키며 공동의 수업 설계안과 프레젠테이션 자료를 작성하였다. 연구자는 모든 학생들의 문서 작업에 공동 작업자로 참여하며 이들의 설계안과 프레젠테이션 자료에 피드백을 주었다.

5단계에서는 수업 실습을 수행한다. 수업 실습은 다음 절차를 기본으로 수행되었다. 우선 수업 실습자는 세컨드 라이프에 로그인한 후 수업 실습장이 위치한 섬과 교실로 텔레포트 기능을 이용하여 이동한다. 다음으로, 수업 실습자는 수업 실습을 위해 필요한 프레젠테이션 툴을 교실에 설치한다. 수업 실습자는 자신의 수업 방법에 따라 동료 학생들의 좌석을 배치한다. 이어서 수업 실습자는 준비한 수업을 진행한다. 동료 예비 교사들은 수업 실습 중에 동료로서 그리고 수업을 받는 학생으로서 그 역할에 맞는 피드백을 수업 실습자에게 제공한다.

6단계에서는 수업 실습의 성찰 및 발표를 한다. 수강생들은 우선 유튜브(YouTube)에 탑재된 자신의 동영상 파일을 분석하여 동기 유발, 발문, 강화, 의사소통 등의 기술에서 개선해야 할 점과 유지해야 할 점을 정리하였다. 또한 팀 내 다른 동료들의 수업을 분석한 후, 유튜브에 그 결과를 올려 다른 팀

그림 6-6   세컨드 라이프에서의 수업 실습 장면

원들과 공유하였다. 교수자 또한 공유된 동영상을 분석하여 예비 교사들의
수업 실습에 대하여 피드백을 제공하였다. 이를 기반으로 수강생들은 자신
들의 수업 설계서와 프레젠테이션 자료를 수정하였다. 수정된 자료를 활용
하여 2차 수업 실습을 수행하였다. 2차 수업 실습이 완료된 후 교수자는 팀
별로 대표 수업 동영상을 상영하고, 각 팀의 대표가 그 수업에 대하여 설명하
도록 하였다. 팀원들은 상영한 수업을 평가하였다. 팀원들의 평가 후, 교수
자는 수업 실습에 대한 총괄적인 피드백을 제공하였다.

3) 세컨드 라이프에서의 수업 실습 결과에 대한 논의

가상현실공간에서의 수업 실습은 예비 교사들에게 학교 현장에서의 수업 실습에 앞서 실험적 수업 실습을 가능하게 한다는 점에서 의미가 있다. 세컨드 라이프에서 수업 실습장은 예비 교사들이 실제 학생을 대상으로 수업하는 위험 부담을 덜어 주고, 양성 과정에서 이론 강의로 배운 여러 교수 내용 및 방법을 다양하고 반복적으로 수업에 적용할 수 있으므로 수업에 대해 보다 많은 성공 경험을 갖게 할 가능성이 있다.

세컨드 라이프를 예비 교사 교육에 활용할 가능성은 높지만 그 가능성이 실현되기 위해서 선결되어야 할 사항들이 있다. 첫째, 세컨드 라이프 사용에 적합한 그래픽 카드와 사양이 좋은 컴퓨터가 필요하다. 이 조건이 충족되지 않으면 세컨드 라이프에서의 수업 실습은 불가능하다. 둘째, 세컨드 라이프를 사용하여 수업 실습을 하려면 예비 교사들의 정보통신 기술이 우선 갖추어져야 한다. 정보통신 기술 활용 능력이 갖추어져 있지 않으면 수업 실습에 집중하기보다는 오히려 수업 실습을 하기 위한 컴퓨터 환경 및 세컨드 라이프 환경 설정에 많은 시간을 소모하게 된다. 셋째, 수업 실습에 앞서 예비 교사들이 세컨드 라이프 기능을 익숙하게 다룰 수 있어야 한다. 그렇지 않으면 다양하고 창의적인 수업 실습이 불가능할 것이다. 넷째, 세컨드 라이프에서 수업 실습을 하기 위해 교수-학습에 필요한 여러 가지 객체들이 준비되어야 한다. 그래야만 예비 교사들이 교실을 꾸미는 일에 시간을 소비하지 않고, 준비된 객체를 사용하여 수업 실습을 진행하는 일에 보다 집중할 수 있을 것이다.

3. 문제중심학습

문제중심학습(Problem-Based Learning: PBL)은 배로스(Barrows)라는 의과대학 교수에 의해 1950년경 도입되었다. 배로스는 전통적인 강의식·암기식

수업이 의과대학의 실천적 교육에 적합하지 않다는 생각에, 자신의 경험과
인지심리 이론을 토대로 문제중심학습이라는 교수-학습 모형을 제안하였다
(Barrows, 1994). 이후 교육학에서는 듀피(Duffy)와 세이버리(Savery), 배로스
와 마이어스(Myers)가 문제중심학습과 구성주의 이론을 접목하여 교육 프로
그램 설계의 한 모형으로 발전시켰으며(Duffy & Savery, 1994), 이는 오늘날
기업교육에서 초·중등 교육, 평생교육에 이르기까지 다양한 영역에서 활용
되고 있다(김종문, 1998).

　이러한 문제중심학습은 맥마스터 대학교(McMaster University)의 의과대학
이 처음으로 교육 과정으로 채택하여 운영을 시작하였고, 하버드 대학교
(Harvard University), 뉴멕시코 대학교(The University of New Mexico), 하와
이 대학교(University of Hawaii) 등의 의과대학에서 실시하고 있다. 미국 대
학협회의 발표에 따르면 미국 전역의 90개 이상의 대학들이 문제중심학습
방식을 도입하고 있다(Barrows, 1994). 또한 문제중심학습은 구성주의의 학
습 원칙을 충실히 반영하고 있는 학습 모형으로서 '학습자 중심의 교육 환
경'을 제공한다. 문제중심학습은 교수자가 제시한 특정 상황을 기반으로 하
는 매우 복잡하고 비구조적인 과제를 해결하기 위하여 소그룹으로 편성된
학습자들 스스로 학습 목표를 정하고, 각자의 역할을 분담하며, 자료를 찾아
공유하고, 토론 과정을 거쳐 협동적으로 문제를 해결하는 학습자 중심의 교
수-학습 모형이다(강인애, 1997).

　이러한 문제중심학습은 문제를 기반으로 학습 과정이 전개되는 학습 모형
으로, 이때의 문제는 일반적으로 말하는 하나의 정답이 존재하는 문제를 의
미하는 것이 아니라, 실생활과 연관되어 복잡성을 지니고 다양한 접근을 통
해 다양한 해결책을 제시할 수 있는 특성을 지닌 문제를 의미한다(Boud &
Feletti, 1991).

　문제중심학습의 전개 과정은 초기 활동, 문제 제시 및 문제로의 접근, 문
제에서 요구하는 학습 내용의 추론, 자기주도학습, 문제해결을 위한 새로운
지식의 적용 및 문제해결 계획에 대한 반추, 문제해결 안 작성 그리고 문제해

결안에 대한 요약 및 정리로 구분할 수 있다. 주요 활동은 〈표 6-1〉과 같다. 각 단계에서 교수자가 주체가 되는 활동은 문제 제시 및 종합·정리의 단계이며, 다른 모든 단계에서는 학습자가 중심이며, 교수자는 튜터로서 조력자의 역할을 한다(장정아, 2005).

문제중심학습을 세컨드 라이프에서 활용한 예로 중학교 3학년 '유전과 진화'라는 단원을 설정하였다. 학생들에게 학습과 관련된 다양한 문제를 제시하고, 게놈 섬으로 안내하여 그곳을 방문해 보도록 하였다. 학생들은 게놈 섬에 방문하여 제시된 문제를 조사하고 스스로 해결해 보는 활동을 통하여 학습하게 된다.

표 6-1   문제중심학습 전개 과정

문제중심학습 과정	주요 활동
• 초기 활동 • 문제 제시 및 문제로의 접근 • 문제에서 요구하는 학습 내용의 추론 • 자기주도학습(개별학습) • 문제해결을 위한 새로운 지식의 적용 및 문제해결 계획에 대한 반추 • 문제해결안 작성 • 문제해결안 발표 • 종합·정리	• 학습자들 간 자기소개 및 팀 규칙 작성 • 교수자에 의한 문제 제시 • 문제해결을 위한 학습 주제 선정 • 가설/해결안 → 이미 알고 있는 사실 → 더 알아야 할 사항 순으로 진행 • 더 알아야 할 사항 중 각자 맡은 주제를 학습 • 개별적으로 학습한 내용을 공유하고, 이를 토대로 다시 문제해결을 위한 학습 주제 선정 • 문제에서 요구하는 형태로 해결안 작성 • 팀별로 작성된 해결안 발표 • 학습자들이 발표한 내용에 대해 교수자가 정리

1) 게놈 섬 안내

게놈 섬(Genome Island)은 유전학을 연구하는 곳이다. 이 섬은 생물학을 공부하는 대학생들을 위한 유전학 과목을 지원하기 위해 설계되었지만, 과학에 흥미가 있는 사람이면 누구나 와서 즐기는 것을 환영한다.

이 섬은 성당과 정원, 언덕에 위치한 탑, 유전자의 연못, 테라스 등 4개의 구역로 구성되어 있으며, 성당과 정원은 유전 패턴을 다루고, 언덕에 위치한 탑은 분자유전학, 인간유전학, 박테리아와 초파리의 유전을 다룬다. 아직 개발 중인 유전자의 연못은 개체군 유전(population genetics)의 모델을 전시하고 있다. 테라스에서는 전시된 생물 모델의 교배와 원핵세포의 유전자를 볼 수 있다. 작업실은 학습자들이 게놈 섬의 새로운 활동을 수행하는 놀이터로 각 장소에서 음성 도움말을 들을 수 있다.

(1) 장소 1: 성 토마스 성당

성당 출입구에는 게놈 섬의 여러 곳으로 이동할 수 있는 텔레포트가 있다. 성당 내부에는 '멘델의 역사'와 '기본 유전학' 슬라이드 쇼를 전시하고 있다. 실내는 두 개의 층으로 나뉘어 있으며, 텔레포트 문을 통해 이동할 수 있다.

① 성당의 동남쪽

완두에서 한 가지 또는 두 가지 인자의 교배, 옥수수의 색 유전, 부모 추측하기, 카이 스퀘어(chi-square) 분석을 위한 노트북, 교배 게임, 팬지의 도전 등의 자료를 제공하며, 주요 구역으로 이동 가능한 텔레포트 패널(teleport panel)이 있다.

그림 6-7 성 토마스 성당

☞출처: http://slurl.com/secondlife/Genome/118/144/54

② 남쪽 정원

식물에서 양성 잡종 교배, 텔레포트 패널 등이 제공된다.

③ 북쪽 정원

중간 유전, 단성 잡종 검정 교배, 양성 잡종 검정 교배 및 연관 등의 자료를
제공한다.

(2) 장소 2: 테라스

테라스는 고양이 사육장, 위층 테라스, 아래층 테라스, 원핵세포 정원, 전
망대 등으로 이루어져 있다.

① 고양이 사육장

고양이의 성 관련 털색 유전을 알 수 있는 코너가 제시되어 있다.

② 위층 테라스

진핵세포 모델(eukaryotic cell model)이 제시되어 세포의 내부를 탐사할
수 있으며, 세포 내부에서 핵을 클릭하면 인간 염색체 갤러리로 이동할 수 있

그림 6-8　테라스
출처: http://slurl.com/secondlife/Genome/118/144/54

다. 또한 원핵세포 모델(prokaryotic cell model)이 제시되어 원핵세포 정원으로 이동하기 위한 텔레포트가 마련되어 있다.

③ 아래층 테라스

토끼 농장이 제시되어 토끼 색 유전에서 유전자의 상호작용을 이해하는 데 도움을 준다.

④ 원핵세포 정원

박테리아 유전학 공간으로 이동할 수 있는 텔레포트와 몇 가지 박테리아 유전자를 제공한다.

⑤ 전망대

휴식을 취할 수 있는 공간으로 주위에 잡종 라마(llama) 무리를 통해 유전자 재조합과 밀도에 관한 정보를 제공한다.

(3) 장소 3: 탑

탑은 현재 21개 지역으로 되어 있다. 탑은 낮은 레벨에서부터 활동을 수행하고 정보를 획득하면서 걸어서 올라가도록 연속적으로 구성되어 있다. 탑의 일부 작은 지역은 새로운 활동이 추가될 수 있도록 개방되어 있다.

- 1층: Max Chatnoir의 사무실
- 2~3층: 유전자와 DNA
- 4층: 유전자와 단백질
- 5층: 유전자 분석기술
- 6층: 유전자 체제
- 7~9층: 인간 게놈
- 10~11층: 생물정보학
- 12층: 박테리아 유전학

그림 6-9　탑

출처: http://slurl.com/secondlife/Genome/118/144/54

- 13~15층: 초파리 연구실
- 16~18층: 빈 공간
- 19~20층: 새 전시물 작업 공간
- 21층: 음악 공간

(4) 장소 4: 유전자 풀

유전자 풀(gene pool)은 집단 유전학, 오리 쉼터, 유전학 작업실, 리보솜 (ribo some)과 단백질의 합성 활동, 단백질 모델 등을 제공한다.

그림 6-10　유전자 풀

출처: http://slurl.com/secondlife/Genome/118/144/54

2) '유전' 단원에서의 문제

◆ 쌍꺼풀 유전에 대한 어느 아버지와 아들의 이야기: 사라진 쌍꺼풀

동수는 학교에서 유전과 관련된 단원을 공부하던 중 쌍꺼풀, 혈액형, 곱슬 머리 등이 부모로부터 자식에게 유전된다는 것을 배웠다. 집에 돌아온 동수 는 부모님 두 분 모두 쌍꺼풀이 있지만 자신은 쌍꺼풀이 없는 것을 보고 이상 하게 생각했다. 다음은 동수와 아버지의 대화다.

동　수: 아빠, 자식은 부모의 외모를 닮는다고 학교에서 배웠어요.
아버지: 그렇지, 자식이 부모의 외모를 닮는 건 당연한 거란다.
동　수: 그런데 아빠와 엄마는 두 분 다 쌍꺼풀이 있는데, 나는 왜 없죠?
아버지: 글쎄, 동수가 더 크면 쌍꺼풀이 생기려나?
동　수: 아빠와 엄마 사진을 보면 어릴 때부터 쌍꺼풀이 있었고 지금도 있잖
　　　　아요.
아버지: 음…… 그렇다면 쌍꺼풀이 어디로 간 걸까?
동　수: 제가 부모님 아들이 맞나요?
아버지: 당연하지! 태어나서 지금까지 너를 키운 게 엄마와 아빠란다.
동　수: 그럼 당연히 쌍꺼풀도 있어야 하는 것 아닌가요?
아버지: 그건 음…… 쌍꺼풀의 유전에 대해 좀 더 알아보고 이야기하자.

위의 이야기에서 동수가 아직 이해하고 있지 못한 유전 현상에 대한 질문 을 만들어 보자. 그리고 질문에 대한 해결책을 생각해 보고 동수를 쉽게 이해 시켜 줄 방법은 무엇일지 고민해 보자.

3) 문제중심학습의 과정

문제중심학습의 과정은, 첫째 문제 상황 정리(문제 만나기), 둘째 문제해결안 설계(조별 문제해결안 토의 및 개인별 과제 선정), 셋째 문제해결안 수행, 넷째 문제해결 및 발표(반별 토의)의 순서를 거친다.

토의 내용 중 조별 토의 내용은 조별 토의 보고서에 기록하여 정리하는데, 이것은 확실하게 토의했는지를 증명하는 자료가 된다. 그리고 개인 보고서와 관련된 내용으로 토의를 진행하도록 한다. 보고서의 순서는, 첫째 조원 소개 및 역할을 기술하고, 둘째 문제해결을 위한 기초 내용인 멘델의 유전 이론을 정리하며, 셋째 문제해결안을 정리하는데, 해결안은 조에서 만든 문제를 제시하고 문제의 해결 방안을 구체적으로 기술하며 문제를 쉽게 이해시킬 수 있는 방법을 정리한다.

참고자료를 정리할 때는 게놈 섬으로 가서 문제해결에 필요한 자료를 찾아 정리하는데, 자료를 요약하거나 화면을 캡처하고, 제공되는 노트를 활용하는 것이 좋다. 발표자료는 파워포인트나 노트의 형태로 제시되어야 하며, 약 5분 동안 질문하는 조와 질문에 답변을 잘한 조에 가산점을 주도록 한다. 출력한 자료는 조별 클리어 파일에 넣어서 제출하고, 출력하지 않은 자료는 파일로 보관하며, 제출하는 모든 토의지, 조사지, 검사지, 설문지 등에 빈칸이 있을 경우 1점 감점, 충실하게 적어 제출하는 경우는 개별로 1점을 주도록 한다. 마지막으로 조별 토의지, 개별 조사지, 보고서, 기타 자료를 제출하도록 한다.

■ 1차시 교수-학습 과정안

단원명	8. 유전과 진화		교과서	244~	차시	1/16
본시 지도 목표	• 생물의 형질이 유전되는 일반적인 원리를 설명할 수 있다. • 제시된 문제를 설명할 수 있다. • 제시된 문제를 해결하기 위한 방법을 제시할 수 있다.				장소	
					컴퓨터실	

학습 단계	학습 방법	교수-학습 활동		학습자료 및 유의 사항
		교수자	학습자	
도입 / 수업 분위기 조성	전체 학습	• 문제중심학습의 학습 계획서 작성법을 연습한다. • 앞으로 진행될 3차시의 수업 계획과 학습 주제를 설명한다. • 문제중심학습의 방법 및 평가에 대해 설명하고, 보고서 작성 및 발표 유의 사항에 대해 설명한다.	• 문제중심학습의 소개 및 학습 계획서 작성법 연습	• 문제중심학습의 연습문제 자료 • 문제중심학습 보고서 및 발표 유의 사항 자료
전개 / 문제 제시 및 잠정적 문제 해결 시도	협동 학습	• 세컨드 라이프에 접속하여 활동 관련 파워포인트를 제시한다. • 문제 파악 및 학습 계획, 개별 조사, 조별 토의 노트를 전체에 나누어 준 후 작성 방법을 소개한다. • 파워포인트로 제시된 '사라진 쌍꺼풀' 이야기에서 동수가 가질 수 있는 의문을 조별로 토의하여 선정한 후 발표하도록 한다. • 문제해결을 위한 자료 수집 장소로 게놈 섬을 소개하고 전체 학생들을 이동시킨다. • 조원의 역할 분담 및 과제 분담의 중요성을 강조한다. • 조별 토론 과정에서 학생들의 질문에 답변한다.	• 학습할 문제를 공유한다. • 주어진 문제에 대한 각자의 생각을 정리한다. • 문제의 가설, 해결안을 논의한다. • 여러 가설 중 한 가지 가설에 합의하여 학습 목표를 정한다. • 게놈 섬에 대한 설명을 듣고 섬으로 이동하여 자유롭게 탐색한다. • 학습 계획서 및 학습 목표를 작성한다. • 조원 각자의 역할 및 과제를 분담한다.	• 문제 자료 • 교과 내용 자료 및 참고자료 • 게놈 섬 이동에 필요한 개체 • 개방적인 분위기의 조성
정리	전체 학습	• 학습을 정리하고 다음 차시의 학습 계획을 설명한다.	• 각자의 분담 과제를 기록하고 차시 학습 활동을 위해 학습 계획을 한다.	

▪ 2차시 교수-학습 과정안

단원명	8. 유전과 진화		교과서	244~	차시	2/16
본시 지도 목표	• 생물의 형질이 유전되는 일반적인 원리를 설명할 수 있다. • 멘델 유전의 기본적인 원리를 설명할 수 있다. • 중간 유전 현상에 대해 설명할 수 있다.				장소	
					컴퓨터실	

학습 단계		학습 방법	교수-학습 활동		학습자료 및 유의 사항
			교수자	학습자	
도입	수업 분위기 조성	전체 학습	• 전시 수업에 대해 정리하고 이번 차시에 진행될 과정에 대해 설명한다.	• 본시 학습 과정을 이해하고 학습 활동에 대해 계획을 세운다.	
전개	문제 해결	개별 학습	• 세컨드 라이프에 접속하여 이전 수업시간의 분담 과제를 확인하고 과제 수행을 한다.	• 개별 과제를 해결하기 위한 탐색 활동을 시작한다. 문제해결 관련 자료를 수집·정리한다.	• 문제 자료 • 교과 내용 자료 및 참고자료
	문제 해결 합의	협동 학습	• 조별로 모여 개별 과제를 확인한 후 토의를 통해 조별 과제를 해결한다.	• 조별 과제 해결을 위한 자료를 그림 및 텍스트 형식으로 수합하여 조별 보고서를 완성한다.	
	문제 해결 표현	전체 학습	• 조별 과제 발표에 대해 소개하고 발표하도록 한다. • 발표한 내용을 종합적으로 정리해 준다.	• 조별 문제해결 과정을 발표한다. • 다른 조의 발표를 듣고 학습 내용 및 발표 내용의 특성을 정리한 후 의문 사항에 대해 질문한다.	
	평가	개별 학습	• 평가 노트를 나눠 주고 평가 시 유의 사항에 대해 설명한다.	• 조별 및 조원 간 평가를 실시한다.	
정리		전체 학습	• 학습을 정리하고 다음 차시의 학습 계획을 설명한다.	• 학습 단원 정리 및 마무리를 한다.	

■ 문제중심학습 활동지

▪ 활동지 1: 문제 파악 및 학습 계획표

3학년 (   )반 (   )조

▶▶ **가정/해결안**

1. '쌍꺼풀 이야기'에서 동수가 이해하지 못하는 현상에 대해 어떤 질문을 할 수 있는지 생각해 보자.

2. 앞서 제시된 질문에 어떻게 답해 줄 수 있을까?

3. 동수를 쉽게 이해시켜 줄 방법에는 무엇이 있을까?

▶▶ **이미 알고 있는 사실**

▶▶ **더 알아야 할 사항**

▪ **활동지 2: 개별 조사지**

> 　　　　　　　　　　　　　　　3학년 (　)반 (　)조 (　　　)
>
> ▶▶ 학습 목표:
>
> ▶▶ 나의 역할:
>
> ▶▶ 조사 내용:

▪ **활동지 3: 조별 토의지**

> 　　　　　　　　　　　　　　　3학년 (　)반 (　)조
>
> ▶▶ 학습 목표:
>
> ▶▶ 토의 내용:

■ **활동지 4: 개인 저널**

3학년 ( )반 ( )조 (   )

▶▶ **이번 수업을 마치고 난 여러분의 생각을 자세히 적어 보세요.**

1. 이번 생물 시간을 통해 새롭게 알게 된 것은 무엇인가요?

2. 문제해결을 위해 자료를 수집한 방법에 체크(V)하세요(중복 체크 가능).
   ① 책   ② 인터넷 검색   ③ 학교 홈페이지 게시물 자료
   ④ 설문 및 전문가 면담   ⑤ 신문 및 잡지   ⑥ 기타

* 위의 보기(①~⑥) 중에 문제해결에 가장 도움이 된 방법은 무엇인가요? ( )번
* 자료를 수집하는 데 걸린 시간은 대략 얼마인가요? ( )시간
* 이 단원을 공부하면서 세컨드 라이프를 통해 몇 개의 단서를 찾아보았나요?
   ① 없음   ② 1~2개   ③ 3~4개   ④ 5~6개   ⑤ 7개 이상

3. 이 과제를 끝낸 후에 개인적으로 더 공부해 보고 싶은 내용이 있다면 무엇인가요?

4. 이 과제를 해결하는 데 어려웠거나 문제점은 무엇이었나요?

5. 이 과제를 해결하는 데 유익했거나 장려할 점은 무엇이었나요?

6. 이 수업의 공부 방법에 대한 생각이나 느낌을 자유롭게 적어 보세요.

▪ **활동지 5: 자기 학습 평가지**

3학년 (　)반 (　)조 (　　　)

1. 문제중심학습의 학습 방법과 평가 방법을 정확히 알고 수업에 임하였다.
　① 매우 아니다　② 아니다　③ 그저 그렇다　④ 그렇다　⑤ 매우 그렇다

2. 문제해결을 위한 아이디어를 제시하는 데 적극 참여하였다.
　① 매우 아니다　② 아니다　③ 그저 그렇다　④ 그렇다　⑤ 매우 그렇다

3. 조별로 활동할 때 내가 맡은 역할에 최선을 다하였다.
　① 매우 아니다　② 아니다　③ 그저 그렇다　④ 그렇다　⑤ 매우 그렇다

4. 개별 과제 해결을 위해 스스로 관련 자료를 찾고 적극적으로 공부하였다.
　① 매우 아니다　② 아니다　③ 그저 그렇다　④ 그렇다　⑤ 매우 그렇다

5. 토의 활동을 할 때 끼어들지 않고 기다리면서 다른 사람의 의견을 경청
　하였다.
　① 매우 아니다　② 아니다　③ 그저 그렇다　④ 그렇다　⑤ 매우 그렇다

6. 문제해결을 위한 과정에서 조원들과 잘 협동하였다.
　① 매우 아니다　② 아니다　③ 그저 그렇다　④ 그렇다　⑤ 매우 그렇다

7. 기존의 수업보다 문제중심학습에 더욱 열심히 참여하였다.
　① 매우 아니다　② 아니다　③ 그저 그렇다　④ 그렇다　⑤ 매우 그렇다

8. 조원 간의 협동학습을 통해 더 많은 것을 알게 되었다.
　① 매우 아니다　② 아니다　③ 그저 그렇다　④ 그렇다　⑤ 매우 그렇다

9. 본인의 의견이 조에 도움이 되었다.
　① 매우 아니다　② 아니다　③ 그저 그렇다　④ 그렇다　⑤ 매우 그렇다

10. 조의 문제해결 과정에서 자신의 역할은 무엇이었나요?

11. 자신이 그 역할을 맡게 된 이유는 무엇인가요?

12. 본인이 자신에게 활동 점수를 준다면 100점 만점에 몇 점을 주고 싶나요?

▪ **활동지 6: 조원 간 평가지**

3학년 ( )반 ( )조 (   )

▶▶ **다음 항목에 가장 알맞은 조원의 이름을 적어 보세요.**

1. 문제해결을 위해 가장 다양한 아이디어를 제시한 사람은 누구입니까?

2. 조별로 활동할 때 가장 적극적으로 참여한 사람은 누구입니까?

3. 개별 과제를 가장 성실하게 잘한 사람은 누구입니까?

4. 다른 사람의 의견을 존중하면서 경청한 사람은 누구입니까?

5. 합리적인 근거와 이유를 들어 의견을 제시하고 판단한 사람은 누구입니까?

6. 가장 리더십 있게 행동한 사람은 누구이며, 어떻게 리더십을 발휘했습니까?

▪ **활동지 7: 조별 발표 내용 및 조별 평가지**

3학년 (   )반 (   )조 (   )

▶▶ **조 발표 내용 및 질의응답**(자신의 조 제외)

- (   ) 조:

- (   ) 조:

- (   ) 조:

- (   ) 조:

- (   ) 조:

▶▶ **평가 내용**(자신의 조 제외)

- 학습 목표와 관련된 정보를 다양하게 제시한 조는 어느 조인가? (   )조

- 학습 결과를 이해하기 쉽게 발표한 조는 어느 조인가? (   )조

- 합리적인 근거와 이유를 들어 의견을 제시한 조는 어느 조인가? (   )조

- 가장 적극적으로 참여한 조는 어느 조인가? (   )조

- 다른 조에 방해가 되지 않으면서 가장 열심히 학습한 조는 어느 조인가? (   )조

- 과제물의 형태가 창의적인 조는 어느 조인가? (   )조

4. 목표 기반 시나리오

목표 기반 시나리오(Goal-Based Scenario: GBS) 모형은 1980년대 후반 미
국 노스웨스턴 대학교(Northwestern University)의 과학학습기관(Institute for
the Learning Science)의 책임자인 쉥크(Schank)에 의해 처음으로 체계화되었
다. 목표 기반 시나리오 모형은 학습자가 목표 기반 시나리오상에 제시된 과
제에 따라 설정된 임무를 수행하면서 수행 능력을 습득하는 교수 설계 모형
이다. 학습자는 목표 기반 시나리오 모형을 적용한 학습 환경에서 임무 수행
을 위한 학습 활동과 다양한 학습 자원, 피드백 등을 제공받는다. 이 과정에
서 학습자는 선언적 지식과 절차적 지식을 자연스럽게 습득하게 된다.

목표 기반 시나리오 모형의 구성 요소는 학습 목표, 임무, 역할, 배경 이야
기, 시나리오 운영 활동, 학습 자원, 피드백 등이다(Schank, 1999). 이를 자세
히 살펴보면 다음과 같다. 목표 기반 시나리오에서 웹 기반 학습 환경의 학습
목표는 실제 임무와 관련된 것으로 설정하고, 임무는 학습자가 현장에서 수
행하는 실제 과제와 유사한 형태로 제시한다. 역할은 학습자들이 배경 이야
기 속에서 맡게 되는 인물로서 학습자가 실제로 맡게 되는 임무에 적합한 사
람으로 설정한다. 배경 이야기는 목표 달성을 위하여 학습자들이 수행하게
되는 임무와 역할 그리고 학습자들이 임무와 역할을 수행하게 되는 장면을
이야기 형식으로 설명한다. 시나리오 운영 활동은 학습자가 임무를 수행하
기 위하여 취하는 모든 활동으로, 학습자가 실제 임무 상황에서 수행하게 될
활동을 기반으로 제공된다. 학습 자원은 학습자가 임무를 수행할 때 필요한
각종 자료로서 교재, 인터넷 사이트, 논문, 비디오 클립 등 다양한 형태로 제
공된다. 마지막으로 피드백은 학습자가 학습을 진행하는 과정에서 겪게 되
는 어려움을 해결하기 위한 도움말과 학습자의 임무 수행 결과물에 대한 평
가 등이 있다.

캠벨과 몬슨(Campbell & Monson, 1994)은 목표 기반 시나리오 모형의 특

징을 다음과 같이 아홉 가지로 제시하였다.

- 학습자의 동기를 유발할 수 있는 최종 목표가 제시된다.
- 최종 목표는 핵심 기술과 지식으로 구조화된다.
- 학습 환경은 총체적인 맥락을 구성하고 있기 때문에 지식과 기술을 통합하여 습득할 수 있다.
- 경험, 문화적 배경, 흥미 및 동기 등에 대한 학습자들의 다양성을 인식하므로 이를 수용하고 긍정적으로 활용한다.
- 학습자는 이미 선정된 핵심 지식과 기술을 단지 습득하는 데서 그치는 것이 아니라 새로운 지식과 기술을 탐색하고 개발할 수 있다고 여긴다.
- 최종 목표의 달성을 위해서 학습자는 자유롭게 자신의 전략을 선택한다.
- 학습 과정에서 발생하는 긴장은 반영적 사고 및 학습 보조 자원에 의해 적절히 조절된다.
- 학습자들은 언제든지 필요하면 학습 자원을 활용할 수 있다.
- 학습 환경의 구성 요소에는 실제와 매우 유사한 과제, 팀 활동, 교육 내용과 교육 과정에 정통한 교수자, 시나리오 및 내용과 관련된 정보를 포함한 인쇄물 및 온라인 학습 지원 시스템이 있다.

여기서는 목표 기반 시나리오를 세컨드 라이프에서 활용한 예로, 중학교 2학년 기술/가정 '1. 의복 마련과 관리' 단원을 설정하였다. 학생들은 학습이 진행되는 과정에서 교육 과정이 요구하는 학습 목표를 자연스럽게 달성할 수 있게 되며, 세컨드 라이프를 활용할 수 있는 기초적인 기능도 쉽게 익힐 수 있게 된다.

1) 시나리오 안내

학생들이 학습에서 적극적인 참여자로 활동하기 위해서는 현장에서 주어지는 실제 과제와 유사한 과제와 역할이 부여되어야 하며, 흥미를 유발할 수 있는 정교한 시나리오가 필요하다. 다음 글은 앞의 단원을 지도하기 위한 시나리오의 한 예다.

전문 패션모델인 나(학습자 개인)는 의상 전문 패션 디자이너인 앙드레 박(교사)의 의상 패션쇼를 긴급하게 제안받았습니다. 이번 패션쇼는 기존의 패션쇼와는 달리 모델이 직접 마음에 드는 의상을 구해 와서 쇼를 하는 특별한 이벤트라고 합니다. 각 모델은 주어진 금액 한도 내에서 자신과 가장 잘 어울리는 의상을 브랜드와 종류에 제한 없이 구해 와서 패션쇼에 참여한다고 합니다.

이 역할을 성공적으로 수행하기 위해서 여러분은 세컨드 라이프 안에서 어떠한 활동을 수행해야 할까요? 성공적인 패션쇼가 되기를 바라며…….

학생들에게 이 시나리오를 제시하고 나서 어떤 활동 과정이 필요한지 생각하여 발표해 보게 할 수 있으며, 단계에 따라 다음의 활동을 하게 됨을 안내할 수 있다.

- 1단계: 세컨드 라이프에서 4명씩 자유롭게 모둠을 구성하고, 채팅창을 활용하여 자기소개를 한다.
- 2단계: 세컨드 라이프에서 의상을 구할 수 있는 곳을 찾는다.
- 3단계: 의상이 있는 장소로 이동한다.
- 4단계: 여러 구매 정보와 여건을 고려한 후 린든 달러를 이용하여 의상을 구매한다.
- 5단계: 의상을 착용하고 교실에 입장하여 패션쇼를 한다.

2) 관련 자료의 제공

목표 기반 시나리오 학습에서 학생들이 도움을 필요로 하는 경우에 목표 수행에 필요한 다양한 자료를 제공해 줄 수 있다. 본 시나리오에서 학생들이 겪을 수 있는 문제 상황을 수업 단계별로 선정하여 지원 자료를 준비한 예시는 다음과 같다.

(1) 세컨드 라이프에서의 친구 추가 및 채팅창 이용 방법

① 친구 추가

세컨드 라이프를 하다가 다른 사람과 친해지고 싶다면 해당 아바타에 마우스를 놓고 오른쪽 버튼을 클릭한 다음, 파이메뉴에서 '친구 추가'를 누른다. 또는 '통신' 탭을 눌러 친구의 이름을 검색하여 등록할 수도 있다. 친구 추가 요청을 상대방이 수락하면 친구 목록에 저장이 되고, 추가된 친구의 닉네임 및 정보는 아바타를 마우스 오른쪽 버튼으로 클릭한 후 파이메뉴에서 '친구…… 선택'을 통해 확인이 가능하다.

그림 6-11 파이메뉴를 이용한 친구 추가

그림 6-12 검색을 통한 친구 추가

② 친구 삭제

추가된 친구의 아바타를 삭제하려면 아바타를 마우스 오른쪽 버튼으로 클릭한 후, 파이메뉴에서 '친구…… 선택'을 통해 친구 목록에 들어간 뒤, 해당 아바타의 닉네임을 클릭하고 '제거'를 누르거나 '통신' 탭을 누른 후, 제거 버튼을 눌러 주면 된다.

그림 6-13 친구 삭제

③ 친구 관련 기타 항목

친구 목록 창을 통해서 해당 친구의 프로필을 확인하거나, 현재 자신과 같은 장소에 없는 친구에게 돈을 지불할 수도 있다. 닉네임을 더블클릭하거나, '메신저/전화' 버튼을 눌러 인스턴트 메시지를 보낼 수도 있다.

그림 6-14 친구의 프로필

그림 6-15 메신저/전화 신청

(2) 이동 기능 익히기

① 아바타의 이동

아바타를 전후좌우 방향으로 움직일 때는 키보드의 화살표 방향키나 W, S, A, D 키를 사용하면 된다. 3인칭 모드에서 좌우 혹은 A, D 키는 아바타의 좌우 회전을 담당한다. 좌측으로 걸어가고 싶으면, Shift 키를 누르고 좌, A 키를 누르면 된다.

② 점프, 비행, 쭈그리고 앉기

비행/비행 취소를 담당하는 키는 Home 혹은 F 키로, 토글(toggle) 방식이어서 누름으로써 비행을 실행하였다가 취소할 수 있다. 하지만 비행이 금지된 지역에서는 불가능하다. 비행 중 상승은 Page Up 혹은 E 키를, 하강은 Page Down 혹은 C 키를 누르면 된다. 오래 누를수록 상승/하강이 지속된다. 아바타의 점프는 Page Up 혹은 E 키를 한 번 누르면 이루어진다. Page Down 혹은 C 키를 누르면, 아바타가 반쯤 쭈그려 앉은 포즈를 취하며, 그 상태에서 아바타를 걷게 하면 까치발을 하고 걸어간다.

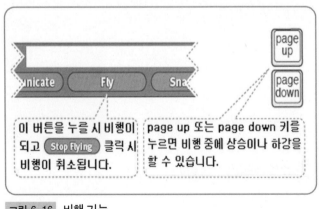

그림 6-16 비행 기능

③ 앉기/땅바닥에 앉기

의자 혹은 일반 객체에 앉으려면, 먼저 앉고자 하는 객체에 마우스 오른쪽 버튼을 클릭한다. 그때 클릭한 지점에서 파이 모양의 메뉴가 나오는데, 그중 'Sit Here' 혹은 '앉기'를 누르면, 아바타가 그 위에 앉게 된다. 객체가 없는 땅바닥에 앉으려면, 원하는 지점을 마우스 오른쪽 버튼으로 클릭하고, 파이 메뉴에서 '앉기'를 눌러 주면 된다.

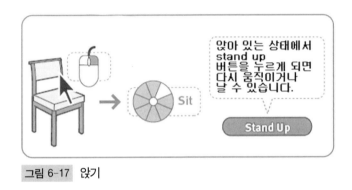

그림 6-17 앉기

④ 텔레포트

세컨드 라이프에서 사용자는 자신이 원하는 지역으로 순간 이동할 수 있는데, 이것이 텔레포트 기능이다. 사용자는 지도나 검색창을 통해 원하는 지역을 검색할 수 있고, 텔레포트를 누르면 그 지역으로 순간 이동하게 된다.

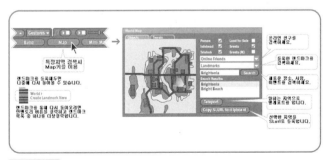

그림 6-18 지역 검색과 텔레포트

(3) 모자 및 옷의 구입 장소 검색 방법과 SL-URL 안내

세컨드 라이프에서 검색창에 자기가 원하는 단어(예: 'shop')를 입력하고 검색해서 나온 지역 중에 원하는 곳으로 텔레포트한다. 또는 가고자 하는 곳의 SL-URL을 인터넷 주소창에 입력하면 그 곳으로 갈 수 있다. 예를 들어, 다음의 SL-URL을 통해 모자를 구입할 수 있다.

- http://slurl.com/secondlife/Bruin/149/215/266
- http://slurl.com/secondlife/Tyta/14/55/101
- http://slurl.com/secondlife/Thraki/94/115/596
- http://slurl.com/secondlife/Jaguar%20Mountains/98/115/1002

(4) 린든 달러를 이용한 물건 구입 방법

세컨드 라이프에서 통용되는 전자 화폐로 린든 달러(Linden dollar: L$)가 있는데, 외국의 경우에는 역 환전(린든 달러를 실제 돈으로 바꾸는 것)도 가능하다. 현재(2010년 1월 19일 기준) 우리나라의 린든 달러 환율은 약 1,000원당 212L$다. 이 린든 달러를 가지고 아바타를 꾸미기 위한 옷, 액세서리 및 건물, 토지 등을 구매하거나 판매할 수 있다. 린든 달러로 물건을 구입할 때는 원하는 항목에서 마우스 오른쪽 버튼으로 클릭하고 '구매' 버튼을 누르면 된다. 세컨드 라이프에서는 오리엔테이션 섬, 헬프 섬을 통해 아이템을 제공해 주며, 메인 섬을 돌아다니면서 무료 아이템(freebie)을 획득할 수 있으므로 린든 달러가 없어도 아이템을 획득할 수 있다.

(5) 구입한 의상을 아바타에 입히는 방법

구입한 의상은 '내 목록'에 저장되는데, 세컨드 라이프 화면 하단의 '목록' 버튼을 클릭하고 '모든 아이템' 탭에서 'my inventory' 폴더나 'library' 폴더를 열면 소유하고 있는 여러 아이템들이 나온다. 그중 착용하고자 하는 아이템을 마우스로 아바타에 끌어오거나 마우스 오른쪽 버튼을 클릭한 후

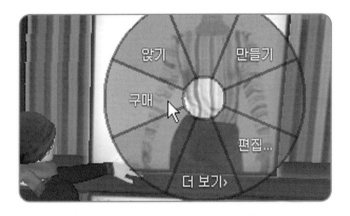

그림 6-19 세컨드 라이프에서 무료 아이템 획득하기

'착용'을 누르면 새로운 의상이 적용된다. 의상 착용을 원하지 않으면 착용한 아이템에 대고 마우스 오른쪽 버튼을 클릭하면 나오는 파이메뉴에서 '벗기'를 선택하면 된다.

(6) 패션쇼 공간 교실 SL-URL 안내

세컨드 라이프의 한국교원대학교 교육공학 전공 강의실에 마련한 패션쇼 공간 교실은 학생들의 관심과 흥미를 유발하고 참여를 이끌어 낸다. 학생들은 모둠별 패션쇼 프로젝트 활동을 통해 검색 및 가상공간의 다양한 기능을

그림 6-20 의상의 착용과 분리

활용해 봄으로써 익힐 수 있다. 또한 패션쇼 공간 교실에서 학생들은 자신의 취향에 맞는 의상을 구매·착용함으로써 자신을 자유롭게 표현할 수 있다 (http://slurl.com/secondlife/Korean%20EduIsland/214/135/26).

3) 목표 기반 시나리오 학습 과정 소개 및 활동

1차시에서는 패션쇼에 참가하는 학생들에게 패션쇼 동영상이 삽입된 파워포인트 자료를 이용하여 시나리오를 설명하고 평가 기준을 안내한다. 시나리오의 목표와 평가 기준을 이해한 학생들은 이를 해결하기 위해 어떠한 과정을 거쳐야 하는지 모둠별로 토의하게 된다. 토의 결과에 따라 학생들은 각 단계에서 요구하는 목표를 수행하게 되며, 이 과정에서 어려움이 발생할 경우, 학생들은 단계별로 마련된 교사의 학습자료를 제공받아 문제를 해결할 수 있게 된다. 예를 들어, 원하는 장소를 찾아 이동하는 방법을 알려 주었으나, 의상을 구입할 수 있는 곳을 찾지 못하는 모둠의 경우, 교사가 미리 준비한 몇몇 사이트를 알려 줄 수 있다. 최종적으로 학생들은 가상현실공간의 교실에서 자신이 구해 온 의상을 착용하고 모둠별로 패션쇼를 한 후, 의상을 구입할 때 고려한 점, 의상의 특징과 출처 등을 발표하게 된다.

▪ 1차시 교수-학습 과정안

학년	중등 2학년	교과	기술/가정	교과서	33~38	차시	11/26
단원명	1. 의복 마련과 관리						

본시 지도 목표	• 시나리오의 목표와 활동을 말할 수 있다. • 세컨드 라이프에서 모둠을 구성하고, 자기소개를 할 수 있다. • 의복을 판매하는 곳을 찾아갈 수 있다.		장소
			컴퓨터실

학습 단계		학습 방법	교수-학습 활동		학습자료 및 유의 사항
			교수자	학습자	
도입	시나리오 안내	전체학습	• 시나리오를 들려주고 앞으로의 학습 계획과 방법을 안내한다. • 평가 기준과 발표 시 유의 사항에 대해 설명한다.	• 시나리오의 목표와 활동 과정, 평가 기준을 이해한다.	• 시나리오 파워포인트 자료 (도입자료, 패션쇼 영상, 평가 기준)
전개	목표 이해 및 해결 방법 찾기	협동학습	• 시나리오를 잘 이해했는지 파악할 수 있는 '목표 이해 및 학습 계획표'를 작성해 보게 한다.	• 주어진 목표를 달성하기 위한 학습 계획표를 작성하며 학습할 문제와 해결 방법을 공유한다.	• 목표 이해 및 학습 계획표
	역할 수행 하기	협동학습	• 세컨드 라이프에 접속하여 친구를 추가하고 자기소개를 하도록 한다.	• 친구를 추가하고, 채팅창을 이용해 자기소개를 한다.	• 도움자료 1 (세컨드 라이프에서 친구 추가 및 채팅창 이용 방법)
			• 의복을 판매하는 곳을 찾아가 보도록 한다. • 발견한 장소에 관한 정보를 모둠 간에 공유하여 협력할 수 있도록 안내한다.	• 지도 장소 검색 기능을 이용하여 의복 판매처를 찾아가 랜드마크를 만든다. • 자신의 아바타가 위치한 곳으로 친구를 불러들여 장소를 공유할 수 있도록 한다.	• 도움자료 2 (이동 및 장소 검색 기능 안내 지침서)

■ 2차시 교수-학습 과정안

학 년	중등 2학년	교 과	기술/가정	교과서	33~38	차 시	12/26
단원명	1. 의복 마련과 관리						

본시 지도 목표	• 전자화폐를 이용하여 의상을 구매할 수 있다. • 자신의 아바타에 의복을 착용할 수 있다. • 패션쇼를 준비하여 발표할 수 있다.		장 소
			컴퓨터실

학습 단계		학습 방법	교수-학습 활동		학습자료 및 유의 사항
			교수자	학습자	
전 개	역할 수행 하기	개별 학습	• 패션쇼에 필요한 의복을 구입하여 착용해 보도록 한다.	• 주어진 전자화폐의 범위에서 원하는 의복을 구입하여 착용한 후, 아바타의 모습을 확인한다.	• 도움자료 3 (전자화폐를 이용한 물건 구입, 의복 착용 방법)
		협동 학습	• 패션쇼장에 모여 패션쇼 리허설을 하게 한다.	• 모둠별로 이동, 제스처 등의 동작을 연습하여 패션쇼를 준비한다.	
	목표 해결	협동 학습	• 모둠별로 2분간 패션쇼를 할 수 있도록 하고, 의복의 특징과 활동 시 고려한 점에 대해 발표하도록 한다. • 발표한 내용을 종합적으로 정리해 준다.	• 모둠별로 준비한 패션쇼를 발표한다. • 다른 조의 발표를 보고 의문 사항에 대해 질문한다.	• 도움자료 4 (발표 내용 및 질의응답 학습지)
	평 가	개별 및 협동 학습	• 평가지를 나누어 주고 개인 및 모둠 평가를 실시한다.	• 자신 및 모둠 구성원, 다른 모둠에 대한 평가를 실시한다.	• 도움자료 5 (개인 및 모둠 평가지)
정 리		전체 학습	• 가상현실공간에서 역할을 수행하며 누릴 수 있었던 특징을 발표하도록 한다.	• 학습 단원 정리 및 마무리를 한다.	

목표 기반 시나리오 활동지

▪ 활동지 1: 목표 이해 및 학습 계획표

2학년 (   )반 (   )

▶▶ 알고 있던 내용

▶▶ 알게 된 내용

1. 여러분에게 어떠한 상황이 주어졌나요?

• 상 황:

• 학습 목표:

2. 제시된 목표를 해결하기 위해 여러분은 어떠한 활동을 해야 할까요?

3. 해결하기 어려운 상황에 처했을 때, 어떠한 해결책이 있을까요?

▶▶ 알아야 할 내용

'활동지 1'은 파워포인트 및 동영상 자료를 통해 시나리오를 안내받은 학생들이 시나리오의 목표와 활동 과정, 평가 기준을 확인하기 위해 사용하는 활동지다. 이러한 학습 기회는 학습자와 관련성 있는 실제적인 학습 문제를 해결하는 출발점이 된다.

▪ **활동지 2: 개인 저널**

2학년 ( )반 (   )

▶▶ **이번 수업을 마치고 난 여러분의 생각을 자세히 적어 보세요.**

1. 이번 시간의 공부를 통해 새롭게 알게 된 것은 무엇인가요?

2. 이 과제를 끝낸 후 개인적으로 더 공부해 보고 싶은 내용이 있다면 무엇인가요?

3. 이 과제를 해결하는 데 어려웠거나 문제점은 무엇이었나요?

4. 이 과제를 해결하는 데 유익했거나 장려할 점은 무엇이었나요?

5. 이 수업의 공부 방법에 대한 생각이나 느낌을 자유롭게 적어 보세요.

▶▶ **토의 내용**

학생들은 기대했던 성취 수준을 성찰해 보고, 실패의 경험과 그것을 설명하는 과정을 통해 학습 목표를 자연스럽게 달성할 수 있다. '활동지 2'는 수행 과정을 반성하고 자신의 생각과 느낌을 정리하게 해 준다.

• **활동지 3: 자기 학습 평가지**

2학년 (   )반 (   )

1. 목표 기반 시나리오 학습의 학습 방법과 평가 방법을 정확히 알고 수업에 임하였다.
   ① 매우 아니다 ② 아니다 ③ 그저 그렇다 ④ 그렇다 ⑤ 매우 그렇다

2. 목표 해결을 위한 아이디어를 제시하는 데 적극 참여하였다.
   ① 매우 아니다 ② 아니다 ③ 그저 그렇다 ④ 그렇다 ⑤ 매우 그렇다

3. 모둠별로 활동할 때 내가 맡은 역할에 최선을 다하였다.
   ① 매우 아니다 ② 아니다 ③ 그저 그렇다 ④ 그렇다 ⑤ 매우 그렇다

4. 개별 과제 해결을 위해 스스로 관련 자료를 찾고 적극적으로 공부하였다.
   ① 매우 아니다 ② 아니다 ③ 그저 그렇다 ④ 그렇다 ⑤ 매우 그렇다

5. 토의 활동을 할 때 끼어들지 않고 다른 사람의 의견을 경청하였다.
   ① 매우 아니다 ② 아니다 ③ 그저 그렇다 ④ 그렇다 ⑤ 매우 그렇다

6. 목표 해결을 위한 과정에서 조원들과 잘 협동하였다.
   ① 매우 아니다 ② 아니다 ③ 그저 그렇다 ④ 그렇다 ⑤ 매우 그렇다

7. 기존의 수업보다 목표 기반 시나리오 학습에 더욱 열심히 참여하였다.
   ① 매우 아니다 ② 아니다 ③ 그저 그렇다 ④ 그렇다 ⑤ 매우 그렇다

8. 모둠원 간의 협동학습을 통해 더 많은 것을 알게 되었다.
   ① 매우 아니다 ② 아니다 ③ 그저 그렇다 ④ 그렇다 ⑤ 매우 그렇다

9. 본인의 의견이 모둠에 도움이 되었다.
   ① 매우 아니다 ② 아니다 ③ 그저 그렇다 ④ 그렇다 ⑤ 매우 그렇다

10. 모둠원의 목표 해결 과정에서 자신의 역할은 무엇이었나요?

11. 자신이 그 역할을 맡게 된 이유는 무엇인가요?

12. 본인이 자신에게 활동 점수를 준다면 100점 만점에 몇 점을 주고 싶나요?

▪ **활동지 4: 모둠원 간 평가지**

2학년 (   )반 (   )

▶▶ **다음 항목에 가장 알맞은 모둠원의 이름을 적어 보세요.**

1. 목표 해결을 위해 가장 다양한 아이디어를 제시한 사람은 누구입니까?

2. 모둠별로 활동할 때 가장 적극적으로 참여한 사람은 누구입니까?

3. 개별 과제를 가장 성실하게 잘한 사람은 누구입니까?

4. 다른 사람의 의견을 존중하면서 경청한 사람은 누구입니까?

5. 합리적인 근거와 이유를 들어 의견을 제시하고 판단한 사람은 누구입니까?

6. 가장 리더십 있게 행동한 사람은 누구이며, 어떻게 리더십을 발휘했습니까?

▪ **활동지 5: 모둠 발표 내용 및 모둠별 평가지**

2학년 (　)반 (　　　)

▶▶ **모둠 발표 내용 및 질의응답(자신의 모둠 제외)**

• (　) 모둠:

• (　) 모둠:

• (　) 모둠:

• (　) 모둠:

• (　) 모둠:

▶▶ **평가 내용(자신의 모둠 제외)**

• 학습 목표와 관련된 정보를 다양하게 제시한 모둠은 어느 모둠인가
요? (　)모둠

• 학습 결과를 이해하기 쉽게 발표한 모둠은 어느 모둠인가요? (　)모둠

• 합리적인 근거와 이유를 들어 의견을 제시한 모둠은 어느 모둠인가
요? (　)모둠

• 가장 적극적으로 참여한 모둠은 어느 모둠인가요? (　)모둠

• 다른 모둠에 방해가 되지 않으면서 가장 열심히 학습한 모둠은 어
느 모둠인가요? (　)모둠

• 과제물의 형태가 창의적인 모둠은 어느 모둠인가요? (　)모둠

'활동지 3'부터 '활동지 5'는 목표 기반 시나리오 학습 활동을 마치고 나서 자기 평가, 동료 평가, 모둠 평가를 통해 실제적 맥락에서의 문제를 해결할 수 있는 능력을 기를 수 있도록 해 준다.

5. 인지적 도제 이론

인지적 도제 이론은 기존 교수 설계에서 경시되었던, 현실과 유사한 상황에서의 학습, 실제적 과제 수행 경험, 교사와 학생의 밀접한 상호작용, 토론을 통한 역동적 학습 등을 중시한다. 이는 교수 설계 방법의 새로운 방향을 제시하며, 차세대 교수 설계의 실체를 반영하고자 하는 최근의 연구 동향과 그 맥을 같이한다.

이전에는 교수와 학습이 도제 방법을 통하여 수행되었다. 아동들은 말하고, 곡식을 기르고, 장식품을 만들고, 옷을 만드는 어른들의 모습을 보고 도우면서 배웠다. 도제 방법은 그림, 조각, 의학, 법률 분야에서 전문가가 되기 위해 필요한 지식을 전수받기 위한 방법이었다. 오늘날 도제 방법은 아동들의 언어학습을 제외하고는 대부분 학교교육으로 대체되었다. 전형적인 교실 수업의 틀에 대한 대안으로 제시되는 것이 학교교육의 요소가 통합된 옛날의 도제 방법으로 돌아가자는 것이다. 이것을 '인지적 도제(cognitive apprenticeship)'라 한다(Collins et al., 1989). 전통적 도제에서 전문가는 도제에게 일하는 방법을 보여 주고, 도제는 그 일이 수행되는 것을 지켜보고 난 뒤 점점 더 일에 대한 책임감을 갖게 되어 결국 독립적으로 일을 완수할 수 있게 된다. 도제 방법에서의 기본 아이디어는 도제가 일하는 방법을 보고 그 일을 돕는 과정에서 학습이 된다는 것이다(Collins et al., 1991). 인지적 도제 방법은 이러한 전통적 방법을 현대사회에서 요구되는 교수 방법의 형태로 적용·변화시킨 것이다. 즉, 도제 방법의 장점을 살려 현실과 괴리되지 않은 실제 상황에서 전문가의 과제 수행 과정을 관찰하고, 실제로 과제를 수행하는 가운데 자신의 지식 상태의 변화를 경험할 수 있도록 하는 것이다. 단, 눈에 보이는 외형적 지식 또는 기능의 전수를 도모했던 전통적 도제 방법과는 달리 인지적 도제 방법은 과제 관련 지식 습득과 함께 사고력, 문제해결력과 같은 고차적 인지 기능의 성장을 도모할 수 있는 교수 방법이다(조미헌, 이용학, 1994).

인지적 도제학습 환경을 조성하기 위한 교수 방법은 크게 세 단계로 나뉜다. 첫 번째 단계는 모델링(modeling), 코칭(coaching), 스캐폴딩(scaffolding)으로 인지적 도제의 핵심이다. 이 단계는 관찰 과정과 안내된 실제 연습을 통해 학생들이 통합된 기술을 익힐 수 있도록 설계한다. 두 번째 단계는 명료화(articulation), 반영적 사고(reflective thinking)로 학생들이 전문가의 문제해결에 관찰의 초점을 맞추고, 그들 자신의 문제해결 전략에 대한 인식을 얻을 수 있도록 돕는 것이다. 마지막 단계는 탐구(exploration)로, 전문가의 문제해결 과정뿐만 아니라 해결할 문제를 규정하고 공식화하는 학습자의 자발성을 고취시키는 것을 목적으로 한다(Wilson & Cole, 1991).

모델링이란 다양한 실제 상황에서 전문가가 직접 과제를 수행하고, 초보자가 그 수행 과정을 관찰할 수 있는 기회를 제공하는 것을 말한다. 관찰을 통하여 초보자는 관련 지식과 전략의 활용에 대한 이해의 기반을 형성한다. 이러한 기반은 전문가의 코칭 과정에서 학생의 실제 과제 수행 과정을 안내한다. 코칭은 초보자가 과제를 직접 수행하며 다른 초보자들과 협동적으로 학습해 나가는 과정에서 필요에 따라 전문가의 도움을 받을 수 있는 기회를 제공한다. 실제 과제 수행은 전문가 모델링 과정의 관찰을 통해서는 알 수 없었던 과제의 주요한 측면에 주의를 기울일 수 있게 한다. 이러한 코칭 과정에서 과제 수행을 보조하기 위하여 스캐폴딩이 제공된다. 스캐폴딩은 초보자가 학습한 지식과 기능을 활용할 수 있도록 하는 구체적인 도움을 의미한다. 스캐폴딩은 도움이 반드시 필요한 경우에만 제공되고, 초보자가 과제 수행에 익숙해짐에 따라 점차적으로 감소되어 더 이상 필요가 없는 경우에는 제공되지 않는다. 스캐폴딩은 가능한 한 학습자의 근접발달영역 내에서 이루어지는 것이 바람직하다. 명료화는 학습자들이 그들의 지식, 추론, 문제해결

과정을 명료하게 설명하도록 하는 과정이다. 자신의 행동에 대해 생각하고 결정과 전략에 대한 이유를 말로 표현함으로써 지식을 보다 명료하게 할 수 있다. 명료화는 동료와의 협동학습을 통해 더욱 활발하게 일어날 수 있다. 반영적 사고는 학습자가 자신의 과제 수행 과정을 돌아보고 자신의 수행을 분석하는 과정이다. 자신의 문제해결 과정을 전문가나 다른 학습자 그리고 궁극적으로 특정 영역에 대한 자신의 인지적 전문 지식과 비교·분석하도록 하여 과제 수행 영역에 대한 자신의 이해와 추론을 반영적으로 심사숙고하도록 하는 것을 말한다. 자신의 수행을 반영하는 데는 모방, 재현, 선별적 재현, 공간적 구체화의 네 가지 과정을 활용할 수 있다(Collins, 1991). 마지막으로 탐구는 학생들이 문제해결 방법을 찾고, 학습하는 것을 말한다. 학생들이 흥미를 가지고 해결할 수 있는 질문이나 문제의 틀을 잡는 방법을 학습하고자 한다면 탐구하는 것이 중요하다.

인지적 도제 이론을 세컨드 라이프에서 활용한 예로, 초등학교 3학년 사회과 수업 '그림지도로 나타내기'를 설정하였다. 학생들에게 현실 세계와 유사한 가상현실공간을 제시하고, 그곳을 그림지도로 나타내는 활동을 한다. 이 과정에서 학생들은 모델링, 코칭, 스캐폴딩, 명료화, 반영적 사고, 탐구 단계를 거치면서 학습하게 된다.

1) 드림시티 안내

드림시티(Dream City)는 버스 정류장, 소방서, 경찰서, 공장, 주유소 등 우리가 생활하는 곳에서 흔히 볼 수 있는 전형적인 도시의 모습을 나타내고 있는 곳이다. 넓은 도로와 구획별로 나뉘어 있는 구조는 공간을 인지하여 그림지도를 그리기에 적당하다. 초등학교 3학년 사회 교과에 나오는 '그림지도 그리기' 단원과 관련하여, 드림시티는 실제로 복잡한 도시의 모습을 구조화하여 제공함으로써 초등학생들의 공간인지 능력을 길러 주는 데 적합하다.

'그림지도 그리기'는 학습자들의 공간인지 능력 향상을 목표로 하는데, 실

그림 6-21 드림시티와 미니지도

출처: http://slurl.com/secondlife/Maroon%20Coast/27/26/34

제로 공간인지 능력을 길러 주기 위해서는 현장학습이 필요하나 지금의 교육 여건은 그렇지 못한 실정이다. 그뿐만 아니라, 고층 건물들로 둘러싸여 있는 도시 지역은 공간 조망이 어려워 공간의 구조를 제대로 인지하기가 어렵다. 그런데 세컨드 라이프의 '카메라 제어' 기능을 통해 주변 건물들을 상하좌우 시점에서 관측할 수 있고, '미니지도' 기능을 통해 자신의 위치와 방향을 파악할 수 있다. 또한 소방서나 경찰서 등 드림시티 안의 건물들은 우리 생활 주변에서 쉽게 볼 수 있는 것들이라 초등학교 3학년 수준에서 기호화하기 쉬울 것이다. 지역의 공간적 특성에 따라 그림지도를 그리는 방법이 달라져야 하는데, 교과서에서는 지역별 차이에 따른 그림지도 그리기가 차별화되어 구성되어 있지 않다. 그러나 드림시티에서는 그러한 문제를 해소할 수 있다. 농어촌 지역이나 도시 지역의 차이 없이 같은 교과서 내용을 배운 학생들은 똑같은 공간 속에서 똑같은 지형을 보며 함께 그림지도를 그릴 수 있다. 그뿐만 아니라, 드림시티는 주변에서 흔히 볼 수 있는 도시의 모습을 그대로 구현해 놓은 곳으로 가상현실공간에 들어가 그림지도를 그리는 학습자들이 현실공간과 가상공간 사이에서 느끼는 괴리감을 줄일 수 있다. 오히려 컴퓨터를 자유자재로 다룰 수 있는 사이버 세대에게는 가상현실공간에서의 '그림지도 그리기'가 더욱 재미있고 흥미로운 학습이 될 것이다.

2) 인지적 도제학습의 과정

인지적 도제학습의 과정은 모델링, 코칭 및 스캐폴딩, 명료화, 반영적 사고, 탐구의 과정을 거친다. 첫 번째, 모델링 단계에서 교사는 학생들에게 가상현실공간을 그림지도로 나타내는 시범을 보인다. 캡처한 가상현실공간을 먼저 제시하고 이것을 그림지도로 나타내는 방법을 그림지도 그리기 순서에 따라 하나씩 제시한다. 이 과정을 통해 학생들은 활동할 내용을 인지하고 그림지도 그리기 활동 과정을 모델링하게 된다.

두 번째, 코칭 및 스캐폴딩 단계에서 처음에는 가상현실공간에서 그림지도를 그리는 순서나 세컨드 라이프에서 그림지도 그리기에 필요한 기능(방위 찾는 법, 비행하기 등)을 전체 학생에게 안내한 후, 모둠별로 가상현실공간을 탐색하게 한 뒤 그 과정에서 생기는 의문점에 대해 교사의 지원을 받게 한다. 이 과정에서 학생 전체가 알아야 할 내용은 전체 학생을 주목시켜 안내하고, 그렇지 않은 경우에는 모둠별 또는 개별적으로 안내한다. 학생들이 전반적인 가상현실공간에서 그림지도를 그리는 방법을 알게 되면 교사의 학습 지원을 멈추고 다음 단계를 진행한다.

세 번째, 명료화 단계에서 학생은 교사의 시범을 토대로 하여 모둠별로 나뉜 가상현실공간을 그림지도로 나타낸다. 교사가 제시한 가상현실공간을 총 네 곳(동, 서, 남, 북)으로 나누어 각 모둠이 한 곳씩을 맡아 그림지도로 나타낸다. 모둠의 학생들은 각자 맡은 구역을 탐색하면서 각 구역의 건물을 어떻게 표현할지 의논하고 이를 직접 그림지도에 나타낸다. 교사는 학생들의 활동을 관찰하면서, 수행에 어려움을 겪는 학생들을 도와준다.

네 번째, 반영적 사고 단계에서는 각 모둠에서 완성한 그림지도를 칠판에 붙이고 모둠원이 그림지도 제작 과정에 대해 설명한다. 모둠원이 완성한 그림지도에 대해 설명하는 동시에 교사는 학생이 그림지도에 대해 설명하는 대로 아바타를 이용해 가상현실공간에서 움직여 본다. 이 과정을 통해 모둠 활동이 제대로 이루어졌는지 판단하고, 잘된 점은 칭찬하고, 잘못된 점은 즉시 찾아 수정한다. 또한 활동 내용에 대해 학생들이 생각하거나 느낀 점을 발표해 보도록 하고, 그림지도를 왜 그리는지, 그림지도를 효과적으로 그리는 방법은 무엇인지에 대해 정리해 본다. 수업이 끝난 후, 모둠별로 완성한 그림지도를 모두 합쳐 교실 뒤의 게시판에 게시하여 학생들이 지속적으로 관찰하게 한다.

　다섯 번째, 탐구 단계에서는 교사가 다음 차시에 학습한 과제를 제시하여 학습한 내용을 바탕으로 학생들이 더욱 흥미를 갖고 탐구하도록 한다. 예를 들어, 다음 차시 학습 목표가 '우리 고장을 그림지도로 나타내기'이면, 이 수업을 하기 위해 집을 기준으로 가까운 곳(공원, 학원, 친구 집 등)을 그림지도로 그려 오는 과제를 제시한다.

▪ 세컨드 라이프를 활용한 수업 지도안

단 원	초등 3-1-1(2) 그림지도로 나타내기	학습 주제(차시)	교과서	장소	시 간	대 상	수업자
		그림지도 그리기 (8/9)	사회책 14~15	컴퓨터실	80´	3학년	○○○
학습 목표	• 그림지도를 그리는 순서와 방법을 이해할 수 있다. • 제시된 가상현실공간을 그림지도로 그릴 수 있다.			수업 모형	인지적 도제 수업 모형		
수업 전략	학습 집단	개별 활동 → 모둠 활동 → 전체 활동					
	학습 활동	• 자기 집 주변 설명하기 • 그림지도 그리기(가상현실공간) • 완성된 그림지도 발표하기					
	자료 활용	인터넷이 가능한 컴퓨터, 세컨드 라이프, 자석, 모둠별 학습지, 색연필, 사인펜					
학습 준비 단계	• 학습 분위기 조성: 세컨드 라이프 가입, 학습자 역할 지도, 모둠 편성 • 사전 학습: 세컨드 라이프 프로그램 기능 익히기, 집 주소 알아 오기, 집 주변의 주요 건물 살펴보기, 생활 주변의 그림지도 활용 사례 찾아오기						
세컨드 라이프 URL	• http://slurl.com/secondlife/Funky%20Town/49/135/22 • http://slurl.com/secondlife/Maroon%20Coast/24/51/34						

학습 과정		교수-학습 활동	시간	자료 및 유의점
수업 준비	동기 유발	■ 학습 동기 유발하기 • 그림지도에서 표시하고 있는 곳은 어디인가요? 　– 전학 간 송영이가 살고 있는 곳 같습니다. 　– 선생님이 살고 있는 계신 집인 것 같습니다. • 그림지도에서 가장 눈에 띄는 건물은 어디인가요? 　– 광주대학교입니다. 　– 백악관 웨딩홀입니다. • 여러분도 N 포털 지도검색 사이트를 사용해 살고 있는 집을 찾아 보세요. • 주변에 눈에 띄는 건물을 중심으로 자신의 집 위치를 짝에게 소개 해 보세요.	8′	자 N 포털 지도 검색 (광주광역시 남구 송하동) 유 검색 사이트를 컴퓨터 바탕화면 작업표시줄에 탭으로 미리 설정해 놓기 유 전체 1회 낭독
	전시 학습	■ 전시학습 상기하기 • 이전 시간에 무엇에 대해 학습했는지 말해 볼까요? 　– 그림지도를 그리는 순서와 방법에 대해 알아보았습니다.		
	학습 문제	■ 학습 문제 파악하기 • 동기 유발과 전시학습 내용을 보아 이번 시간에는 무엇을 공부할 것 같나요? 　– 컴퓨터를 활용하여 그림지도를 그릴 것 같습니다. 　– 컴퓨터를 활용하여 자기 집 주변을 그릴 것 같습니다. ■ 학습 문제 제시 • 세컨드 라이프의 가상현실공간을 그림지도로 그려 봅시다.		
모델링	시범 보이기	■ 그림지도 그리기 과정 시범 보이기 • (세컨드 라이프 장면을 보여 주며) 선생님이 보여 주고 있는 이곳 을 우리는 흔히 어떤 공간이라고 말하죠? 　– 가상현실공간이라고 합니다. • (그림지도 제시) 그래요. 그럼, 이 그림자료는 무엇인가요? 　– 가상현실공간을 그림지도로 나타낸 것입니다. 　– 가상현실공간에서의 주요 건물을 중심으로 그림지도를 그린 것 입니다. • 이번 시간에는 다음 사회 시간에 학습할 마을 주변을 그림지도로 그리기 위한 사전 학습으로 실제 공간과 비슷한 가상공간에서 그 림지도를 그려 볼 거예요. • 그럼, 선생님이 세컨드 라이프를 통해 가상현실공간을 탐험하고 그림지도를 나타내는 과정을 소개할 테니까 잘 보세요.	15′	자 세컨드 라이프 사이트(http://slurl.com/seco-ndlife/Funky%20Town/49/135/22) 자 그림지도(가상현실공간을 그린 그림지도)

코칭 및 스캐 폴딩		- 세컨드 라이프에 접속하여 미니지도 창 띄우기 - 방위를 정하고 전체 모습 그리기 - 도로를 중심으로 주요 건물과 하천 그리기 - 눈에 잘 띄는 건물을 기호로 정해서 그리기 - 땅의 쓰임새에 따라 색칠하기 • 지난 시간 학습한 내용 중 그림지도를 그릴 때 가장 먼저 해야 할 일이 무엇이라고 했나요? 　- 그림지도에 방위를 표시하는 것입니다. • 세컨드 라이프 안에서 어떻게 방위를 확인할 수 있나요? 　- 미니지도 창을 띄워서 확인할 수 있습니다. • 그림 우리가 그림지도로 그릴 부분을 한눈에 알아보기 위해서는 어떠한 방법을 사용할 수 있다고 했나요? 　- 주변의 높은 산이나 건물을 이용하면 됩니다. • 우리가 탐험할 가상현실공간을 한눈에 볼 수 있는 방법은 없을까요? 　- 세컨드 라이프의 '비행' 기능을 활용하면 됩니다. 　- 가능한 한 많은 것을 볼 수 있도록 장면을 축소하면 됩니다. • 그럼 우리가 그림지도로 나타낼 곳인, 세컨드 라이프 속 드림시티로 이동하겠습니다. 선생님이 여러분을 그곳으로 이동시켜 줄 테니 잠시만 기다려 주세요. • (순간 이동 후) 이곳 드림시티는 소도시로서 도로가 잘 정비되어 있고 버스 정류장, 소방서, 경찰서 등 실생활에서 쉽게 볼 수 있는 건물도 많아요. 지금부터 주변을 탐색해 보고, 그림지도 진행 과정에서 더 알아야 할 점에는 어떠한 것들이 있는지 자세히 살펴보세요. 궁금한 점이 있으면 손을 들어 선생님의 도움을 받으세요. 　- 드림시티를 자유롭게 탐색하고, 궁금한 점을 묻는다.		유 세컨드 라이프 안에서 프레젠테이션을 활용하여 그림지도 그리기 과정을 모델링함 자 프레젠테이션(세컨드 라이프와 그림지도를 동시에 비교할 수 있는 자료, 세컨드 라이프에 탑재) 유 그림지도를 쉽게 그리는 방법에 대한 안내 및 코칭
명료화	모둠 활동	■ 그림지도 그리기 • (순간 이동으로 학생을 한곳에 모은 후) 여러분이 탐색 과정에서 이런저런 다양한 질문을 했는데, 혹시 더 궁금한 점이 있나요? 그럼 여러분의 아바타가 현재 위치하고 있는 법원 건물을 기준으로 하여 모둠별 탐험 방향을 결정할게요. 모둠장은 나와서 카드를 뽑아 주세요. 　- (　)모둠-동, (　)모둠-서, (　)모둠-남, (　)모둠-북 • 탐험 방향이 결정되었으면 모둠원끼리 각자의 역할을 토의하고, 활동을 시작해 주세요. 　- 그림지도를 그리는 과정을 생각하며 각자의 역할을 수행한다. 　- 모둠원끼리 협력하여 그림지도를 완성한다.	40′	자 세컨드 라이프 사이트(http://slurl.com/secondlife/Maroon%20Coast/24/51/34) 자 뽑기 카드(동서남북 선택용) 유 학습지(기본 골격이 그려진 백지도)

		– 활동이 끝난 모둠은 발표자를 뽑고 발표 준비를 한다. • 활동이 끝난 모둠은 동서남북 표시가 있는 칠판에 모둠 활동지를 해당 위치에 붙여 주세요. – 모둠별로 그림지도를 해당 공간에 자석을 이용하여 붙인다.		유 자석(모둠별 그림지도 부착용)
반영적 사고	발표 및 평가	■ 발표하고 생각 나누기 • 그럼 지금부터 모둠원끼리 힘을 모아 완성한 그림지도를 소개해 볼까요? 어떤 모둠이 먼저 발표해 볼까요? 선생님은 여러분이 설명하는 가상현실공간에 대해 아바타를 활용해 이동 과정을 보여 줄게요. • 모둠별 발표 내용을 듣고, 느낀 점을 말해 볼까요? – ○○모둠은 실제 공간을 그림 기호로 잘 표현해 그림지도만 있어도 원하는 곳을 쉽게 찾아가겠다는 생각이 들었습니다. – ○○모둠은 그림지도상의 지형이나 건물에 실제 공간과 비슷한 색을 활용하여 대상물의 구분이 매우 뚜렷합니다. • 오늘 우리가 학습한 내용은 무엇인가요? – 세컨드 라이프의 가상현실공간을 그림지도로 나타내 보았습니다. – 그림지도를 그리는 순서와 방법을 가상현실공간을 통해 배웠습니다. • 오늘 수업을 통해 느낀 점이나 새롭게 알게 된 점을 발표해 볼까요? – 그림지도를 그릴 때 그 순서를 맞게 그리는 것이 중요하다는 것을 알게 됐습니다. – 현실처럼 꾸며진 가상공간을 활용해 그림지도를 그리는 것이 신기했고 그리는 방법을 익히는 데도 많은 도움이 되었습니다. – 차량용 내비게이션의 음성을 통해 그림지도를 그려 보는 것도 재미있을 것 같습니다.	15′	유 구현 과정을 통해 잘된 점은 칭찬하고 잘못된 점은 즉시 수정함 유 학생 발표와 교사 시연의 조화를 고려한 설계 (한쪽에만 집중하지 않게 함) 유 자유로운 생각을 발표할 수 있도록 허용적 분위기 조성하기 유 가상현실공간을 활용해 그림지도를 그려 본 느낌을 말하도록 유도하기
탐구	차시 학습 예고 및 과제 제시	■ 탐구 활동을 위한 과제 제시 • 오늘 우리는 가상현실공간이라는 특별한 곳을 그림지도로 그려 보았습니다. 이러한 활동은 앞에서도 설명했듯이 실제 장면에서 그림지도를 잘 그리기 위한 연습입니다. 그래서 선생님이 여러분에게 오늘 공부한 내용을 다시 생각해 볼 수 있는 과제를 내주겠습니다. 여러분이 살고 있는 집 주변에서 자주 가는 곳(공원, 학원, 친구 집 등)을 그림지도로 그려 오세요. • 다음 시간에는 모둠별로 마을 주변을 그림지도로 그려 보는 다양한 활동을 하겠습니다.	2′	유 이동하는 길을 중심으로 주변의 주요 건물들을 간단하게 그려 오기 유 교과서 16~17쪽 읽어 오기

■ 인지적 도제학습 활동지

■ 활동지 1: 가상현실공간의 백지도- 학생용

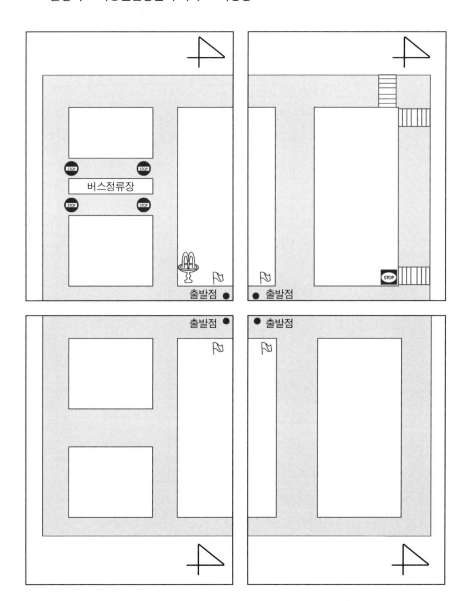

■ **활동지 2: 가상현실공간의 백지도 – 교사용**

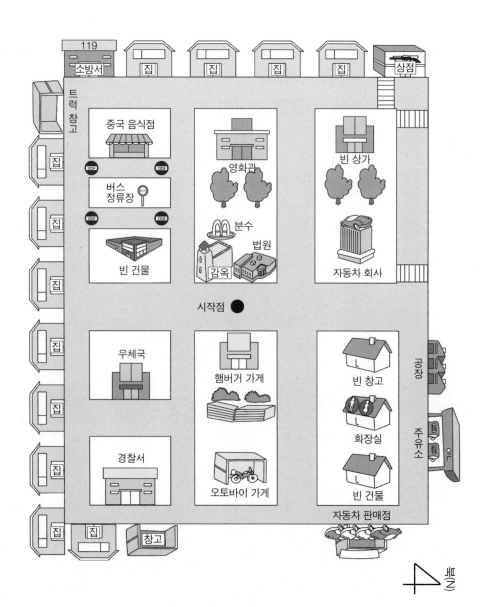

학생들이 세컨드 라이프의 '드림시티' 공간을 직접 탐색하여 주어진 백지도에 건물들을 기호화하여 '드림시티' 그림지도를 완성하면 된다. 학생들에게 배부될 지도에는 전체적인 길의 모습과 주요 건물, 시작점이 표시되어 있다.

교사용 백지도는 '드림시티'의 건물들을 모두 표시한 것으로, 이 지도를 보고 학생들이 제대로 활동하는지 확인할 수 있다. 모둠 활동이 끝난 후, 전체 지도가 모였을 때 학생들이 완성한 지도와 비교할 수 있다.

자기 학습 평가지는 반성적 활동 단계에서 이용된다. 그림지도 그리기 활동이 끝나고 모둠 발표 후 자신의 활동에 대해 평가한다. 학습 방법과 학습 내용에 대한 이해, 모둠 참여도 등 다양한 부분에 대한 평가를 할 수 있다.

자기 활동 반성지는 학습이 끝나고 나서 이번 수업에 대한 자신의 생각을 자유롭게 정리하는 데 사용된다. 이들 문항에 대한 학생들의 응답을 토대로 교사는 다음 차시 학습 활동을 계획하는 데 참고할 수 있다.

▪ **활동지 3: 자기 학습 평가지**

3학년 (   )반 (   )모둠 (   )

1. 학습 방법과 평가 내용을 정확히 알고 수업에 임하였다.
   ① 매우 아니다 ② 아니다 ③ 그저 그렇다 ④ 그렇다 ⑤ 매우 그렇다

2. 그림지도를 그리기 전 교사의 시범이 학습 활동에 도움이 되었다.
   ① 매우 아니다 ② 아니다 ③ 그저 그렇다 ④ 그렇다 ⑤ 매우 그렇다

3. 교사의 시범이나 학습 활동 중 궁금한 점을 다양한 방법으로 해결하였다.
   ① 매우 아니다 ② 아니다 ③ 그저 그렇다 ④ 그렇다 ⑤ 매우 그렇다

4. 세컨드 라이프의 공간을 학습자료로 이용하는 것이 흥미로웠다.
   ① 매우 아니다 ② 아니다 ③ 그저 그렇다 ④ 그렇다 ⑤ 매우 그렇다

5. 모둠별로 활동할 때 내가 맡은 역할에 최선을 다하였다.
   ① 매우 아니다 ② 아니다 ③ 그저 그렇다 ④ 그렇다 ⑤ 매우 그렇다

6. 학습 활동을 수행하는 과정에서 모둠원들과 잘 협동하였다.
   ① 매우 아니다 ② 아니다 ③ 그저 그렇다 ④ 그렇다 ⑤ 매우 그렇다

7. 모둠원 간의 협동학습을 통해 더 많은 것을 알게 되었다.
   ① 매우 아니다 ② 아니다 ③ 그저 그렇다 ④ 그렇다 ⑤ 매우 그렇다

8. 기존의 수업보다 본 수업에 더욱 열심히 참여하였다.
   ① 매우 아니다 ② 아니다 ③ 그저 그렇다 ④ 그렇다 ⑤ 매우 그렇다

9. 학습 활동이 끝난 후, 모둠 활동을 반성할 때 잘한 점과 잘못한 점을
   파악할 수 있었다.
   ① 매우 아니다 ② 아니다 ③ 그저 그렇다 ④ 그렇다 ⑤ 매우 그렇다

10. 2차시 학습 후에, 우리 고장을 탐색하려는 마음이 생겼다.
    ① 매우 아니다 ② 아니다 ③ 그저 그렇다 ④ 그렇다 ⑤ 매우 그렇다

11. 본인이 자신에게 활동 점수를 준다면 100점 만점에 몇 점을 주고 싶나요?

■ 활동지 4: 자기 활동 반성지

3학년 ( )반 ( )모둠 (   )

▶▶ **이번 수업을 마치고 난 여러분의 생각을 자세히 적어 보세요.**

1. 이번 시간의 공부를 통해 새롭게 알게 된 것은 무엇인가요?

2. 가상현실공간과 실제 우리 고장의 모습에는 어떠한 차이점이 있나요?

3. 가상현실공간을 그림지도로 나타내기 위해 어떠한 방법을 사용했나
   요?

4. 이 학습 활동을 해결하는 데 어려웠거나 문제점은 무엇이었나요?

5. 이 학습 활동을 해결하는 데 유익했거나 장려할 점은 무엇이었나요?

6. 이 수업의 공부 방법에 대한 생각이나 느낌을 자유롭게 적어 보세요.

6. 맺는말

향후 보다 다양한 형식의 수업이 가능한 교실 및 수업의 장이 개발될 필요가 있으며, 다양한 수업 실습 방법에 대한 연구와 가상현실공간에서의 수업 실습 효과에 대한 연구가 계속되어야 한다. 나아가 가상현실공간에서의 아바타를 통한 활동은 학습자로 하여금 현실에서 제한적인 행동과 현실을 넘어서는 활동을 가능하게 하기에, 향후 세컨드 라이프에서의 학습자의 심리적·사회적 특성에 대한 연구는 가상현실공간을 활용한 교수-학습의 잠재적 가능성을 밝혀 줄 것이라 믿는다.

가상현실공간의 특수성과 수업 실습의 특성을 고려한 가상현실공간에서의 수업 실습은 다양한 수업 이론과 수업 상황에 대한 설정이 가능하여 실제 교실 상황과의 간격을 좁혀 주므로 예비 교사 양성 과정에 활용할 수 있는 가능성이 크다. 그러나 가상현실공간에서의 교수-학습에 대한 연구는 가상현실공간이 학습자로 하여금 현실에서 제한적이거나 현실과는 다른 행동들을 가능하게 하기에 학습자의 심리적·사회적 특성에 대한 연구와 병행하여야 한다. 또한 주의해야 할 것은, 가상현실공간에서의 이러한 수업 실습이 전통적인 예비 교사의 교육 방법이나 현장 경험의 대체로서 인식되어서는 안 된다는 것이다. 가상현실공간에서의 수업 실습이 매력적으로 보이는 것은 그것의 상대적인 안전성과 기존의 방법을 보완해 줄 수 있으리라는 기대 때문이다. 그러므로 가상현실공간에서의 수업 실습은 현장 경험 준비에 활용할 수 있는 보조 수단으로 인식되어야 한다.

또한 가상현실공간은 구성주의가 강조하는 학습자 중심의 학습 환경으로 활용할 수 있다. 현실 세계를 구현한 가상현실공간은 학습자에게 마치 실제와 같은 경험을 제공하며, 학습자 스스로 맥락에 기초한 지식을 구성해 나가는 학습의 장이 될 수 있다. 따라서 이러한 장점을 바탕으로 연구되어야 할 분야는 다양하며, 교수-학습에 초점을 맞춘 콘텐츠의 개발과 수업 활동에 활용할 수 있는 다양한 모형 개발이 여기에 포함될 수 있을 것이다.

 참고문헌

강인애(1997). 왜 구성주의인가. 서울: 문음사.

김윤희(2000). 구성주의에 기초한 인지적 도제학습의 효과 분석. 고려대학교 대학원 박사학위논문.

김종문(1998). 구성주의 교육학. 서울: 교육과학사.

문제안(1983). 제2언어교육을 위한 교실구조에 관한 연구: 한국인 학생의 일본어교실을 중심으로. 교육연구, 2, 61-99.

백영균(2006). 게임기반학습의 이해와 적용. 서울: 교육과학사.

신현정 역(2002). 역동적 기억: 학습과 교육에 주는 함의. 서울: 시그마프레스.

이명순(2007). GBS(Goal-Based Scenario)에 의한 생태와 환경 수업 사례. 환경교육, 20(3), 31-44.

장정아(2005). 온라인 문제기반학습 설계모형 개발 연구. 서울대학교 대학원 박사학위논문.

정동욱(2010). 가상현실공간에서의 수업 실습이 예비 교사의 교수 효능감에 미치는 영향. 한국교원대학교 대학원 박사학위논문.

조규락, 조영환, 김미경, 성봉식(2004). Goal-Based scenario 모형을 적용한 웹기반 교육용 콘텐츠의 설계 및 개발 연구. 한국컴퓨터교육학회 논문지, 7(5), 9-21.

조미헌, 이용학(1994). 인지적 도제 방법을 반영한 교수설계의 기본 방향. 교육공학연구, 9(1), 147-161.

Alessi, S. M., & Trollip, S. R. (2001). *Multimedia for learning: Methods and development* (3rd ed.). MA: Allyn & Bacon.

Barrows, H. (1994). *Practice-based learning: Practice-based learning applied to medical education.* Springfield, II: Southern Illinois University School of Medicine.

Boud, D., & Feletti, G. (1991). *The challenge of problem-based learning.* London: Kogan. A superb collection.

Cambell, R., & Monson, D. (1994). Building a goal-based scenario learning environment. *Educational Technology, 34*(9), 9-14.

Collins, A. (1991). Cognitive apprenticeship and instructional technology. In L.

Idol & B. F. Jones (Eds.), *Educational values and cognitive instruction: Implications for reform.* Hillsdale, NJ: Lawrence Erlbaum Associates.

Collins, A. Brown, J. S., & Holum, A. (1991). Cognitive apprenticeship: Making thinking visible. *American Educator: The Professional Journal of the American Federation of Teachers, 15*(3), 6–46.

Collins, A., Brown, J. S., & Newman, S. E. (1989). Cognitive apprenticeship: Teaching the craft of reading, writing and mathematics. In L. B. Resnick (Ed.), *Knowing, learning and instruction: Essays in honor of Robert Glaser.* Hillsdale, NJ: Erlbaum.

Duffy, T., & Savery, J. (1994). Problem-based learning: An introductional media and its constructivist framework. *Educational Technology, 34*(7), 1–16.

Robbins, S., & Bell, M. (2008). *Second life for dummies.* Hoboken, NJ: Wiley Publishing, Inc.

Schank, R. C. (1999). Dynamic memory revisited. Cambidge University Press.

Wilson, B., & Cole, P. (1991). Cognitive apprenticeships: An instructional design review. *Proceedings of selected research presentations at the annual convention of the association for educational communications and technology.* IR 015 132. (ERIC Document Reproduction Service No. ED 335 022)

Woolfolk, A., & Spero, R. B. (2005). Changes in teacher efficacy during the early years of teaching: A comparison of four measures. *Teaching and Teacher Education, 21*(4), 343–356.

〈참고 사이트〉

http://slurl.com/secondlife/Genome/118/144/54
http://slurl.com/secondlife/Bruin/149/215/266
http://slurl.com/secondlife/Tyta/14/55/101
http://slurl.com/secondlife/Thraki/94/115/596
http://slurl.com/secondlife/Jaguar%20Mountains/98/115/1002
http://slurl.com/secondlife/Korean%20EduIsland/214/135/26
http://slurl.com/secondlife/Maroon%20Coast/27/26/34

제7장

가상현실공간에서의 학습공간 구축

1. 시작하는 말

　창의적인 학습을 촉진하기 위해 학습자의 적극적인 참여를 유도하고 경험 학습의 기회를 제공하는 것은 우리가 학습 상황에서 추구해야 할 주요 아이디어라 할 수 있다. 지금의 학습 세대를 '디지털 원주민' 또는 '게임 세대' 라 부를 만큼 학습자들에게 이제 체험 중심의 에듀테인먼트적인 학습 환경은 선택이 아니라 필수가 되었다. 이들 세대는 체험과 놀이를 위주로 한 매우 여유로운 활동 시간을 즐기면서도 복잡한 사고 및 전략을 활용하여 학습을 한다. 따라서 세컨드 라이프와 같은 가상현실공간에서 학습공간을 구축하는 것은 3차원 공간 및 게임공간을 활용한다는 측면에서 현 시대에 적합한 학습 환경 및 방법이라 할 수 있다. 나아가 이러한 학습공간의 구축은 학습자들에게 보다 깊이 이해하고, 공감대를 형성할 수 있는 기회를 제공한다.

　이 장에서는 세컨드 라이프에서의 가상영어모험(Virtual English Adventure) 개발의 필요성 및 목적을 살펴보고, 가상영어모험의 설계와 개발 과정에 투입된 학습 촉진 전략을 살펴봄으로써 그로 인해 기대되는 학습 효과를 예측해 볼 것이다. 또한 가상현실공간의 교육적 활용을 위한 앞으로의 도전 과제를 제시하고 그 발전 가능성을 모색해 보고자 한다.

그림 7-1 가상영어모험 영어마을

2. 가상영어모험의 개관

1) 가상영어모험 개발의 필요성 및 목적

가상현실공간에서의 교육은 웹을 기반으로 하는 이러닝을 확장하는 것 이상의 의미를 갖는다. 삼차원 가상현실공간은 자기의 분신인 아바타가 활동하는 공간으로 학습자가 직접 체험할 수 있는 공간이자 경험학습의 아이디어가 가장 적절하게 구현될 수 있는 공간이다.

여러 학자들은 이미 가상현실공간이 학습자 중심의 교육을 가장 잘 구현할 수 있음을 주장하였다. 이에 따라 학습자들이 학습 상황에서 능동적, 협동적, 구성적으로 그리고 의도적, 목적적으로 나아가게 하는 가상공간에서의 학습을 단지 학문적인 연구 대상으로만 바라보는 것이 아니라, 실제적으로 그 학습을 교육에 활용할 수 있도록 다양하고 적절한 방법을 모색하고 있다.

학습자 중심의 학습에서 학습자들은 자신들의 경험을 토대로 자신들에게 의미 있는 것을 자기주도적으로 이해하고 학습해 나감으로써 새로운 생각을 습득해 간다. 따라서 학습자 중심의 학습을 적절히 지원해 줄 수 있는 체험 중심의 가상현실공간에서 학습자들은 지식을 능동적으로 구성하고 그러한 과정을 거치면서 실제적 상황 속에서 반영적 사고를 할 수 있게 된다. 이러한 가상현실공간의 학습 환경에서는 주어진 지식을 단순히 습득하는 것이 아니라, 스스로 역할을 수행하고 시나리오를 만들어 가는 주도적인 학습자를 발견할 수 있을 것이다. 나아가 가상현실공간에 제공되는 게임과 시뮬레이션을 통해서 학습자들은 재미를 느끼고 배우는 일에 몰입하게 될 것이며, 그 속에서 무엇인가를 해석하고, 발견하며, 평가하고, 궁극적으로 문제를 해결하는 방법을 터득하게 될 것으로 기대된다.

특히, 교육용 소프트웨어 개발이 활발한 영어 교육 분야에서는 오프라인

그림 7-2   가상영어모험 영어마을 게임 미션 수행 장면

에서의 영어마을뿐만 아니라, 온라인에서 활용 가능한 에듀테인먼트 콘텐츠가 다수 개발되어 있다. 그러나 대부분 영어 단어나 문장, 문법 등의 내용 요소를 단순히 확인하거나 반복 학습하는 형태의 수준을 넘지 못하고 있으며, 모국어 학습과 같은 자연스러운 학습 상황을 지원하지 못하고 있는 실정이다. 이것은 결국 언어 학습에서 필요한 총체적이고 종합적인 학습자의 요구와 특성을 만족시킬 수 있는 콘텐츠가 미비함을 의미한다.

따라서 유비쿼터스 학습 환경이라는 시대적 요구와 게임 세대인 학습자의

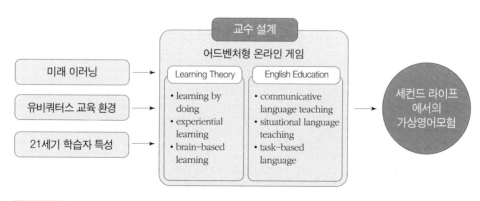

그림 7-3   가상영어모험의 이론적 배경

요구를 충족시킬 수 있는 적절한 학습 환경과 방법으로서 세컨드 라이프와 같은 가상현실공간에서의 학습공간의 구축은 학습자들을 보다 깊이 이해하고, 공감대를 형성할 수 있는 시도라고 확신한다.

이러한 필요성에 따라 세컨드 라이프에서의 가상영어모험의 개발 목적은 다음과 같다. 첫째, 단순한 학습의 차원을 넘어선 실제적 상황 속에서 자기 주도적으로 이끌어 나가는, 살아 있는 영어 학습을 위한 접근성과 높은 몰입감의 체험학습 공간을 제공한다. 둘째, 학습자들이 앉은 자리에서도 영어권 국가의 실제적 맥락 및 어학연수와 대등하게 높은 실제성(reality)을 지닌 영어 체험 프로그램을 판타지 요소가 매우 높은 가상현실공간에서 접할 수 있도록 한다. 셋째, 모국어 학습처럼 자연스러운 상황에서 의사소통 중심의 학습 기회를 제공하는 활동을 구성하고, 어드벤처형 온라인 게임과 같은 가상현실 환경 속에 의미 있게 융합됨으로써 재미와 교육을 동시에 제공할 수 있는 영어 학습 환경을 개발한다.

학습자는 세컨드 라이프의 가상영어모험의 체험학습을 통해 삼차원의 가상현실공간이 감각적으로 풍부한 경험을 할 수 있는 공간이라는 점과 실제적인 상황 속에서 경험을 통해 학습할 수 있는 훌륭한 장소라는 점을 알게 될 것이다. 또한 시뮬레이션과 게임 그리고 역할 수행을 근거로 한 개별학습뿐만 아니라 협력 및 공동 학습까지 용이함을 깨닫게 될 것이다.

가상현실공간에서의 체험학습이 학습자들의 학습 경험을 풍부하게 해 주고, 학습자들의 창의성과 인지적 활동을 지원해 줄 것임을 거듭 강조하며, 그러한 교육 방법의 하나로 탄생한 세컨드 라이프의 가상영어모험에서 학습자들의 꿈이 무한히 펼쳐지기를 기대한다.

2) 가상영어모험의 소개

'가상영어모험'은 세컨드 라이프에 구축된 영어 학습을 할 수 있는 학습 환경으로, 세컨드 라이프에서 섬 이름은 Korean TeenIsland이며 주소는

그림 7-4 가상영어모험의 전경

233,159,32이다. 웹(http://slurl.com/secondlife/Korean%20TeenIsland/233/159/33)에서도 접근할 수 있으나 세컨드 라이프에 가입해 계정을 소유하고 있어야 한다.

가상영어모험에의 참여를 통하여 학습자가 도달하기를 기대하는 목표는 다음과 같다. 첫째, 실제성 높은 상황 중심의 가상 세계 속에서 체험을 통해 의사소통에 필요한 영어 표현을 학습할 수 있다. 둘째, 어드벤처형 온라인 게임과 같은 가상학습공간에서의 몰입을 통해 자기주도적으로 영어 학습을 할 수 있다. 셋째, 동시적·비동시적 상호작용을 통해 다양한 의사소통 상황에서 영어를 활용하여 문제를 해결할 수 있다.

3) 가상영어모험의 특징

가상영어모험의 설계 및 개발에서 가장 중요한 것은 그 자체만으로도 몰입이 높은 가상현실공간인 세컨드 라이프 안에서 학습자의 학습에 대한 몰입감을 높이고 유지할 수 있는 환경 구성이다. 따라서 세컨드 라이프라는 가상현실공간이 갖는 특성을 적절히 반영하면서 이미 가상현실의 외적인 측면에 충분히 몰입된 학습자들을 학습 내용에 내적으로 몰입될 수 있도록 지원하는 학습 환경 설계에 초점을 두었다.

가상영어모험의 핵심 특성은 다음과 같다.

- 삼차원 다중 사용자를 위한 가상현실 환경으로 구성되어 있다.
- 학습 내용이 실제성을 기반으로 한 환상적 어드벤처 환경 속에서 지원된다.
- 학습자들이 탐험하면서 도전해야 할 임무를 중심으로 학습 내용이 제공된다.
- 실제적 맥락 속에서의 서사구조(narrative)에 의해 가상영어모험을 이루고 있는 각각의 상황과 임무가 연결되고, 이러한 연결성이 환상 세계에서의 영어 학습을 실제 영어 학습으로 연결하는 다리 역할을 한다.
- 동시적 상호작용을 통한 학습뿐만 아니라 비동시적 상호작용을 통한 학습이 가능하다.
- 가상영어모험의 모든 요소들은 학습자가 스스로 탐험하고 도전하여 행동할 수 있는 높은 행위 유발성을 갖고 있으며, 또한 학습을 촉진시키는 역할을 한다.
- 개인이 투영된 아바타에 의한 가상현실에서의 사회적 의사소통 및 상호작용에 의한 사회적 네트워킹과 협력이 학습에 큰 영향을 미친다.

세컨드 라이프에서의 가상영어모험은 21세기 디지털 원주민이라 불리는 학습 세대에게 적응력이 높은 학습 환경을 제공할 수 있고, 미래 이러닝과 유비쿼터스 교육 환경을 만들어 가는 대표적인 환경이라고 할 수 있다.

또한 가상영어모험은 성인이 아닌 학생 계정으로 들어가야 하는 청소년 그리드(teen-grid)에서 개발되었기 때문에 학생이 성인의 세계에서 학습 외의 방해 요소로 접할 수 있는 부정적인 측면을 최소화하면서 학습에 더욱 몰입할 수 있는 환경을 제공해 준다는 장점이 있다.

3. 가상영어모험의 설계

1) 가상영어모험의 프레임워크

　[그림 7-5]와 같이 현재 개발된 가상영어모험의 과정은 오리엔테이션 랜드에서부터 홈스테이 장소인 외국인 친구의 집에 도착하기 전까지의 다섯 스테이지로 구성된다. 각 스테이지는 첫 출발점인 오리엔테이션 랜드를 제외하고 외국 친구의 초대에 의해 미국 로스앤젤레스에 가는 실제적인 서사구조 속에서 상황별로 나뉘어 있으며, 레벨에 따라 각 상황 속에서 필수 임무와

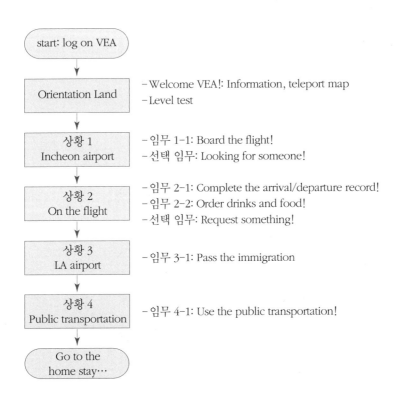

그림 7-5　가상영어모험 전체 프레임워크

선택 임무에 대한 도전 가능 여부가 구분된다.

2) 가상영어모험의 개발 절차

(1) 기 획

가상영어모험의 기획 과정을 학습 대상자와 학습 내용 측면에서 살펴보면 다음과 같다. 가상영어모험 학습 대상자의 분석 및 결정은 실제적인 의사소통 중심의 영어 학습이 필요한 초등학생부터 중학생까지의 학습자를 대상으로 하였으며, 따라서 학생들에게만 접근이 허용되는 세컨드 라이프의 청소년 그리드를 학습 환경으로 설정하였다. 가상영어모험의 학습 내용 분석 및 결정은 교육 과정 분석을 기반으로 의사소통 중심의 실용적인 영어 표현을 선정하고, 이러한 내용을 적절히 학습할 수 있는 상황 속 주제 및 목표를 설정하였다.

(2) 설 계

설계 단계는 시나리오, 물리적 환경, 상황별 등장인물, 상호작용을 위한 학습 콘텐츠, 비실시간 상호작용을 위한 학습 콘텐츠 설계로 나누어 살펴보고자 한다. 첫째, 시나리오는 전체 시나리오와 장소별 시나리오로 구분되는데, 전체 시나리오는 등장인물(튜터, 학생), 지역, 배경, 스토리 라인, 각 상황에서의 주요 임무, 레벨과 보상체계를 중심으로 작성하였고, 장소별 시나리오는 각 상황의 구조, 튜터와 학생의 상호작용, 해결해야 할 임무, 성취 여부 판정 방법 등을 고려하여 작성하였다. 둘째, 물리적 환경 설계는 전체 및 상황별로 필요한 환경 구조나 지원되어야 할 객체 등을 고려하였다. 셋째, 상황별 등장인물은 아바타 역할의 특징과 생김새 및 각 캐릭터에 적합한 활동 도구 그리고 캐릭터별 활동 상황을 고려하였다. 넷째, 상호작용을 위한 학습 콘텐츠는 전체 학습용 콘텐츠 구조로 설계하되, 학습자와 튜터 간의 실시간 대화(dialogue)와 유용한 표현 등이 담긴 파워노트(Power Note) 등으로 구성하였다. 다섯째, 비실시간 상호작용을 위한 학습 콘텐츠는 실시간 튜터 없이도 학습자와 콘텐츠 간 상호작용을 통해 학습이 가능한 구조 및 내용으로 설계하였는데, NPC(Non Player Character), 학습 내용과 음성을 담은 허드(Head-Up Display: HUD), 참고자료, 이러닝 패널, 게임 등으로 다양하게 구성하였다.

(3) 설계 전략

이 세컨드 라이프에서의 가상영어모험은 다음과 같은 개발 방향을 세웠다.

첫째, 실제 의사소통 중심의 맥락 제공 및 상황별 체험 활동 중심의 서사구조를 구성한다. 학습자 중심의 학습 환경, 즉 개인만의 경험에 따라 이후의 활동이 전개되는 학습이 될 수 있도록 체험 중심 및 상황 중심의 학습 환경을 구성한다. 특히, 상황별 체험이 전체 가상영어모험에서 학습자가 경험하고 이끌어 나가는 스토리 라인에 직접적으로 연결되도록 한다. 또한 전체 서사구조에 의해 의사소통 중심 체험 활동이 각각 서로 연결되지만, 그러한 구조 속에서도 학습자 개개인마다 모험을 통해 다양한 스토리를 만들어 낼 수 있는 학습자 중심의 서사구조를 구성한다.

둘째, 필수 임무와 선택 임무로 구성된 비선형적 모험의 구조를 통하여 흥미와 도전감을 고취한다. 각 상황에서 해결해야 할 임무를 필수 임무와 선택 임무로 나누어 학습자의 레벨에 따라 도전 가능한 임무와 그렇지 못한 임무를 구분한다. 가상영어모험에서의 임무는 학습자가 의미 있는 영어 체험학습 활동을 할 수 있도록 기회를 제공해 주는 중요한 매개물이며, 학습자가 다양한 상황에 참여하여 가상영어모험 세계 전체와 소통할 수 있는 관계를 형성하게 한다. 따라서 가상영어모험에서의 임무는 영어 학습을 할 수 있도록 지원하는 학습 도구(tool)의 의미를 넘어서, 판타지적 요소를 갖고 있는 가상현실 세계에서의 활동을 실제 세계에서의 효과적인 영어 학습과 연결해 주는 비계(scaffolds) 역할을 하도록 한다. 또한 비선형적 모험의 구조로 선택 임무 해결의 성취와 함께 수준별 학습을 가능하게 하며, 도전 가능 여부에서 주어지는 경쟁 심리까지 자극할 수 있도록 한다.

셋째, 임무와 보상의 유기적 체계를 통한 학습에의 내재적 동기를 강화한다. 각 임무마다 보상을 주고, 전체 임무를 수행한 결과로 쌓인 능력값에 따라 궁극적으로 휴양지에 갈 수 있는 티켓을 구입하여 여행을 떠날 수 있도록 하는, 체계적으로 조직된 임무와 보상체계가 전체 서사구조와 활동을 이끄는 구조가 되도록 설계한다. 이때 능력값을 3단계로 하고, 그 단계를 모두 달성하였을 경우 역할 바꾸기도 가능하도록(학생이 아니라 교사의 역할을 할 수 있도록, 즉 임무 수행자가 아니라 튜터의 역할을 하도록) 한다. 성공카드를 통한 능력값 누적, 아이템, 객체, 린든 달러 등 다양한 요소가 복합된 보상을 체계적으로 제공할 수 있으며, 특히 능력값은 범위에 따라 레벨을 설정하는 기준이 된다. 이러한 학습과 보상의 유기적 체계는 단순히 아이템을 얻고 느낄 수 있는 외재적 동기를 학습에 대한 흥미와 도전 의식을 일으키는 내재적 동기로 전환하는 매개 역할을 할 수 있다.

넷째, 모든 요소는 높은 행위 유발성과 학습 촉진에 초점을 둔다. 자기주도적 학습 환경을 위해 세컨드 라이프에서 기본적으로 지원되는 객체 외에 가상영어모험의 요소로 개발된 모든 객체들이 전체 서사구조 안에서 연결될 수 있도록 한다. 더불어 모든 요소는 암시적으로 교수 설계 의도를 포함하는 높은 행위 유발성을 염두하여 설계한다. 또한 학생들이 탐험을 하면서 실제적인 영어 학습이 될 수 있도록 관련된 맥락을 제공하고, 이러한 상황 내에서 실시간으로 학습자를 도와주고 촉진하는 역할을 튜터와 보조 튜터에게 부여한다. 더불어 학습자가 임무 해결에 참고할 수 있는 대화와 유용한 표현이 담긴 노트카드 형태의 파워노트, 실시간 접속하여 도움을 주는 튜터가 없이도 상황 속 표현을 읽고, 듣고, 연습할 수 있도록 지원하는 임무별 허드 등의 보조학습 콘텐츠를 마련하는 등 다양한 학습 촉진 요소들을 개발한다. 동시에 이러한 요소들이 다양한 학습 흐름에서도 높은 접근성과 행위 유발성을 갖고 학습자가 주도적으로 적용할 수 있도록 설계한다.

다섯째, 개별학습과 협력학습, 동시적 학습과 비동시적 학습이 모두 가능한 학습 환경을 제공한다. 개별적 임무 해결 과정과 협력적 임무 해결 과정에

서 얻는 보상체계 사이에 차별을 두어 학습자들 간의 협력 활동을 지원하도
록 한다. 임무의 종류 또한 개별적으로 도전할 수 있는 임무뿐만 아니라 협력
적 도전이 필수적인 임무를 마련한다. 또한 실제 튜터가 아니어도 학습자와
의 상호작용으로 임무 해결을 유도하고 임무 수행 여부를 판별할 수 있는 봇
(Bot)과 NPC 그리고 학습 내용을 예습·복습할 수 있는 이러닝 콘텐츠 등으
로 튜터와 동시에 접속하여 도움을 받지 않아도 학습자가 다양한 비동시적
콘텐츠와 상호작용하여 정해진 큰 서사구조 안에서 자신만의 이야기를 구성
해 나갈 수 있는 학습 환경을 제공한다.

여섯째, 다양한 상호작용과 협력을 통한 사회적 네트워킹을 형성할 수 있
는 환경을 조성한다. 가상현실공간의 특징 중 한 공간에 다양한 문화의 다국
적 사람들이 모일 수 있는 점과 채팅, 메시지 전달, 음성 상호작용 등 장점을
최대한 활용하여 다양한 학습자들이 아바타를 통해 다른 학습자, 교사, 콘텐
츠와 상호작용하면서 소통하고 협력하여 사회적 네트워킹을 이룸으로써 학
습에서의 협력적인 집단 지성을 이룰 수 있는 공간이 되도록 지원한다.

일곱째, 미니 게임, 객체 제작 등을 통하여 풍부한 재미와 흥미 요소를 지
원한다. 세컨드 라이프에서 기존에 지원해 주던 아바타 꾸미기, 텔레포트,
비행 등의 기본적인 재미 요소와 어드벤처형 온라인 게임과 같은 학습 환경
지원을 통한 환경적 측면에서 제공되는 재미에 더하여 학습 내용을 곳곳에
서 게임으로 즐길 수 있게 하는 미니 게임, 객체 제작 활동, 아이템 매매 활
동 등을 통해 몰입감을 고조시킬 수 있는 학습 활동 및 도구를 제공한다.

3) 가상영어모험의 상황별 활동 설계

다음의 그림은 상황별 학습 진행 과정을 순서도로 나타낸 설계안이다. 각
상황에서 향후 필수 임무와 선택 임무를 추가할 수 있는 활용성을 염두에 두
고 설계하였으며, 전체 서사구조에 의해 각 상황이 연결되지만, 각 상황은
독립된 활동과 임무로 제시될 수 있도록 하였다.

(1) 오리엔테이션 랜드

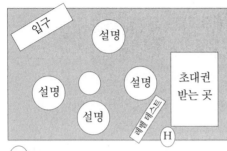

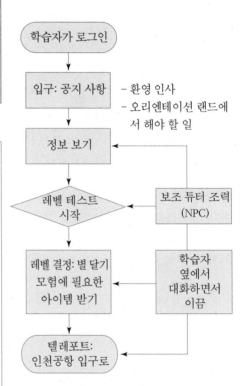

H 헬퍼

장면
1. 입구에 큰 대문
   - edu KNUE Magic English Villige(가칭 1)
   - edu KNUE WISE(가칭 2)
2. 영어마을에 대한 설명 패널.
3. 레벨 테스트하는 곳에서 레벨 테스트 받기
   - 초급 선택: 빨간 티셔츠
     (필수 임무-머리 상자 색깔과 같게)
   - 중급 선택: 초록 티셔츠
     (머리 선택 임무 상자 색깔과 같게)
   - 고급 선택: 노란 티셔츠
4. 초대권 받는 곳
   - 헬퍼가 옆에 있기
   - 초대권 객체가 놓여 있음
   - 객체를 클릭하면 영어마을에 대해 간단한
     질문을 한 후(데모에서는 질문 없이 초대
     권을 바로 보이기) 초대권이 학습자에게
     노트카드로 감
5. 노트카드를 클릭하면 목록에 추가되며 자동
   텔레포트

그림 7-6 오리엔테이션 랜드 활동 설계도

표 7-1	오리엔테이션 랜드 활동 내용	
구 분	내 용	보상체계 및 임무 해결 보조 아이템

오리엔
테이션
랜드
	정보 센터
	• 텔레포트 맵을 통해 가상영어모험 전체를 이해한다.
	• 가상영어모험에서 어떤 활동을 할 수 있는지 알아본다.
	
	레벨 테스트
	• 스스로 할 수 있는 자가진단 레벨 테스트를 통해 자신의 레벨을 확인하고, 레벨에 따른 별 계급을 머리에 단다.
	• 레벨 테스트를 끝내면 자신의 레벨을 나타내는 별 계급 외에 가상영어모험에서 영어모험에 필요한 물건(여권, 가방, 비행기 e-티켓)을 얻게 된다.
	• 레벨 테스트 이후 인천공항으로 텔레포트하여 본격적인 활동을 하게 된다.
		• 레벨 테스트
		• 레벨에 따른 별 계급
		  – beginner: 동별
		  – Intermediate: 은별
		  – Advanced: 금별
		• 공통으로 받는 물건: 여권, 가방, e-티켓

(2) 인천국제공항

표 7-2	상황 1-인천국제공항에서의 임무 활동 내용	
구 분	임무 내용	보상체계
상황 1: 인천국제 공항	임무 1-1: Board the flight! • Welcome! Here is Incheon International Airport. • Board the United Airline flight bound for LA! 필수 임무: LA행 비행기를 타는 것 비행기를 타기 위해 총 3단계(티케팅, 보안검색대, 출국심사대)를 거친다.	• 필수 임무 보상: 성공 티켓 1장 (5점) • 아이템: pet, cape • 선택 임무 보상: 성공 티켓 1장 (5점) 20린든 달러

선택 임무: Look for him!	• 협동 활동 보상:
• He is tall, He's got brown eyes and a shaved head. • He's growing beard. • 주어진 세 가지 단서를 보고, 공항에 있는 사람 중에서 해당되는 사람을 찾는다. 임무 해결 보조 아이템 • Power Note: 임무 해결에 유용한 표현 • Dialogue HUD: 임무 해결에 필요한 대화 내용 • Notice: 임무 내용 확인 가능	+a티켓 1장 (10점)

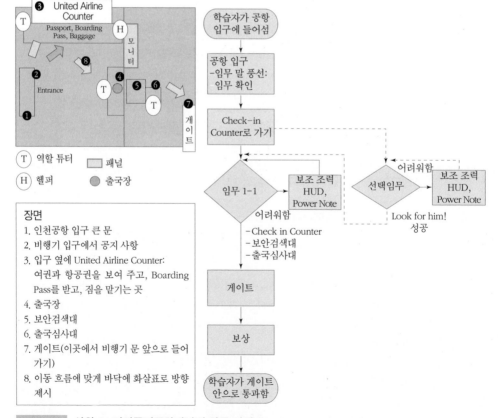

그림 7-7 상황 1 - 인천국제공항에서의 활동 설계도

(3) 비행기 내

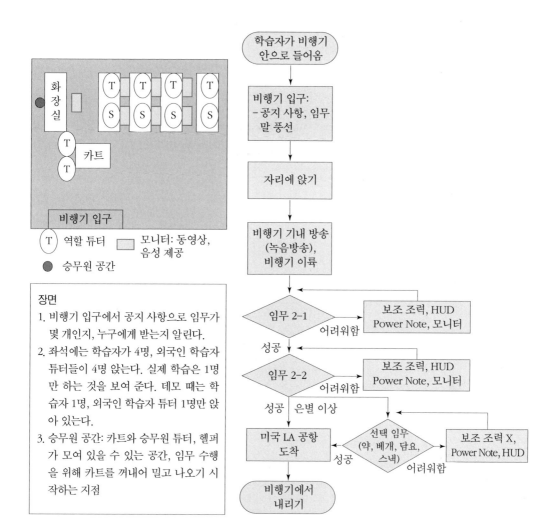

그림 7-8   상황 2 – 비행기 내에서의 활동 설계도

| 표 7-3 | 상황 2-비행기 내에서의 임무 활동 내용 |

구 분	임무 내용	보상체계
상황 2: 비행 중	임무 2-1: Complete the arrival/departure record! • In order to enter the USA, you must fill out arrival/departure record. • Please fill it out and when you are finished, please give it to the flight attendant. 임무 2-2: Order drinks and food! • Lunch Time! Order drinks and food! • There are two kinds of food on the menu for lunch today. • What do you want to eat? Tell the flight attendant drink and lunch that you want! • 필수 임무: 출입국 신고서 쓰기, 음료와 식사 주문하기 • 선택 임무: Request something(medicine, pillow, blanket, snack) • You can request the flight attendant to get what you need! Success at least one among the all Select Mission! • 승무원에게 필요한 것을 요구하여 받기(머리가 아파서 약이 필요한 상황, 베개가 필요한 상황, 담요가 필요한 상황, 출출하여 스낵이 필요한 상황) 임무 해결 보조 아이템 • Power Note: 임무 해결에 유용한 표현 • Dialogue HUD: 임무 해결에 필요한 대화 내용 • Notice: 임무 내용 확인 가능	• 필수 임무 보상: 성공 티켓 1장(5점) • 아이템: pet, cape • 선택 임무 보상: 성공 티켓 1장(5점) 20린든 달러 • 협동 활동 보상: +a티켓 1장(10점)

(4) LA 국제공항

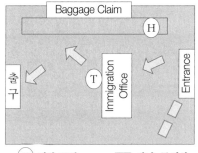

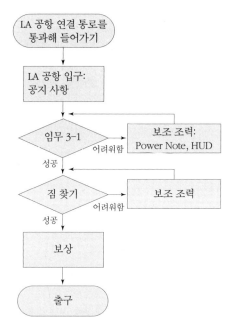

T 역할 튜터　　□ 패널, 동영상
H 헬퍼

장면
1. LA공항에 도착, 공지 사항으로 임무가 몇 개인지, 누구에게 받는지 뜬다.
2. 입구 옆에 순서가 제시된 패널, 임무에 필요한 학습 내용이 있는 동영상 제공
3. 말풍선을 클릭하여 상황별 임무 받기
4. 입국 심사 받는 곳
5. 짐 찾는 곳
6. 나가는 곳
7. 이동 흐름에 맞게 바닥에 화살표로 방향 표시

그림 7-9 상황 3 - LA 국제공항에서의 활동 설계도

표 7-4 상황 3-LA 국제공항에서의 임무 활동 내용

구 분	임무 내용	보상체계
상황 3: LA 국제공항	임무 3-1: Pass the immigration! • Welcome! This is LA International Airport. • You can get out of the airport when you pass the immigration and get your baggage back. 필수 임무 • 입국심사대(Immigration) 통과하기 • 입국 심사를 통과하고 가방을 찾아 공항 나가기 임무 해결 보조 아이템 • Power Note: 임무 해결에 유용한 표현 • Dialogue HUD: 임무 해결에 필요한 대화 내용 • Notice: 임무 내용 확인 가능	• 필수 임무 보상: 　성공 티켓 1장(5점) • 아이템: pet, cape • 선택 임무 없음 • 협동 활동 보상: 　+a티켓 1장(10점)

(5) 대중교통 이용

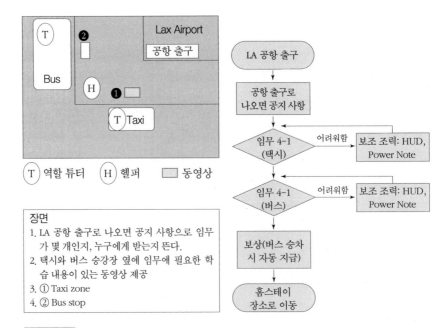

장면
1. LA 공항 출구로 나오면 공지 사항으로 임무 가 몇 개인지, 누구에게 받는지 뜬다.
2. 택시와 버스 승강장 옆에 임무에 필요한 학습 내용이 있는 동영상 제공
3. ① Taxi zone
4. ② Bus stop

그림 7-10 상황 4- 대중교통 이용의 활동 설계도

표 7-5 상황 4-대중교통 이용의 임무 내용

구 분	임무 내용	보상체계
상황 4: 대중교통 이용하기	임무 4-1: Use the public transportation! • You have to go to LA downtown using the public transportation. • Check the fare of taxi and bus! And then take a taxi or a bus! 필수 임무: 대중교통 이용하기 • 교통편을 타고 홈스테이를 할 LA 다운타운으로 가기 • 택시와 버스의 요금을 확인한 후 택시 또는 버스 중 하나를 선택하여 탑승하기 임무 해결 보조아이템 • Power Note: 임무 해결에 유용한 표현 • Dialogue HUD: 임무 해결에 필요한 대화 내용 • Notice: 임무 내용 확인 가능	• 필수 임무 보상: 성공 티켓 1장(5점) • 아이템: pet, cape • 선택 임무 없음 • 협동 활동 보상: +a티켓 1장(10점)

4) 가상영어모험의 학습 흐름

(1) 동시적 학습 흐름 (튜터와의 상호작용 강조)

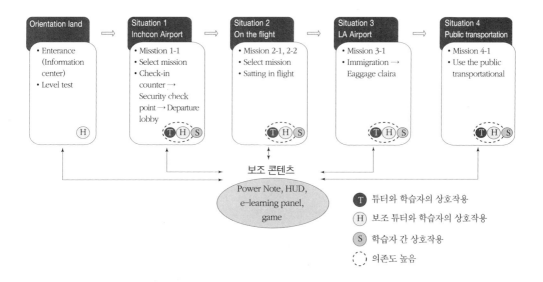

(2) 비동시적 학습 흐름 (NPC, 보조 콘텐츠와의 상호작용 강조)

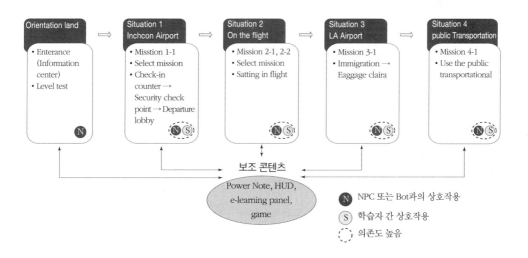

4. 가상영어모험의 개발

　가상영어모험은 세컨드 라이프의 청소년 그리드에서 개발되었으며, 프로그래밍은 린든 스크립트 언어(Linden Script Language: LSL)를 활용하였다.

1) 구현된 가상영어모험의 주요 요소

(1) 실제 맥락 속에서의 의사소통

그림 7-11　외국 여행의 실제 맥락을 구현한 장면

외국인 친구를 만나러 LA로 가는 전체 서사구조 속에서 학습자가 외국에 가는 과정을 사실적으로 표현함으로써 세컨드 라이프라는 가상현실공간이 가진 판타지 측면과 현존감을 느끼게 해 주는 아바타와 실제적 맥락을 결합하여 가상영어모험에서 학습자가 경험을 통해 의미를 구성해 가는 과정을 직접 체험하도록 하는 실제적 환경으로 구성하였다. 실제적 맥락은 현존감뿐만 아니라 인식, 의사소통에까지 영향을 미치기 때문에 아바타와 가상현실공간에서의 실제적 의사소통은 기존의 의사소통 도구와 환경에서는 지원할 수 없는 학습자의 정서적인 측면에까지 영향을 미쳐 효과적인 의사소통이 가능하도록 한다. 따라서 가상영어모험에서 아바타를 통한 텍스트 및 음성 채팅 기능을 활용하여 실제적 · 실용적 의사소통을 중심으로 한 학습 환경이 되도록 구현하였다.

(2) 레벨에 의한 모험과 학습자의 성장

① 레벨에 의한 모험

학습자들은 오리엔테이션 랜드에서 레벨 테스트를 받게 된다. 스스로 진단할 수 있는 자가 진단용 레벨 테스트에 따라 자신의 학습 수준을 진단하고

그림 7-12 레벨 테스트 장면

해당 레벨에 관련된 별을 받게 된다. 레벨은 총 3단계로, 초급(beginner), 중급(intermediate), 고급(advanced)으로 나뉜다. 레벨에 따라 도전 임무에 제약이 있으며, 임무를 해결할 때 사용하는 대화의 수준이 레벨에 따라 다르게 제공된다. 레벨 3까지 모두 달성하였을 경우, 휴양지로 가는 여행권을 받게 된다. 레벨 3부터는 튜터의 역할 또는 학습자들 간의 임무 해결에서 멘토 역할을 할 수 있는 권한이 주어진다.

② 학습자의 성장 단계

학습자의 성장에 직접적인 영향을 미치는 것은 능력값이며, 이 능력값은 자신의 레벨에 따라 임무를 해결하면서 받는 성공 티켓에 의해 점수화된다. 레벨은 1단계부터 3단계까지로 나뉘며, 처음 레벨 테스트를 통해 받은 레벨 이후로는 정해진 능력값의 범위에서 레벨이 결정된다.

- 레벨 3: 능력값 10,000점 이상
- 레벨 2: 능력값 5,000점 이상
- 레벨 1: 능력값 1,000점 이상

그림 7-13 가상영어모험 휴양지

임무를 성공하면 성공 티켓을 받게 되고, 학습자들과의 협력을 통해 해결하면 상호작용 티켓도 받을 수 있다. 성공 티켓은 5장에 능력값 100점(5장 단위로 묶어서 100점)을 얻게 되며, 100점은 100린든 달러로 환전이 가능하도록 하였기 때문에 자신의 능력값과 활동비를 학습자 스스로 적절히 제어하게 된다. 또한 상호작용 티켓 1장에 경험치 20점을 받을 수 있도록 하였으며, 상호작용 티켓은 되도록 실시간 튜터가 학습자들의 활동 과정을 살펴보고, 학습으로 귀결되는 의미 있는 협력이 이루어졌을 때 제공된다.

(3) 임무와 성취

일방적으로 임무를 제시하는 것이 아니라, 학습자가 각 상황에 들어서기 전 임무 내용을 스스로 확인하도록 각 상황 입구에 임무 말풍선을 두어 임무 확인이라는 높은 행위 유발성을 가진 객체를 구현하였다. 임무 말풍선을 클릭하면 인벤토리에 자동으로 임무 폴더가 생기고, 임무 활동에 필요한 보조 콘텐츠, 즉 임무 내용을 확인할 수 있는 임무 노트카드, 임무 수행 중 어렵거나 도움이 필요할 경우 참고하는 파워노트, 튜터의 질문과 음성을 들으면서 예습과 복습을 할 수 있는 대화 허드 등이 생성되도록 하였다.

임무는 크게 전체 서사구조를 이끄는 필수 임무와 비선형적 흐름을 지원

그림 7-14 임무 확인 장면

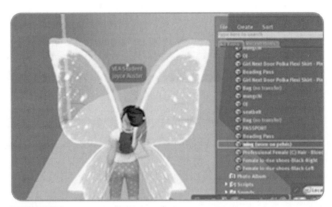

그림 7-15 임무 성공에 대한 보상

하는 선택 임무로 구분되어 제공되며, 일정 레벨에 따라 도전할 수 있는 임무가 달라진다. 레벨이 높아질수록 읽기, 쓰기, 말하기, 듣기를 종합적으로 할 수 있는 임무 내용을 받게 되며, 학습자들은 다양한 임무를 해결하면서 자기 주도적으로 영어 실력을 향상시킬 수 있다.

상황별로 임무를 수행하고 나면, 성공 메시지와 함께 성공 티켓 1장과 보상 아이템이 주어지도록 하였다. 성공 티켓 1장은 전체 학습자의 능력값에 영향을 미쳐 레벨에 따른 활동을 연결하는 요소가 되며, 보상은 세컨드 라이프에서의 환상적인 생활을 더욱 흥미롭게 하는 마법적인 객체들로 구성되어 있으며, 성취에 대한 보상의 개념이자 다음 임무 수행을 이끄는 동기 유발의 기능을 한다.

(4) 상호작용

① 튜터와 학습자의 동시적 상호작용

가상영어모험에서의 튜터는 실제 원어민 교사로서 실제적 맥락 속에서 상호작용을 통해 학습자들의 임무 수행을 이끈다. 상황에 맞게 아바타의 모습을 변형할 수 있으며, 튜터는 학습자가 실제 상황에서 필요한 대화를 할 수

그림 7-16　학습자와 튜터와의 상호작용

있도록 대화 상대가 되고, 나아가 그 이상의 촉진자 역할을 하게 되며, 대화 속에서 즉각적이고 개별적인 피드백을 제공한다.

② NPC와 학습자의 비동시적 상호작용

실시간 튜터 없이도 학습자 개개인이 원하는 시간에 접속하여 튜터의 역할을 대신해 줄 수 있는 NPC와 상호작용할 수 있다. 따라서 임무 해결에 필수적인 영어 표현이나 단어에 대한 지식을 갖고 있는 NPC에 의해 임무를 진행할 수 있다. 이러한 비동시적 학습 흐름에서는 학습자의 활동을 지원해 줄

그림 7-17　학습자와 NPC와의 상호작용

수 있는 보조 콘텐츠의 활용도를 높여 학습 내용을 파워노트, 대화 허드 또는 이러닝(e-learning) 형태의 패널을 활용하여 예습 또는 복습을 충분히 한 후 임무 해결에 도전하도록 하였다.

③ 보조 콘텐츠와의 상호작용

가상영어모험에서 제공되는 보조 콘텐츠는 크게 두 종류로 구성하였는데, 첫 번째는 각 상황에서 해당 임무를 확인할 때마다 인벤토리에 자동으로 주어지는 콘텐츠이고, 두 번째는 전체 가상영어모험 활동에 필요한 내용을 모두 모아 학습공간에서 예습과 복습을 할 수 있도록 이러닝 형태의 패널로 제공되는 콘텐츠다.

그림 7-18 보조 콘텐츠와의 상호작용

첫 번째 형태는 임무 말풍선을 클릭했을 때 임무 내용을 명시하는 노트카드뿐만 아니라 학습자가 해당 임무를 수행할 때 도움을 받을 수 있는 조력자 역할의 객체를 함께 제공하는데, 파워노트, 대화 허드가 그것이다. 파워노트는 임무 해결을 위한 힌트 제공 조력자로서 파워노트 안에는 임무 해결에 필요한 유용한 영어 표현과 주요 단어가 들어 있다. 대화 허드에는 튜터와 학생의 대화 문장이 모두 들어 있으며, 실시간 튜터 없이도 성별에 따른 튜터의 음성을 들을 수 있도록 문장별로 녹음된 음성파일이 같이 제공된다. 파워노트는 노트카드 형태로 제공하여 학습 과정에서 학습자가 잘 알지 못했던 표현이나 더 알아 두면 좋은 표현 또는 단어들을 스스로 써 넣고 누적하여 자신만의 조력자로 발전시키도록 하였다.

두 번째 형태는 이러닝 형태의 패널로서 전체 가상영어모험 활동에 필요한 영어 표현을 듣고, 보고, 익히고, 연습할 수 있는 콘텐츠다. 임무 해결 전에 사전 학습의 용도로 사용한 후 임무에 도전할 수도 있고, 임무 해결 후에 다시 한번 표현을 익히는 용도로 활용할 수도 있다. 패널에서 나오는 퀴즈에 노트카드로 답을 쓰고 응모하여 튜터의 피드백을 받는 등 지속적인 학습 관리도 가능하게 구현하였다. 교수자에 의해 다양한 흐름으로 활용이 가능하며, 특히 실시간 튜터 없이 비동시적 학습에서 NPC와의 상호작용으로 임무를 해결할 경우 학습 내용에 대한 반복 학습 측면에서 가장 효과적으로 활용할 수 있는 콘텐츠다.

(5) 학습자들 간의 협력

학습자들이 협력하여 공동 임무 수행 과제를 해결할 경우 튜터의 판단하에 상호작용 티켓을 받을 수 있도록 하였다. 이로써 서로 상호작용하고 협력하면서 문제를 해결해 나갈 수 있는 환경을 조성하였다. 학습자들은 임무 해결을 위해 지역채팅(local chatting)이나 음성채팅으로 많은 참여자들과 대화할 수 있고, 개인별 인스턴트 메시지(private instant message)로 개별적인 의사소통도 가능하다. 특히, 실제 임무 수행 상황뿐만 아니라 여러 학습자들이

그림 7-19 학습자들 간의 협력을 통한 임무 수행

함께 모여서 학습 패널이나 게임 등을 활용하여 학습하는 동안 서로 협력하는 분위기를 조성할 수 있도록 하였다.

(6) 가상영어모험 속 흥미 요소: 게임, 객체 만들기, 아바타 옷 입히기 등

가상영어모험에서 임무 수행 활동을 하면서도 곳곳에 영어 학습 관련 게임을 제작·구현함으로써 학습자들이 임무 해결이라는 전체 스토리 라인 속에서 다양한 미니 게임을 통해 흥미와 호기심을 유지하고, 재미를 느낌으로써 지속적으로 학습 흐름과 내용에 몰입할 수 있도록 지원하였다. 임무 수행에 필요한 단어를 활용한 골든벨 형식의 스크린 퀴즈부터 십자말 퍼즐, 영어 타자 게임, 행맨(hangman) 게임 등 다양한 방식의 미니 게임을 제공함으로써 전체 서사구조 흐름과 자연스럽게 연결될 수 있도록 구현하였다. 그 밖에 객체를 직접 만들어 보는 체험 활동이나 스스로 아바타를 꾸밀 수 있도록 옷이나 소품을 지원하는 등 가상영어모험에 지속적으로 몰입할 수 있는 다양한 접근 방식의 흥미 요소를 추가하였다.

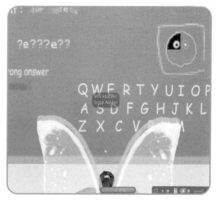

그림 7-20 가상영어모험 속 흥미 요소

5. 맺는말

가상현실공간을 교육적으로 활용하는 것은 이제 유비쿼터스 교육 환경에서 가장 중요한 이슈로 받아들여지고 있다. 그러나 현재 초·중등 교육 현장에서 이를 활용하는 구체적인 절차나 방법에 대해서는 아직 심도 있는 연구가 미비한 상태다. 그리고 가상현실의 교육적 활용과 관련된 내용의 대부분이 사례나 일화 형식으로 공유되고 있는 형태이며, 이와 관련하여 다양하고 종합적인 접근의 교수-학습 전략에 대한 유용한 정보를 얻는 것이 아직은 어려운 실정이다. 이러한 문제를 해결하고 가상현실공간을 우리 교육 현장에 적용하는 첫걸음으로 가상현실공간인 세컨드 라이프에서의 가상영어모험을 개발하였다. 이를 통해 어드벤처형 체험 영어 교육 환경으로서의 가상현실공간을 활용하는 방법, 여기서 파생되는 다양한 교수-학습 전략과 세부적인 설계 및 개발 전략과 아이디어를 소개하였다.

가상현실공간을 활용한 교육은 현실 세계의 복잡한 문제와 해결, 역할 수행 경험, 문제 중심 활동, 사례 연구, 가상공동체 훈련 참여 등 현실적이고 체험적인 학습을 가장 잘 지원해 줄 수 있는 환경이다. 또한 고비용, 복잡성, 위험성, 불가능성에 의해 수행하기 어려웠던 학습을 실제 상황과 유사한 방법으로 수행할 수 있도록 지원해 주는 매우 안전하고 효율적인 학습 환경이다. 이러한 가상현실공간의 특성은 학습자로 하여금 해 봄으로써 학습하며 몰입하게 하는 학습자 중심의 학습 환경을 마련해 준다. 학습자의 경험으로부터 의미를 구성하는 과정에서 학습자가 몰입할 수 있도록 하는 효과적인 학습공간을 제공하기 때문에 가상현실공간에서의 교육은 이제 이론적인 논의에서 벗어나 실제 적용의 측면에서 적극적인 발전 노력이 필요한 시기다.

가상현실공간을 적절하게 교육에 활용하고자 할 때 우리에게 필요한 도전 과제로는, 첫째 고성능 하드웨어와 광대역의 인터넷, 유지비와 개발비의 문제 등을 모두 포함하는 접근성의 문제, 둘째 객체 생성이나 스크립팅 등의 기술적 소양이 부족한 학생에게 어려움으로 다가오는 일반성의 문제, 셋째 공공 지역에서의 성적 괴롭힘이나 폭행 등에 대한 책임 문제, 넷째 학습 활동의 창조를 위해 가상현실에서 의미 있고 효과적으로 진행될 수 있는 교육 활동의 개발 문제 등이 있다. 특히, 교육 활동 개발에는 학습 관리체계의 부재, 무작위 접속 환경으로 인한 학습의 계열화와 제어권의 미약, 학습 환경 통제, 학습자 활동 평가의 어려움 등 여러 도전 과제를 모두 포함한다고 할 수 있다.

따라서 앞으로 빠르게 발전하고 있는 유비쿼터스 교육 환경에서 진정한

학습자 중심의 학습을 실현하는 데 대표적인 학습 환경이 될 가상현실공간
의 교육적 활용을 위해 지속적인 관심을 갖고 제한점을 해결해 나가는 연구
가 필요할 것이다.

　앞으로 세컨드 라이프에서의 가상영어모험이 실제 교육 현장에서 가상현
실공간을 활용한 교수-학습 내용 및 방향 제시에 도움이 되기를 바라며, 가
상현실공간과 교육 내용을 어떻게 융합하여 적절한 교수 설계를 할 것인가
에 대한 길잡이가 되기를 바란다. 또한 향후에는 가상영어모험을 통해 가상
현실공간을 교육에 활용하기 위한 방안에 대해 지속적인 관심을 갖고 여러
가지 해결해야 할 과제에 도전함으로써 우리나라 교육 환경과 교육 문화에
적합하고, 영어과 교수-학습에 직접적으로 접목할 수 있는 구체적인 활용 방
안과 전략을 모색하고자 한다. 더불어 가상현실공간을 교육 현장에서 적극
적으로 활용하고 나아가 학습자 중심의 학습을 위한 교육 환경을 정착시키
기 위해 필요한 정책 연구 역시 뒷받침되어야 할 것이다.

참고문헌

Ben, S., Clare, A., & Leigh, B. (2008). *Engaging with Second Life*. Retrieved July 11, 2009, from http://slenz.files.wordpress.com/2008/12/slliteraturereviewa1.pdf

Jung, I. (2001). Building a theoretical framework of web-based instruction in the context of distance education. *British Journal of Educational Technology, 32*(5), 525-534.

Kolb, D. A. (1984). *Experiential learning: Experience as the source of learning and development*. New Jersey: Prentice-Hall.

제8장

가상현실공간에서의 게임과 시뮬레이션

1. 시작하는 말

우리는 모든 것이 급속히 변화해 가는 시대에 살고 있다. 매일같이 쏟아져 나오는 디지털 테크놀로지로 인해 일상생활의 변화 속도는 점점 빨라지고 있다. 디지털 테크놀로지가 창조해 낸 가상현실공간은 현실을 대체할 수 있고, 때로는 현실과 자리를 바꿀 수도 있는 강력한 패러다임으로 자리매김하고 있다. 현실에서는 공간적·물리적 제약으로 인해 경험할 수 없었던 것들에 대한 체험이 가상현실공간을 통해 가능해지고 있는 것이다. 하지만 정보기술의 급속한 발달로 인해 빠르게 변하는 이러닝 분야에서의 개념과 적용에 대한 가능성은 종종 논쟁의 대상이 된다. 특히, 가상현실공간은 학자마다 규정하는 범위가 다르고, 여러 가지 개념들이 혼용되어 사용되고 있는 실정이다. 따라서 관련 개념을 명확히 규정하고 매체가 지니는 특성을 바르게 안내하여 교육 현장에서 적절히 활용될 수 있도록 돕는 노력이 필요하다.

이 장에서는 가상현실공간에서의 게임과 시뮬레이션에 대한 전반적 이해를 통해 이러한 매체들의 실제적 적용과 활용 가능성을 고찰해 본다. 그렇게 하기 위해서 먼저 교육용 게임과 시뮬레이션의 정의와 유형을 살펴보고, 세컨드 라이프 안에서 그것들이 어떻게 활용되고 있는지 그 사례를 찾아 소개한다. 이를 바탕으로 가상현실공간에서 이루어지는 게임 및 시뮬레이션의 현재 이용 실태와 교육 효과를 진단하고 향후 교육적 활용 가능성을 탐색해 본다.

2. 가상현실공간과 게임

1) 교육용 게임의 정의

교육용 게임은 사용자들이 게임 진행 과정에서 여러 가지 학습을 체험할 수 있도록 제작 단계에서부터 의도적으로 설계되는 게임을 말한다. 교육용 게임은 교육 매체화, 교육 상품의 게임화를 통해 역사, 과학, 예술 등의 분야에서 교육 효과 제고를 주된 목적으로 제작된 모든 게임을 포함한다(한국게임산업개발원, 2003). 백영균, 김향희(2005)는 인터넷으로 연결된 상태에서 게임을 하며 교육 내용의 학습을 체험하도록 설계 · 제작한 게임을 교육용 온라인 게임이라 하였다. 교육용 온라인 게임에서는 학습자가 게임을 통해 네트워크에 연결된 다른 학습자와 여러 가지 정보를 공유하고 다양한 활동을 하면서 학습할 수 있다.

2) 교육용 게임의 유형

교육용 게임의 장르에 대한 학자들(민용식, 이동희, 2002; 박형성, 2009; 백영균, 2005)의 의견을 종합해서 살펴보면, 크게 아케이드, 어드벤처, 롤플레잉, 시뮬레이션으로 구분할 수 있다. 장르별 특성을 살펴보면 다음과 같다.

(1) 아케이드 게임

학습자에게 순발력이나 판단력을 요하는 게임으로 유년 시절에 컴퓨터게임장(전자오락실)에서 즐겼던 오락 게임이 주를 이룬다. 이 장르의 게임은 PCB(printed circuit board) 형태로 게임이 ROM(read only memory)에 저장되어 있어 전원을 켜면 곧바로 실행이 가능하다. 아케이드(arcade) 게임은 장시간의 사고보다는 행동 위주의 목표 지향적인 특징을 지니고 있으며, 단순하

그림 8-1 매스 블래스터

면서도 민첩한 손동작을 요하는 게임이 주를 이룬다.

아케이드 게임의 예를 살펴보면, 데이비슨 앤드 어소시에이츠(Davidson & Associates)에서 제작한 초등학교 수학 교과의 분수 학습용 게임인 '매스 블래스터(Math Blaster)'를 예로 들 수 있다. 학생들은 제한된 시간 내에 빨랫줄에 걸린 파이에 해당하는 분수를 맞춤으로써 분수의 개념에 대한 이해를 도울 수 있다.

(2) 어드벤처 게임

미리 설정된 시나리오를 통해 학습자가 장소를 이동하며 위험을 탈출하는 모험 활동을 통해 문제를 해결하여 최종 목적지까지 도달하는 게임이다. 학습자는 주어진 상황에서 문제를 해결하기 위하여 아이디어를 내고 단서를 찾아 문제를 해결해 나가면서 게임을 진행한다. 이러한 특성을 토대로 어드벤처(adventure) 게임은 교육 과정에 따라 난이도를 다르게 하여 학습 주제별 상황을 배치하기가 쉬우며, 논리, 수학, 역사 등 지적 능력에 관련된 내용을 학습하는 데 적합하다. 이때 논리적인 사고력과 관찰력을 요하기 때문에 순발력과 순간 판단력보다는 사고를 요하는 시간을 많이 가질 수 있지만, 미리 설정된 시나리오에 의해 게임이 진행되기 때문에 학습자의 자유로움이나 통제에 제한이 있다.

(3) 롤플레잉 게임

일반적으로 롤플레잉(role-playing) 게임은 RPG 게임이라고도 부르며, 학습자 각자에게 주어진 임무를 해결하기 위해 역할을 수행하는 형태로 진행된다. 이 장르의 게임은 게임 초반에 학습자가 자신의 가상 캐릭터를 생성하여 전투를 수행하며, 구성원 간의 상호작용, 아이템 획득, 문제해결 등의 과정을 통하여 임무를 완수하도록 되어 있다. 이 과정에서 학습자는 계속적인 의사결정과 문제해결 대안을 모색하는 탐구 활동을 통해 고차원적인 사고력과 상상력을 기를 수 있다.

에듀플로 사에서 제작한 한자마루 게임은 아이들이 좋아하는 게임 형식을 학습에 적용하여 한자에 대한 흥미를 유발시키며, 지루해지기 쉬운 한자 학습에 높은 집중력을 발휘하게 한다. 학습자의 시선이 가장 오래 머무르는 몬스터에 한자가 배치되었고, 캐릭터를 성장시키기 위해 몬스터를 공격하는 순간 출력되는 훈음을 통해 한자를 학습하게 된다.

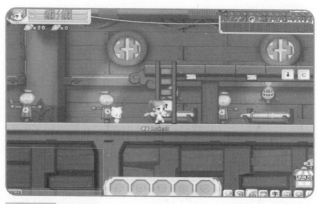

그림 8-2　한자마루

(4) 시뮬레이션 게임

현실 세계의 상황을 가상 세계에 구현하여 가상 체험을 할 수 있는 게임이다. 시뮬레이션(simulation)이라는 의미는 본래 학습자로 하여금 실제로 접근하기 힘든 상황을 간접적으로 체험하기 위해 제작된 모의 훈련 과정으로 생각할 수 있다. 학습자는 자신이 게임 속에서 다양한 맥락을 지닌 상황을 창조하여 그 결과를 게임 시스템이 제공하는 피드백을 통해 확인할 수 있다. 이 장르는 전략 시뮬레이션 게임, 육성 시뮬레이션 게임 등의 다양한 종류가 있다.

시뮬레이션 게임의 한 예로, 프락시스 게임스(Praxis Games)에서 제작한 문명 IV 시뮬레이션 게임을 들 수 있다. 컴퓨터 인공지능 플레이어를 포함한 사용자들이 차례로 돌아가며 게임을 진행하는 턴 방식 전략 게임으로, 인류 문명 진보의 역사를 따라서 원시 촌락에서 출발하여 거대한 제국을 건설하고 현대 문명으로 발전해 가는 치열한 경쟁과 진보 과정을 시뮬레이션한다. 삼차원 그래픽 환경으로 사용자는 현실감과 생생함을 느낄 수 있다.

그림 8-3　문명 IV 시뮬레이션 게임

3) 세컨드 라이프에서의 교육용 게임 사례

(1) 벡터 존

① 소 개

벡터 존(Vector Zone)은 슈팅 게임으로 레이저 대포를 가지고 지구를 구하기 위해 삼차원 그래픽 화면에 나오는 형형색색의 기하학적인 외계인들을 제거해 나가는 게임이다. 무료로 게임을 하려면 게임을 클릭하고 마우스 모드로 설정한다. 이 게임은 1인칭 시점으로 외계인들이 앞쪽이나 옆쪽, 심지어는 뒤쪽에서 나타날 수 있는데, 적들이 나타날 때마다 총으로 쏘면 된다. 게임마다 정해진 수 이상의 외계인을 제거해야 다음 단계로 나아갈 수 있으며, 정해진 시간 내에 목표를 달성하지 못하면 게임은 종료된다.

② 교육적 활용 방법

게임 방법이 단순하고 교실 수업과는 직접적으로 관련되지 않을 수 있으나 상당히 민첩한 손동작 및 정확한 클릭을 요하므로 학생들의 순발력을 높이는 데 도움이 될 수 있다. 또한 사방에서 동시에 나타나는 외계인을 제거해

그림 8-4 벡터 존

출처: http://slurl.com/secondlife/Meldenrake/216/126/38

야 하기 때문에 어느 쪽을 먼저 제거해야 할지에 대한 상황 판단력을 향상시킬 수 있고 동시에 집중력을 높이는 데도 효과적이며 학생들의 흥미 유발에도 도움이 될 수 있다.

(2) 50 이지 퍼즐

① 소 개

50 이지 퍼즐(50 Easy Puzzles)은 퍼즐 형식의 게임이며 스도쿠(數獨) 게임방법과 동일하다. 스도쿠란 각각 9개의 칸(9×9)으로 된 가로줄·세로줄에 1부터 9까지의 숫자가 중복되지 않게 한 번씩만 들어가도록 하는 게임이다. 이 9개의 칸은 가로·세로 각각 3개의 칸으로 이루어진 작은 사각형(3×3)으로 되어 있고, 이 작은 사각형에도 1~9 가운데 숫자가 한 번씩만 들어가야 한다. 즉, 가로줄·세로줄과 9개의 작은 사각형 어디에도 1부터 9까지의 숫자는 중복되지 않게 한 번만 들어가도록 해야 하는 것이다. 50 이지 퍼즐에서는 50개의 스도쿠 게임을 할 수 있으며, 왼쪽에서 숫자를 클릭하고 해당 칸을 클릭하면 된다. 문제를 푸는 도중 아래쪽의 체크 버튼을 클릭해서 맞는지 틀렸는지를 확인할 수 있고, 힌트도 얻을 수 있다.

② 교육적 활용 방법

게임의 규칙은 비교적 단순하지만, 생각이 많이 필요하며 집중력을 높이는 데 도움이 될 수 있다. 또한 주어진 숫자를 잘 관찰하고 분석한 후 빈칸에 들어갈 수 있는 숫자를 구체적으로 찾아내는 과정에서 논리적인 사고력을 증진시킬 수 있고, 상호 관련성이 있는 숫자들을 전체적으로 파악함으로써 통합적 사고 능력을 기를 수 있다. 퍼즐을 푸는 동안 관찰력과 분석력이 개발됨으로써 문제해결 능력이 향상될 수 있다.

그림 8-5 50 이지 퍼즐

출처: http://slurl.com/secondlife/EduNation/11/102/22

(3) 컨트리 앤드 시티 퀴즈

① 소 개

컨트리 앤드 시티 퀴즈(Country and City Quiz)를 실행하면 사용자가 게임 상황을 설정할 수 있는 여러 선택 사항이 나온다. 게임 방법에 대한 설명, 관련 상품 구매 링크, 전 세계의 대륙 선택 등의 항목이 나오는데, 게임을 시작하면서 원하는 대륙을 선택할 수도 있고, 무작위로 임의의 대륙이 선택되면서 문제가 시작될 수도 있다. 이때 해당 대륙의 나라 이름이 제시되는데, 그 나라의 위치를 지도에서 직접 선택하면 화면 상단에 정답인지 오답인지에 대한 피드백이 제시된다.

② 교육적 활용 방법

지도나 교과서를 보고 무조건 외우는 암기식 학습 방법에서 탈피하여 학생들이 재미있게 세계 여러 나라의 위치와 지형 등을 학습할 수 있다. 지리는 복잡하고 외우기 어렵다는 선입견에서 벗어나 학생들이 흥미롭게 학습하는 데 도움이 될 수 있으며, 학습하고자 하는 대륙을 제한할 수 있는 것도 장점

그림 8-6 컨트리 앤드 시티 퀴즈
출처: http://slurl.com/secondlife/EduNation/30/88/22

이다. 사회나 세계지리를 공부할 때 효과적으로 활용될 수 있다.

(4) 매스 에일리언 게임

① 소 개

매스 에일리언 게임(Math Alien Game)은 사칙연산 게임으로 게임을 클릭하면 문제의 개수나 시간제한을 설정할 수 있다. 원하는 개수나 시간을 선택하면 게임이 시작되고, 제시되는 문제를 보고 자판으로 정답을 입력하면 된다. 여러 명이 함께 게임을 즐길 수 있으며, 가장 먼저 답한 사람의 점수가 올라간다. 게임이 종료되면 상단에 정답 개수와 게임 시간 등이 제시된다.

② 교육적 활용 방법

단순한 사칙연산 연습 문제를 반복해서 연습하다 보면 자칫 흥미가 떨어질 수 있고 금방 싫증을 내기 쉽다. 그러나 이 게임을 이용하여 자신이 선택한 시간제한 안에서 문제를 풀게 되면 연산 속도도 빨라지고, 친구들과 함께 게임하면서 경쟁하게 되므로 효율적으로 학습 목표에 도달할 수 있다.

그림 8-7 매스 에일리언 게임

🐢출처: http://slurl.com/secondlife/EduNation/24/84/22

(5) 솔리테르

① 소 개

솔리테르(Solitaire)는 카드 게임의 일종으로 총 52장으로 구성된 카드 한 벌로 진행한다. 앞면이 감추어진 상태로 놓여 있는 7세트의 카드를 한 장씩 뒤집어서 킹부터 에이스까지의 순서대로 빨강과 검정 카드를 교대로 쌓는 방법으로 게임이 진행된다. 필요한 경우 왼쪽 상단의 카드 세트에서 카드를 가져와 사용할 수 있다. 그리고 그 쌓인 카드 세트를 이용하여 화면의 오른쪽 상단에 각각 같은 무늬의 카드를 에이스에서 킹까지 오름차순으로 쌓은 4개의 카드 스택(stack)을 만드는 게임이다.

② 교육적 활용 방법

상당한 집중력을 요구하는 게임으로, 뒷면이 보이도록 쌓인 카드에 어떠한 모양과 숫자가 있을지 등 전체적인 카드의 흐름을 파악해야 하므로 관찰력과 분석력을 기를 수 있다. 또한 게임을 완료하는 데 적지 않은 시간이 걸리는 만큼 도중에 과제를 포기하지 않는 끈기와 과제 집착력을 기를 수 있으

그림 8-8　솔리테르
출처: http://slurl.com/secondlife/GAME%20NATION/115/153/25

며, 종합적인 사고력도 향상시킬 수 있다.

(6) 인투 맨

① 소 개

인투 맨(Into Man)은 아케이드 게임으로 유명한 팩맨(Pacman) 게임이다. 사용자가 직접 팩맨이 되어 미로로 이루어진 공간에서 적들을 피해 동전을 모으는 게임이다. 이 게임에서 사용자는 혼자 게임을 하거나 다른 사용자와 경쟁을 할 수도 있다. 사용자는 1인칭이나 3인칭 시점으로 미로 안에서 적을 피해서 다녀야 한다.

② 교육적 활용 방법

일반 교실 수업에서는 교과서 위주의 학습을 주로 하게 되는데, 이러한 전통적인 교실 수업 상황에서는 쉽게 발달시키기 어려운 공간지각 능력을 발달시키는 데 활용될 수 있다. 또한 적들을 피해 동전을 모으는 과정에서 문제해결력 및 순발력 등을 기를 수 있다.

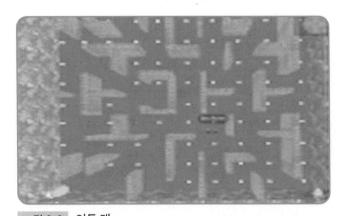

그림 8-9   인투 맨

출처: http://slurl.com/secondlife/Intoint/60/132/32

3. 가상현실공간과 시뮬레이션

1) 시뮬레이션의 정의

사전적 의미의 시뮬레이션이란 복잡한 문제나 사회현상을 해석하고 해결하기 위하여 실제와 비슷한 모형을 만들어 모의적으로 실험하고 그 특성을 파악하는 것을 말한다. 백영균(1995)은 '시뮬레이션이란 시공간의 제한, 안전상의 문제, 비용의 문제로 우리가 직접 관찰할 수 없는 불가능하고 복잡한 실제 현상이나 상황에 대해서 여러 구성 요소와 그 기능 및 구성 요소 간의 상호 관계를 추출하여 가상 상황을 학습자에게 제시하는 것'이라고 진술하였다. 또한 학습자로 하여금 제시된 가상 상황에 대해서 조건 변수, 시간적 흐름 등을 통제 · 조작하도록 하여 이들과 상호작용함으로써 실제 상황에 관련된 개념, 원리, 절차, 변화 과정과 같은 인지적 · 정의적 기술의 습득을 위해 모방된 현실을 활용하는 방법 중의 하나라고 하였다.

알레시와 트롤립(Alessi & Trollip, 2001)은 시뮬레이션이란 모방이나 대체를 통해 실세계의 몇몇 국면을 가르치는 효과적인 기술이라고 하였다. 학생들은 시뮬레이션에 의해 동기화될 뿐만 아니라, 그들이 실제 상황에서 반응하는 것과 같은 방식으로 시뮬레이션과 상호작용하면서 배우게 된다. 이러한 단순화된 세계에서 학생들은 문제를 해결하고, 절차를 익히며, 현상의 특징과 그것을 다루는 방법을 이해하게 되고, 다양한 상황에서 취해야 할 행동을 배우게 된다. 시뮬레이션의 목적은 학생들이 현실 세계에 대한 유용한 모형을 만들어 내어 안전하고 효과적으로 현실 세계를 시험할 기회를 제공하는 것이다. 다시 말해, 실제 학습 과정에서 나타나는 문제를 학습 문제로 채택하여 학생들로 하여금 실제 상황에 능동적으로 참여하게 하고 그럼으로써 학습의 주요 원리를 은연중에 체득하게 하는 것이다.

2) 시뮬레이션의 유형

김민규(2001)에 따르면 시뮬레이션은 학습 목표나 시뮬레이션에서 다루어지는 과제나 행위의 특성 그리고 시뮬레이션에서 모델링하는 실제 대상의 성격에 따라 범주화될 수 있다. 교육적 목적으로 사용되는 시뮬레이션의 범주화에는 레이걸루스와 슈워츠(Reiguluth & Schwatz, 1989), 드종과 반 줄링겐(De Jong & Van Joolingen, 1996), 알레시와 트롤립(2001), 올드리치(Aldrich, 2004), 그레들러(Gredler, 2003)의 분류 등이 있다. 이들을 분류 준거 및 개념의 공통점을 기준으로 다시 구분하면 〈표 8-1〉과 같이 나타낼 수 있고, 이와는 별도로 그레들러(2003)의 분류 모형에서 학습자의 역할에 따라

표 8-1　시뮬레이션의 유형 분류

레이걸루스와 슈워츠(1989)	드종과 반 줄랑겔 (1996)	알레시와 트롤립 (2001)	올드리치 (2004)	그레들러 (2003)
• 절차 시뮬레이션 • 과정 시뮬레이션 • 인과관계 시뮬레이션	• 작동적 모형 • 개념적 모형	• 물리적 시뮬레이션 • 순회적 시뮬레이션 • 절차적 시뮬레이션 • 상황적 시뮬레이션	• 선형 • 반복형 • 개방형	• 경험적 시뮬레이션 • 상징적 시뮬레이션

경험적 시뮬레이션과 상징적 시뮬레이션으로 나누어 차별성을 두고 있다.

드종과 반 줄링겐(1996), 레이걸루스와 슈워츠(1989)는 교수 목표와 학습 과제 중심의 시뮬레이션으로 각각의 시뮬레이션을 분류하였다. 그리고 알레시와 트롤립(2001)은 시뮬레이션의 주된 목표가 어떤 것에 관하여 가르치려고 하는가에 따라 물리적 시뮬레이션과 순회적 시뮬레이션으로, 무엇을 어떻게 하는가에 관하여 가르치려고 하느냐에 따라 절차적 시뮬레이션과 상황적 시뮬레이션으로 나누었다. 올드리치(2004)는 시뮬레이션의 유형을 선형(linear), 반복형(cyclical), 개방형(open-ended)으로 구분하였다. 그레들러(2003)는 경험적 시뮬레이션을 사회적 과정, 진단, 데이터 관리 시뮬레이션으로, 상징적 시뮬레이션을 연구 학술 조사, 시스템 시뮬레이션의 형태로 다시 세분화하여 제시하였다. 여러 학자들의 분류 중 알레시와 트롤립(2001)이 구분한 시뮬레이션의 유형을 구체적으로 살펴보면 다음과 같다.

(1) 물리적 시뮬레이션

물리적 시뮬레이션(physical simulation)을 이용하면 자연현상을 실제처럼 관찰하면서 배울 수 있다. 실험실에서 물리적 대상이나 구체적인 기구를 만지는 대신에, 화면에 나타나는 시뮬레이션을 통해 실험기구를 간접적으로 조작해 봄으로써 작동법이나 조립법에 대해 배울 수 있고, 물리적 대상에 대해 학습할 수도 있다. 이는 물리학에서 실험을 설명하기 위해서 사용되는데, 학습자는 화면에 나타난 실험기구를 조작하여 실험을 진행함으로써 얻고자 하는 결과를 도출할 수 있다. 이러한 물리적 시뮬레이션은 주로 훈련 상황에 이용되는데, 비행기 조종 시뮬레이션, 자동차 엔진 내부의 연소 과정에 관한 시뮬레이션 등이 이에 해당된다.

① 심시티

심시티(Simcity)는 미국의 맥시스(Maxis) 사가 1989년에 개발한 도시 건설형 경영 시뮬레이션 게임이다. 초기 '심시티' 이후 현재까지 2000, 3000,

그림 8-10 심시티

심시티 4에 이어 심시티 소사이어티(Simcity Society)까지 발표되었다. 게임에서 사용하는 돈의 단위는 '시몰리온'이다. 사용자가 주거지역(R), 상업지역(C), 공업지역(I)을 적절히 분배해서 작은 마을을 만드는 것으로 게임이 시작된다. 사용자는 시장이 되어 기본 자금을 통해 황무지에서 도시를 건설한다. 그리고 각종 시설(도심, 주택가, 공업지대, 상업지대 등)을 배치하여 시민들을 거주하게 한다. 시민들의 편리한 생활을 위해 도로와 항만, 공항과 같은 시설뿐만 아니라 경찰서, 소방서, 운동장 등의 건물을 건설한다. 그러나 그에 따라 교통 체증, 범죄율, 화재 발생률, 수질 및 대기 오염의 가능성이 높아지기도 한다. 또한 방사능에 의한 오염, 지진으로 폐허가 된 도시 복구 등 많은 상황이 제시된다. 때에 따라 폭풍, 화재, 폭동 등의 재난이 일어나기도 한다.

② 시뮬레이션을 통한 중력장 내의 운동 분석

중력장 내의 운동 분석을 위한 시뮬레이션은 전국 소프트웨어 공모전의 과학 시뮬레이션 중 하나이며, 자연현상의 관찰을 목적으로 실제 세계의 시간 개념이 적용된, 노학기 선생님에 의해 제작된 시뮬레이션이다. 이 프로그램은 상호작용, 즉각적인 피드백, 직접 실험할 수 없는 것들을 시뮬레이션으

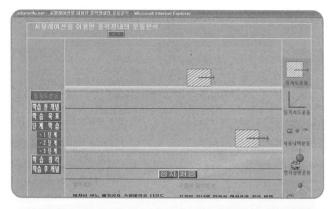

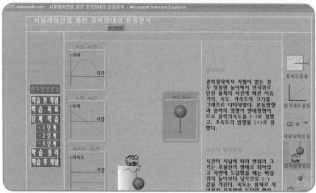

그림 8-11 중력장 내의 운동 분석

출처: http://cont121.edunet4u.net/hkroh99

로 구현하는 데 단계적(1~3단계) 접근을 통해 중력장 내의 운동에 대한 잘못된 개념을 확인 및 수정할 수 있도록 구성되었다. 학생들이 평소에 어려워하는 등속운동, 등가속도운동, 자유낙하운동, 연직상방운동, 포물선운동, 중력가속도운동에 대하여 물체를 다양하게 움직이게 하면서 그에 따른 그래프 변화를 통해 개념을 정리할 수 있게 하였다.

③ 레이싱 아카데미

레이싱 아카데미(Racing Academy)는 퓨처랩(Futurelab) 사의 게임 개발자인 래터럴 비전스(Lateral Visions)가 개발한 것으로 엔진을 조작할 수 있는 레이싱 비디오게임이다. 이 시뮬레이션 게임은 컴퓨터로 만들어진 차량을 통해 레이싱하기 전에 타이어나 변속기, 엔진과 같은 차량의 설계 관점을 학습할 수 있다. 자동차 레이싱 동안 수집되는 데이터를 분석하여 자동차 설계 방법에 따라 성능이 어떻게 달라지는지를 학습하게 되고, 최적의 성능을 달성하기 위해 자동차 설계를 세부적으로 조정할 수 있도록 한다. 학생들은 개별적으로 게임을 한 후, 가장 좋은 레이싱 시간을 얻기 위해 서로 경쟁한다.

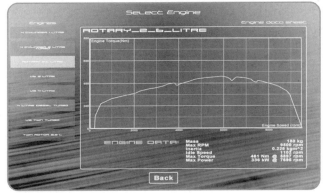

그림 8-12 레이싱 아카데미

(2) 순회적 시뮬레이션

순회적 시뮬레이션(iteractive simulation)은 학습 내용을 가르치기 위한 것이라는 점에서 물리적 시뮬레이션과 매우 유사하다. 하지만 학습자가 시뮬레이션과 상호작용하는 방법에는 큰 차이가 있다.

시뮬레이션이 실시간 혹은 조작된 시간에 따라 계속적으로 실행되는 것이 아니라, 학습자가 매번 시뮬레이션을 시작하면서 매개변수 값을 선택해서 입력하고, 어떤 현상이 일어나는지를 관찰하고, 그 결과를 해석해 보거나 새로운 값을 입력해 보고 다시 돌려 보는 등 반복적으로 실행한다.

이 시뮬레이션의 중요한 점은 실제 과정을 빠르게도 할 수 있고 느리게도 할 수 있다는 점이다. 즉, 학습 과정을 향상시키기 위하여 실제 상황에서 일어나는 빈도를 변화시킬 수 있는 것이다. 예를 들면, 빛의 이동이나 전자의 움직임은 너무 빨라서 눈으로 관찰할 수 없다. 별의 움직임이나 인구의 증가 속도 역시 그 과정을 관측하기 힘든데, 이 시뮬레이션을 이용하면 일정한 시간 내에 알아보고자 하는 변화가 어떻게 일어나는지를 눈으로 직접 볼 수 있어 관련 내용을 쉽게 개념화할 수 있다.

① 이동준의 자바 실험실

이동준의 자바(Java) 실험실은 현직에서 과학 교과를 가르치는 이동준 선생님이 제작한 가상 시뮬레이션 프로그램으로 눈으로 볼 수 없는 물리적·화학적 현상을 자바 프로그램으로 재현하여 누구나 쉽게 이해할 수 있도록 도와준다. 이 실험실은 학습 효과가 뛰어나 2009년 초 사이언스 올에 오픈한 후 단 일주일 만에 100만 페이지뷰를 기록했을 만큼 학생들로부터 유명세를 얻고 있다. 또한 드라이아이스 로켓 만들기, 사이다 만들기 등 흥미 만점의 과학 실험을 플래시와 동영상으로 보여 주는 '편편 실험'이나 전기, 화학, 생물, 지구과학 및 천문우주 등에 접목된 과학 원리 및 자연현상을 체험하는 신나는 과학 실험도 인기 있는 가상실험 콘텐츠로 꼽힌다.

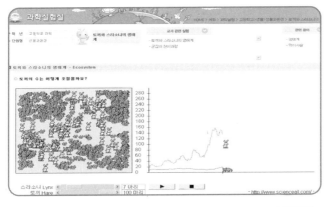

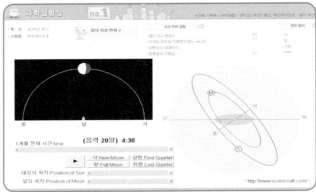

그림 8-13   이동준의 자바 실험실

☞출처: http://mully.net/lee/

② 대기의 운동

'대기의 운동'은 전국 교육용 소프트웨어 공모전에 출시된 웹 프로그램으로서 교사가 지구과학 수업에서 대기의 변화를 가르칠 때 사진으로 보여 줄 수 없는 가시적인 현상을 가상실험실 공간에서 직접 체험할 수 있도록 설계되었다. 학습 내용으로 대기운동과 관련된 기압, 공기의 대류, 전향력, 풍향, 등압선(그리기), 등치선, 강수 형태, 기압 배치, 가시·적외 영상, 영상에 의한 일기예보 등이 소개되어 있다. 그리고 학습 방법으로는 학습 내용을 시각적 영상을 통해 관찰하기, 변인 값 입력창에 매개변수 값을 선택적으로 입력한 후 일어나

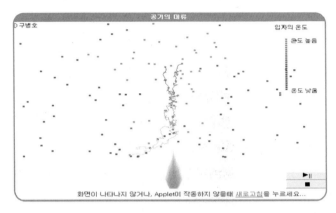

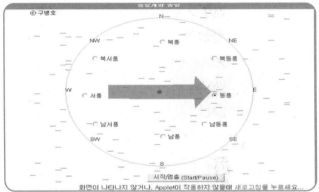

그림 8-14 대기의 운동

출처: http://cont151.edunet4u.net/wt15075

는 현상에 대한 결과 해석하기, 실험 내용을 직접 조작해 보기 등이 활용되었다. 이 사이트는 사용자들이 가상실험실 공간에서 대기를 구성하는 요소와 그 변화 과정을 재미있게 학습하고 체험할 수 있게 설계된 시뮬레이션이다.

(3) 절차적 시뮬레이션

절차적 시뮬레이션(procedural simulation)은 '어떻게 해야 하는가'와 같은 방법을 가르치는 것으로, 주어진 목표에 도달하기 위한 절차를 가르쳐 여러 가지 상황 속에서 문제를 해결할 수 있는 능력을 기르기 위한 것이다. 예를 들어, 고장 난 장비를 진단한다거나 비행기를 운행하는 등 학습자가 주어진 상황에 따라 반응을 하면 컴퓨터는 이에 대한 반응으로 현실 세계에서 일어날 수 있는 결과에 대한 피드백을 제공해 준다. 이러한 정보를 기초로 해서 학습자들은 성공적인 학습을 통해 많은 정보를 얻게 된다.

이 시뮬레이션은 학습자들이 어떤 것을 실행하기 위해 배워야 하는 정확한 절차를 제공해 준다. 특히, 해당 목표에 도달하기 위해 하나의 방법만 있는 것이 아니라 여러 가지 방법이 있을 수 있듯이, 절차적 시뮬레이션은 선택한 방법과 선택하지 않은 다른 방법에 관해 그 효과를 탐구하는 데 유용하다. 이 시뮬레이션 중 대표적인 것은 진단 시뮬레이션인데, 그중 의학 진단 시뮬레이션은 환자의 상태를 파악하고 그에 따른 검진 결과를 제공해 준다.

① 헬스케어 월드

포르테라 시스템 사(Forterra Systems Inc)에서 개발한 헬스케어 월드(Healthcare Worlds)는 환자를 위험에 빠뜨리는 수많은 상황으로부터 의사와 간호사들을 안전하게 보호해 주는 시뮬레이션이다. 이 게임을 통해 의료진의 기술을 향상시켜 의료사고를 줄여 줄 뿐만 아니라, 몰입형 재활치료를 제공하고 교육 기회를 넓혀 주는 데 많이 사용되고 있다.

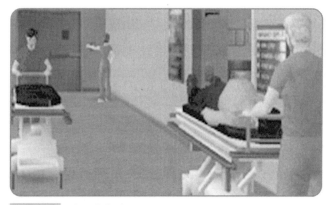

그림 8-15 헬스케어 월드

출처: http://www.forterrainc.com

② 버추얼 워킹 더 펜스

파이저 애니멀 헬스(Pfizer Animal Health) 사에서 개발한 버추얼 워킹 더 펜스(Virtual Walking the Pens)는 돼지 개별 관리의 중요성을 입증하는 프로그램이다. 참가자는 병든 돼지가 발생했을 때 주어진 시나리오에 따라 차트를 참고하여 돼지를 어떻게 치료할 것인지를 결정한다. 투약 방법, 깨끗한 환경을 위한 환풍기 속도, 온도 및 가리개 높이 조절 등의 조치를 통해 주어진 문제를 절차에 따라 해결하는 프로그램이다.

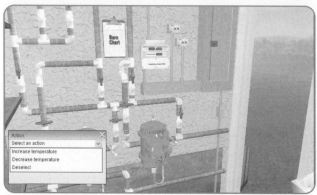

그림 8-16 버추얼 워킹 더 펜스

③ 플라이트 시뮬레이터

마이크로소프트(Microsoft) 사에서 개발한 플라이트 시뮬레이터(Flight Simulator)는 사실성을 기반으로 실제 비행의 긴장감을 체험하는 것에 중점을 두고 있다. 주로 가정에서 오락용으로 이용되고 있지만, 실제 군대와 항공 산업 분야에서 기장을 훈련시키는 항공 시뮬레이터로도 사용된다. 동적인 날씨 시스템과 대화형 3D 가상 조종실 그리고 풍부한 멀티미디어 콘텐츠 등으로 비행 도중 일어나는 여러 가지 상황에 대해 다양한 대처 방법을 연습할 수 있는 프로그램이다.

그림 8-17 　플라이트 시뮬레이터

출처: http://www.microsoft.com/games/pc/flightsimulator.aspx

(4) 상황적 시뮬레이션

상황적 시뮬레이션(situational simulation)은 일련의 규칙과 절차를 가르치는 절차 시뮬레이션과는 달리, 학습자에게 어떤 상황에 대한 다른 접근 방법의 효과를 탐구하게 하거나 또는 어떤 상황 내에서 다른 규칙을 활용해 보도록 하는 것이다. 이 유형의 시뮬레이션은 역할놀이 기법을 활용하여 실행되는 게임의 성격을 가지고 있으나, 게임과는 근본적으로 그 성격이 다르다. 이를테면 보통의 게임처럼 반드시 최선의 해답이나 최고의 점수, 문제해결보다는 게임을 진행하는 과정에서 형성해 가는 교육 환경에 초점을 맞추었다.

예를 들면, 학습자 스스로 사업주가 되어 생산 목표와 계획을 모의·결정하고 주어진 여러 가지 생산 요소를 이용하여 생산 활동을 펴는 등 실제 공장을 맡아서 운영하는 것처럼 모의 시험하는 프로그램이 있다. 학습자는 프로그램을 진행해 가면서 어떻게 대처하고 무엇이 최선인지를 학습하게 되고, 이로써 여러 상황에 처해 보고 다양한 선택을 통해 스스로 해결 방법을 터득한다. 또 다른 예로 대학을 갓 나와 투철한 사명감을 지닌 교사가 처음으로 생소한 학교에 부임하여 여러 가지 상황에 직면했을 때 어떻게 대처할 것인지 시뮬레이션을 통해 배울 수 있는 임용 프로그램도 있다. 문제를 일으키는 학생들이 있는가 하면, 학부모와 상담하고, 교무회의에 참석하여 자기주장을 펴며, 다른 교사와의 대화를 통해 정보를 교환하는 등 여러 가지 상황에 처하게 된다.

상황적 시뮬레이션은 실제로 일어날 수 있는 여러 상황 속에서 학습자가 직접 대안을 선택하고, 이때 나타나는 결과를 통해 자신이 올바른 선택을 했는지 검증함으로써 최소의 비용으로 최대의 교육 효과를 거둘 수 있다. 그러나 상황적 시뮬레이션은 인간의 행동을 모두 예측할 수 없고 행동 간의 모든 관계를 정의하여 프로그램화할 수 없다는 어려움이 있다. 즉, 상황을 객관적으로 모형화하기가 어렵다는 것이다.

① 캐피털리즘

엔라이트 소프트웨어(Enlight Software)에서 개발한 캐피털리즘(Capitalism)은 자유주의 경제를 몸소 체험하는 자본주의 경영 시뮬레이션 게임이다. 이 게임의 목적은 거대 자본가가 되는 것이다. 이를 이루기 위한 방법은 두 가지로 제시되어 있다. 하나는 사원에서부터 차근차근 올라가는 자수성가형 재벌이 되는 것이고, 다른 하나는 처음부터 어느 정도의 부, 즉 자본을 가지고 시작해서 사업을 확장하고 다른 기업과의 M & A(Mergers & Acquisitions) 혹은 R & D(Research & Development) 등을 통하여 더욱 큰 재벌이 되는 것이다. 재벌이 되면 명예의 전당(Hall of Fame)에 게이머의 이름이 올라간다.

그림 8-18　캐피털리즘

② 엄마 다녀오겠습니다

룬스튜디오에서 개발한 '엄마 다녀오겠습니다'는 감성지수(Emotional Quotient: EQ)와 함께 유아교육의 요소로 각광받고 있는 인성지수(Personal Quotient: PQ)를 강조한 유아교육용 게임이다. 게임 내용은 어머니가 아이에게 심부름을 시킴으로써 아이의 행동 패턴에 따른 교육 방안을 모색한다. 학습자는 어머니의 말에 따라 고등어를 사러 생선 가게를 찾아가거나, 지나가는 동네 할아버지에게 정중하게 인사하는 등 다양한 사회적 경험을 할 수 있다.

그림 8-19 엄마 다녀오겠습니다

③ 911 초기 대응자

허구의 재난 상황에서 구조 및 재난 관리 운영의 책임자가 되어 게임을 진행한다. 소방서, 의료 구조, 경찰 및 기술 서비스 차량과 직원 수를 결정하고 임무를 지시한다. 끊임없는 상황 변화와 다양한 기상 조건을 통해 현실 세계에서 일어날 수 있는 재난 상황에 대비하는 시뮬레이션이다.

그림 8-20 911 초기 대응자

3) 세컨드 라이프에서의 시뮬레이션 사례

(1) 아폴론 섬 - 물리적 시뮬레이션의 예

① 소 개

아폴론 섬(Apolon Island)은 각종 운송 수단을 직접 작동시켜 보는 체험을 할 수 있는 곳이다. 운송 수단으로는 헬리콥터, 비행기, 버스, 지프, 보트, 요트, 제트스키, 행글라이더 등 그 종류가 매우 다양하다. 실제 현실에서는 이러한 운송 수단이 비싸거나 작동시키기 어려워서 직접 체험할 수 없으나 이 섬에서는 면허증이 없는 사람도 쉽게 작동 체험을 할 수 있다. 각종 운송 수단을 직접 작동시킴으로써 필요한 기술과 느낌을 체험할 수 있다.

② 활용 방법

이 섬에는 각각의 장소에 따라 다양한 운송 수단들이 종류별로 배치되어 있다. 활주로와 헬리콥터 이착륙지가 있는 공항 중심에는 다양한 모양의 헬리콥터와 비행기가 있어 사용자가 자신의 기호에 맞게 선택할 수 있다. 공항의 끝부분인 바다 주변에는 돛단배, 서핑보트, 요트, 제트스키가 배치되어 있어 원하는 것을 돈을 주고 선택할 수 있다. 그 외에도 경주용 차, 지프, 탱크 등의 여러 운송 수단들은 대체로 일정 금액을 지불해야 탈 수 있으나, 사용자가 돈을 지불하지 않고도 탈 수 있는 시험용 운송 수단 또한 제공된다. 사용자가 자신이 선택한 운송 수단에 앉아 '1인칭 시점' 이라는 탭을 누르면 실제로 그 운송 수단을 타는 것과 같은 실재감을 느낄 수 있다. 마우스를 작동시킴으로써 방향을 조정할 수 있고, 작동이 끝나면 '서기' 탭을 눌러 운송 수단에서 빠져나올 수 있다. 보트를 탔을 때는 마우스를 이용한 방향 전환 외에 'Page up' 'Page down' 키를 이용해 속도를 조절할 수 있다. 그리고 사용자가 앉는 좌석의 크기뿐만 아니라 계기판의 색도 바꿀 수 있다. 또한 보트에 장착된 카메라를 고정시키거나 작동하는 등 실제와 같은 체험을 할 수 있다.

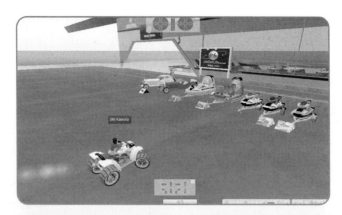

그림 8-21　아폴론 섬

출처: http://slurl.com/secondlife/Apolon%20Island/128/128/23

(2) 게놈 섬 – 순회적 시뮬레이션의 예

① 소 개

게놈 섬(Genome Island)은 유전학을 연구하는 곳으로 처음 설계의 목적은 생물학을 공부하는 학생들에게 유전학 과목을 지원하기 위한 것이었지만, 과학에 흥미를 갖는 많은 사람들이 이곳에서 다양한 유전적 정보를 제공받고 있다.

② **활용 방법**

게놈 섬은 4개의 구역(성당과 정원, 언덕에 위치한 탑, 유전자 연못, 테라스)으로 구성되어 있으며, 각 구역에는 다른 주요 장소로 쉽게 이동할 수 있는 텔레포트 패널이 배치되어 있다. '성당과 정원' 구역에는 식물(꽃, 옥수수, 완두콩 등)을 활용한 유전 패턴을 스스로 조작할 수 있게 꾸며졌으며, '언덕에 위치한 탑'은 총 21층 건물로 층수에 따라 낮은 레벨에서부터 활동을 수행하고 정보를 획득하면서 높은 레벨로 이동한다. 이곳에서는 유전학과 관련된 다양한 정보를 제공한다. 탑을 기준으로 서남쪽 아래에 위치한 '유전자 연못'에

그림 8-22 게놈 섬

출처: http://slurl.com/secondlife/Genome/118/144/54

서는 집단 유전학, 단백질 합성(모델) 등의 내용을 소개한다. '테라스'는 고양이 성과 관련된 털색 유전을 다루는 캐터리(Cattery), 진핵세포 모델의 제시 및 탐사가 가능한 어퍼 테라스(Upper Terrace), 토끼의 털색 유전자의 상호작용을 소개하는 로어 테라스(Lower Terrace) 등으로 구성되어 있다.

게놈 섬에서는 주요 구역으로 이동할 수 있는 텔레포트 패널이 잘 조직되어 손쉽게 구간 이동이 가능하며, 각종 유전 학습 대상물을 클릭하여 다양한 정보와 변화를 관찰·조작할 수 있다. 이곳에서는 유전학에 대한 흥미로운 탐색이 가능하다.

(3) 임페리얼 칼리지 런던 – 절차적 시뮬레이션의 예

① 소 개

임페리얼 칼리지 런던(Imperial College London)에서 세컨드 라이프 내에 구현해 놓은 시뮬레이션이다. 주어진 가상의 환자 프로파일과 증상을 통해 환자의 상태를 진단한 후 병명이 무엇이고 어떻게 처방할 것인지를 학습할 수 있는 역할놀이 형태의 시뮬레이션 프로그램을 구현하여 실제 상황에서도 유용하게 적용할 수 있다.

② 활용 방법

병원에서 의사가 환자를 진료하는 여러 과정을 지시에 따라 순서대로 진행할 수 있도록 구현해 놓았기 때문에 주어진 프로파일과 증상을 통해 환자를 진단하는 방법을 여러 번 시뮬레이션해 볼 수 있다. 의대생들이 실제 환자를 접했을 때 당황하지 않고 학습한 절차대로 진행함으로써 정확한 검진 결과와 처방을 내리는 데 활용할 수 있다.

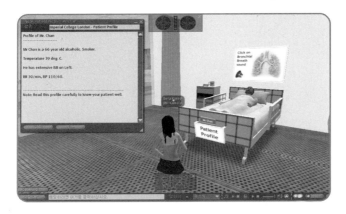

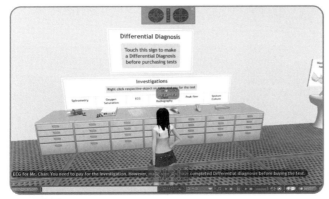

그림 8-23 임페리얼 칼리지 런던

출처: http://slurl.com/secondlife/Imperial%20College%20London/150/86/27

(4) 코리안 틴아일랜드 - 상황적 시뮬레이션의 예

① 소 개

코리안 틴아일랜드(Korean TeenIsland)는 미국 로스앤젤레스(Los Angeles: LA)에 살고 있는 외국 친구의 초대로 인천공항에서부터 친구 집까지 찾아가는 과정에서 다양한 상황을 체험해 보는 시뮬레이션이다. 실제 의사소통 중심의 맥락을 제공하고 상황별 체험 활동을 중심으로 하는 서사구조다. 학생들이 탐험을 하면서 실제적으로 영어 학습을 할 수 있도록 관련된 맥락을 제공하고, 이러한 상황에서 실시간으로 학습자를 도와주고 촉진하는 역할을 튜터와 보조 튜터에게 부여한다. 더불어 학습자가 임무 해결에 참고할 수 있는 대화와 유용한 표현이 담긴 노트카드 형태의 파워노트, 실시간 접속하여 도움을 주는 튜터가 없이도 상황 속 표현을 읽고, 듣고, 연습할 수 있도록 지원하는 임무별 허드 등의 보조 콘텐츠까지 다양한 학습 촉진 요소가 제공된다.

② **활용 방법**

코리안 틴아일랜드는 오리엔테이션 랜드에서부터 홈스테이 장소인 외국인 친구의 집에 도착하기까지의 다섯 스테이지로 구성된다. 첫 번째 스테이지인 오리엔테이션 랜드에서는 레벨 테스트가 이루어진다. 두 번째 스테이

그림 8-24 코리안 틴아일랜드

출처: http://slurl.com/secondlife/Korean%20TeenIsland/233/159/33

지는 인천공항에서 티케팅, 보안검색대, 출국심사대를 거치는 상황을 제시한다. 세 번째 스테이지에서는 비행기 안에서 음료와 식사를 주문하는 등의 상황을 스스로 해결해 본다. 네 번째 스테이지는 LA 공항에 도착해서 입국심사대를 통과하고 가방을 찾아 공항을 나가는 상황을 제시한다. 마지막 스테이지는 대중교통 편을 알아보고 LA 다운타운에 살고 있는 친구의 집으로 찾아가는 상황을 제시한다. 첫 번째 스테이지인 오리엔테이션 랜드를 제외하고는 외국 친구의 초대에 의해 로스앤젤레스에 가는 실제적인 서사구조 속에서 상황별로 진행된다.

4. 맺는말

지금까지 교육용 게임과 시뮬레이션에 대해서 CD 및 웹을 기반으로 하여 활용되고 있는 유형별 사례와 세컨드 라이프에서의 활용 사례를 살펴보았다.

교육용 게임은 사용자들이 게임 진행 과정에서 다양한 학습을 체험할 수 있도록 제작 단계에서부터 의도적으로 설계되는 게임을 말한다. 이것은 교육의 매체화, 교육 상품의 게임화를 통해 역사, 과학, 경제, 예술 등의 분야에서 교육적 효과를 주된 목적으로 제작된 모든 게임이 여기에 포함되며, 학습자의 지적·정의적·신체적 발달이라는 교육 목표의 달성을 위한 교육적 매체의 하나로서 학습자의 흥미를 고려하고 발달단계에 맞도록 제작된 것이다.

시뮬레이션은 공간의 제한, 안전상의 문제, 비용의 문제 혹은 너무 빠르거나 느려서 우리가 직접 관찰할 수 없는 현상이나 사물의 상황 등에 대해서, 그들의 구성 요소와 기능의 상호 관계를 추출한 가상 상황을 학습자에게 제시한다. 또한 학습자로 하여금 제시된 가상 상황에 대해서 조건, 변수, 시간적 흐름 등을 조작하게 하여 실제 상황에 관련된 개념, 원리, 절차, 변화 과정을 학습하도록 한다.

가상현실공간을 구축할 수 있는 틀을 제공하는 세컨드 라이프는 교육용 게임과 시뮬레이션 활용 가능성을 한 단계 높이는 등 보다 나은 교육 환경을 제공하는 새로운 매체로서 기대를 모으고 있다. 세컨드 라이프는 현실 세계와 상당히 높은 수준의 유사성을 보이는 사회적 상호작용이 이루어진다는 점에서 교육적 활용도가 높다. 학습자는 상황에 맞는 가상현실공간 내의 게임과 시뮬레이션에 몰입하여 보다 효과적으로 학습 목표에 도달할 수 있다. 즉, 이곳에서는 학습자 스스로 학습 환경 요소를 창조하고 구성하면서 자신의 필요에 맞게 능동적이고 자유롭게 학습할 수 있다.

가상현실공간 내에서 게임과 시뮬레이션은 앞으로도 계속 발달할 것이며, 우리의 교육 환경에 지속적으로 영향을 미침으로써 교육 현장의 교육 활동에도 커다란 변화를 가져올 것이다. 하지만 교육에 테크놀로지를 도입하는 데 있어 그 특성을 제대로 이해하지 못하고 실시하게 되면 오히려 역효과가 나타날 수 있다. 따라서 교육 전문가 및 현장 교사들은 앞으로 변화하는 교육적 현상을 바르게 이해하고 예측하여 효과적인 교육 활동을 위해 그 특성에 적합한 테크놀로지 활용 방안에 대한 안목을 길러야 한다.

참고문헌

김동식, 박인우 공역(2003). 멀티미디어와 학습. 피어슨 에듀케이션 코리아.

김민규(2001). 창의적 작문교육을 위한 웹 기반 시뮬레이션 개발. 연세대학교 대학원 석사학위논문.

민용식, 이동희(2002). 게임학개론. 서울: 도서출판 정일.

박형성(2009). 게임을 활용한 학습에서 게임특성·학습자능력·몰입·동기 및 학업성취의 관계 탐색. 한국교원대학교 대학원 박사학위논문.

백영균(1995). 학습용 소프트웨어의 설계. 서울: 교육과학사.

백영균(2005). 에듀테인먼트의 이해와 활용. 서울: 도서출판 정일.

백영균, 김향희(2005). 교육용 온라인 게임에서 몰입과 게임행동 의도에 영향을 미치는 주요 요인에 대한 연구. 한국교육공학학회, 21(3), 1-32.

한국게임산업개발원(2003). 대한민국게임백서. (재)한국게임산업개발원 게임연구소.

Aldrich, C. (2004). *Simulation and the future of learning*. CA: Pfeiffer.

Alessi, S. M., & Trollip, S. R. (2001). *Multimedia for learning* (3rd ed.). Allyn and Bacon.

De Jong, T., & Van Joolingen, W. R. (1996). *Discovery learning with computer simulation of conceptual domains*. IST-MEMO-96-2. Retrived Aug. 1, 2007, from http://phoenix.sce.nl.pt/simposio/ton_de_Jong.html

Gredler, M. E. (2003). Games and simulations and their relationship to learning. In D. H. Jonassen (Ed.), *Handbook of research for educational communications and technology* (2nd ed.) (pp. 571-581). NJ: Lawrence Erlbaun Associates.

Reiguluth, C. M., & Schwatz, E. (1989). An instructional theory for the design of computer-based instruction. *Journal of Computer-Based Instruction*, *16*(1), 1-10.

〈참고 사이트〉

http://slurl.com/secondlife/Meldenrake/216/126/38

http://slurl.com/secondlife/EduNation/11/102/22

http://slurl.com/secondlife/EduNation/30/88/22

http://slurl.com/secondlife/EduNation/24/84/22

http://slurl.com/secondlife/GAME%20NATION/115/153/25

http://slurl.com/secondlife/Intoint/60/132/32

http://cont121.edunet4u.net/hkroh99

http://mully.net/lee/

http://cont151.edunet4u.net/wt15075

http://www.forterrainc.com

http://www.microsoft.com/games/pc/flightsimulator.aspx

http://slurl.com/secondlife/Apolon%20Island/128/128/23

http://slurl.com/secondlife/Genome/118/144/54

http://slurl.com/secondlife/Imperial%20College%20London/150/86/27

http://slurl.com/secondlife/Korean%20TeenIsland/233/159/33

제9장

가상현실공간에서의 교수-학습 : 기회와 도전

1. 시작하는 말

지금까지 살펴보았듯이 가상현실공간은 우리에게 많은 가능성을 던져 주었다. 이제 그것을 교수-학습의 측면에서 발전시켜 나가는 것이 우리의 몫이다. 마지막으로 가상현실공간이 제공하는 기회 및 대처 방안을 논의하려 한다.

가상현실공간은 무한한 가능성을 바탕으로 새로운 교육 기회를 제공한다. 사용자는 삼차원 가상 환경을 항해하고 그 속에서 상호작용할 수 있을 뿐만 아니라 자신의 객체를 만들며 이미 존재하는 가상 환경을 더욱 확장할 수 있다. 즉, 가상현실공간은 효과적인 학습공간을 창출하고 사용자 스스로 자신의 세상을 창조할 수 있는 기회를 제공한다. 이러한 가상현실공간은 기존의 교수자 중심 체제에서 학습자 중심 체제로의 교수법 전환의 기회 모색과 실제적인 학습 전략 구현에 활용할 수 있다.

2. 공학의 발전과 교육의 변화

제임스(James, 1997)는 미래에 중요한 충격을 줄 일차적인 사회적 영향의 하나로 공학을 제시하고 있다. 공학과 기술의 사회적 영향은 현대사회에서와 같이 급속한 기술 변화의 시기에 사회가 채택해야 할 교육체계를 안내할 것이다. 폴카(Polka, 1999)에 따르면, 미래의 교육 기술은 교육 과정과 교수-학습 방법에 심오한 영향을 끼칠 것이라고 한다. 공학 및 기술의 변화와 혁신은 교육자가 '무엇을 가르쳐야 하는지'와 '어떻게 가르쳐야 하는지'에 큰 영향을 주었다. 이제 대학을 비롯한 다양한 형태의 교육기관에서는 기관의 생존을 위해 학습자들이 어디서, 무엇을, 언제 그리고 어떻게 배우는지에 대해 재고해야 할 것이다. 새로운 교육공학은 교실 수업과 원격 수업 모두에서 교사만을 지식의 주요 자원으로 강조하는 전통적인 교수 방법을 더 이상 반복하지 않게 하였으며, 더 많은 자원에 기반한 교육적 접근을 가능하게 하였다. 또한 디지털 테크놀로지의 확산은 우리 삶의 모든 측면에서 창의적 사고의 필요성을 강조하였고, 사용자가 스스로를 발전시키고 재발견할 수 있는 도구를 제공하였다.

세계의 모든 나라가 교육 개혁을 시도하고 있다. 하지만 대부분의 개혁 시안이 표면적이고 부가적이며, 문제의 핵심을 다루지 못하고 있다. 이러한 시안들은 평가의 새로운 형식을 도입하려 하지만 종래의 교육 과정과 교수 전략을 그대로 가지고 가거나 부가적으로 매우 작은 변화만을 시도할 뿐이다.

1) 학습 방법

학습자들의 학습 방법을 재고하는 데 적용되어야 할 중요한 변화들이 많이 있다. 교수자가 학습자들에게 정보를 전달하는 무대의 현자로서 행동하는 통제 중심 모델을 사용하는 대신에, 교수자에게 보다 다원적인 역할이 요구되고, 학습 상황에서 중개자적인 접근으로 변화할 필요가 있다.

교사는 기본적으로 교실을 재조직하고, 학습자들의 학습 방법에 대하여 재고해야 한다. 따라서 학습에 대해 보다 효율적이고 효과적인 접근을 해야 한다. 교사가 관리의 주도자가 아니라 상담자가 되면 학습자들은 보다 활동적이고 독립적으로 될 수 있다. 교사는 교육 과정을 수학, 과학, 사회, 언어 등의 교과목으로 나누기보다는 지식의 서로 다른 영역을 풍성하게 연결한다는 생각을 가지고 주제와 프로젝트 활동에 초점을 맞춘 통합적 교육 과정으로서 접근해야 한다. 또한 학습자들을 연령에 따라 나누기보다는 서로 간에 가르치면서 배울 수 있도록 하는 다양한 학습 기회를 제공하고, 이에 따라 모든 연령의 학습자들이 함께 프로젝트에 참여하면서 상호작용할 수 있도록 의욕을 북돋워야 한다. 수업일수를 단순히 시간 단위로 나누는 대신, 학습자들이 학습 과정에서 생긴 아이디어를 더욱 깊이 있고 유의미하게 따라갈 수 있도록 프로젝트에 참여하도록 해야 한다.

2) 학습 내용

학생들은 '무엇을 배울 것인가'를 재고해야 한다. 오늘날 학교에서 학생들이 무엇을 더 배울 것인가 하는 문제는 지필학습 시대에 설계된 것이다. 이제는 디지털 시대를 위한 교육 과정을 마련해야 한다. 학교는 학습자들이 디지털 시대에 요구되는 새로운 기능과 아이디어를 준비할 수 있도록 지원해야 한다. 새로운 테크놀로지는 학습자들이 무엇을 배워야 하는지뿐만 아니라 그들이 무엇을 배울 수 있는지를 변화시키고 있다. 중요한 가치가 있는 지식이지만 종이, 연필, 교과서, 칠판으로는 효과적인 교수-학습에 한계가 있어 전통적인 학교 교육 과정에서는 다루지 못한 아이디어와 주제가 많았다. 이러한 아이디어의 일부는 새로운 디지털 테크놀로지를 창의적으로 사용함으로써 접근할 수 있다. 예를 들어, 학생들은 자기 세계 혹은 주변 세계에서 작동하는 시스템을 탐색하기 위해서 이전에는 가능하지 않았던 방법으로 컴퓨터 시뮬레이션을 사용할 수 있다. 학생들은 자신을 둘러싼 생태계의 경제 시스템과 자신의 내부에서 일어나는 면역체계를 포함한 다양한 영역의 시스템을 컴퓨터 시뮬레이션을 통해 탐색할 수 있는 것이다. 그뿐만 아니라 이전에는 단지 대학 수준에서만 소개되었던 일부 아이디어들이 이제는 훨씬 이전 수준에서도 학습될 수 있다. 결국, 기존의 교육 과정이 알아야 할 것들에 초점을 맞추고 있었다면, 앞으로는 모르는 것을 학습하기 위한 전략에 더욱더 초점을 맞추도록 교육 과정을 전환할 필요가 있다. 새로운 테크놀로지가 우리 생활의 모든 부분에서 변화의 발걸음을 빠르게 함에 따라, 세계의 수도를 암기하거나 분수의 곱을 잘하는 것보다 '잘 학습하는 사람이 되기 위한 학습'이 훨씬 더 중요해진 것이다.

3) 학습 시기와 장소

어디서 그리고 언제 배울 것인가에 대한 재고 역시 필요하다. 대부분의 교육 개혁 시안은 학습 과제가 6~18세를 대상으로 오전 8시에서 오후 3시 사이에, 즉 학습자들이 학교에 있는 시간에 발생한다고 가정한다. 그러나 학교는 학습 생태계의 단지 일부분일 뿐이다. 디지털 시대에 학습은 하루 종일에 걸친 그리고 삶의 전반에 걸친 경험이 될 수 있으며, 그렇게 되어야 한다. 국가적 교육 시안은 학교에서뿐만 아니라 가정에서, 공공 센터에서, 박물관에서 그리고 일터에서도 학습 기회를 향상시킬 것을 목표로 해야 한다. 현재 진행 중인 것처럼 인터넷을 활용한다면, 전 세계 학생들이 프로젝트에 참여하고 상호 협력하여 학습하는 '지식 형성 공동체' 라는 새로운 유형을 실현하는 학습 기회를 열 수 있을 것이다.

3. 새로운 교수-학습에 대한 기회

가상현실공간은 새로운 범위의 교육 기회를 제공한다. 사용자는 항해를 통해 이미 존재하는 삼차원 환경과 상호작용할 수 있을 뿐만 아니라 자신의 객체를 만들어 직접 자신이 속한 활동의 범위를 확장함으로써 다양하고 창의적인 환경 구성이 가능하다. 이러한 의미에서 가상현실공간의 속성은 발생적이라고 할 수 있다. 이렇게 만들어진 객체들은 다른 사용자와 공유할 수 있다. 비록 사용자가 가상현실공간으로 유도하는 테크놀로지에 의해 자신의 의지와는 상관없이 들어오게 되었다고 하더라도 각각의 가상현실공간은 현실 세계의 대상과 경험을 재창조할 수 있는 도구와 이렇게 재창조된 대상과 경험을 상상과 기술이 도달할 수 있을 만큼 확장할 수 있는 도구들을 제공한다.

1) 효과적인 학습공간

가상현실공간은 매우 효과적인 학습공간을 창출할 수 있다. 이 학습공간은 맥락적이라기보다는 오히려 발생적이기 때문에 모든 과목에 적용될 수 있다. 구성물은 특정 과목이나 학습공간에 적합하게 만들어질 수 있다. 위치와 물품들은 실제적이고 세밀하거나, 원하는 만큼 포괄적이면서 한정되지 않을 수 있다. 삼차원의 구성 도구들은 심지어 거대(巨大)하거나 미소(微小)한 규모에서 일상적으로 발생하는 물리적 대상과 재료를 쉽게 가시화할 수 있다.

이차원에 의해 제공되는 디지털 교실은 전통적인 교실의 실재와 닮지 않았다. 왜냐하면 삼차원 환경에서 실제 세계를 흉내 내기보다 전형적인 컴퓨터 윈도 같은 것에 의지하기 때문이다. 삼차원 가상 환경의 핵심 열쇠는 교수자와 학습자가 자신의 존재감과 다른 참가자의 위치를 활동으로 가시화하는 능력 그리고 일반적으로 현존감과 감각인식을 증가시키는 능력이다.

가상현실공간에 위치한 교실은 각종 매체를 종합한 자료를 많이 활용한다. 학습자들은 학습 내용이 담긴 노트카드를 얻거나 팟캐스트(Podcast)를 듣거나 비디오를 보기 위해 삼차원의 객체를 클릭할 수 있다. 이러한 것들은 온라인 과정의 관리 시스템과 웹사이트에서 흔히 볼 수 있는 기능이며 가상현실 공간에서는 각각의 독립된 객체로 구성되어 활용성 및 교육적 효과가 매우 높다. 한편 다중 접속자 가상 환경(multi-user virtual environments: MUVEs)이 가지는 교육적 효과의 측정은 실재, 인식, 의사소통 그리고 교육을 목적으로 하는 공동체에 대한 소속감과 같은 요소에 주안점을 두고 이루어진다(De Lucia et al., 2009).

(1) 실재

가상공동체에 있어, 삼차원 기술은 기존의 이차원 기술에 비해 월등한 우위를 점하고 있다. 즉, 삼차원 세계에서의 참여감이 이차원 세계에 비해 훨씬 더 높다(Witmer & Singer, 1998). 사용자는 컴퓨터에 의해 생성된 가상공간을 탐색하면서 주변의 작용에 반응하고, 이동함에 따라 자신의 시점 역시 달라지게 된다. 이에 따라 현장감이 극대화되고, 이러한 현장감이 강해질수록 그 경험이 가지는 의미 역시 증폭된다. 실재와 학습은 강한 상관관계를 지니고 있다. 참여감이 높아질수록 학습의 효율 및 그에 따른 성과 역시 상승하게 된다.

(2) 인 식

다중 접속자 가상 환경은 실제로는 멀리 떨어져 있는 사용자 간의 상호작용을 가능하게 해 준다는 특성이 있다. 이러한 환경에 일단 접속하게 되면, 사용자는 다른 사용자들의 행위를 1인칭 시점으로, 그리고 실시간으로 볼 수 있게 된다. 즉, 그들은 단순히 보는 것뿐만 아니라 현장에 참여하고 있는 것이다.

인식에는 몇 가지 서로 다른 종류가 있다(Schmidt, 2002). 세부적으로 살펴보면, 우선 사회적 인식(social awareness)은 학습 환경 내의 다른 사용자의 존재와 그 위치에 대한 감각을 말한다. 이를 통해 '누가 있는지' 그리고 '무슨 일이 벌어지는지'를 알 수 있게 된다. 사용자는 자신의 위치 및 다른 사용자의 위치를 파악하게 되고, 또한 무슨 일이 벌어지는지를 인식하게 된다.

주변 인식(peripheral awareness)은 가상현실공간에서 다른 모든 사용자들이 어디에 있는지 파악하는 것이다. 이러한 인식은 순간적으로 발생한다. 즉, 명시적인 통보 혹은 정보에 대한 요청을 따로 할 필요 없이, 가상현실공간의 사용자들은 단지 가상현실공간에서 사용자를 대변하는 아바타를 보고 다른 사용자들이 어디에 있는지, 이들이 무엇을 하고 있는지 바로 알 수 있는 것이다.

대부분의 가상현실공간에서 사용자는 아바타를 자신의 취향에 맞게 수정할 수 있도록 되어 있다. 사용자는 자신이 선택한 아바타를 통해 자신을 뚜렷하게 나타내고, 다른 참가자와 확연히 구분될 수 있도록 한다. 아바타를 자신의 취향에 맞게 수정함으로써 사용자들은 더욱더 참여감을 느끼게 되고, 이는 인식의 강도에 지대한 영향을 미치게 된다(Benford et al., 1997). 인식이 란 또한 특정한 사용자가 무엇에 관심이 있는지 그리고 무엇을 하고 있는지 알 수 있을 때 더욱 뚜렷해진다. 특히, 행동 인식(action awareness)은 사용자 로 하여금 자신이 관심을 가진 대상 혹은 물체에 어떠한 일이 벌어지고 있는 지 또한 그러한 물체를 조사 혹은 변화시키기 위해 어떠한 행위가 발생하고 있으며, 누가 그러한 행동을 취하고 있는지를 알아차리는 것이다.

집단 구조 인식(group-structural awareness)은 서로 다른 역할을 가진 사용 자들을 구별해 내는 것이다(Greenberg et al., 1996). 해당 사용자의 상태를 대 변하는 아바타의 장식 혹은 자세를 통해 사용자들을 식별할 수 있다. 가상 환 경에서 비언어적인 방식으로 의사소통이 가능해짐에 따라 사회적 인식의 수 준 또한 높아지게 된다.

(3) 의사소통

언어적인 메시지는 일반적으로 잠재된 감정적 뉘앙스를 바탕으로 서로 주고 받게 되며, 이러한 뉘앙스 역시 의사소통의 대상이 된다(Redfern & Naughton, 2002). 그 결과, 언어적인 메시지의 전달 과정에는 반드시 비언어적인 의사 소통 과정이 함께 수반되며, 이러한 의사소통은 주로 시각적인 수단을 통해 이루어지게 된다. 의사소통에 따른 문맥의 전달은 이러한 양대 채널을 따라 이루어진다. 즉, 언어적인 정보 전달과 시각적 정보를 통해 의사소통이 이루 어지는 것이다.

코라즈(Corraze, 1980)에 따르면, 비언어적인 의사소통은 발화자의 감정적 인 상태를 나타내는 정보, 발화자의 정체성 그리고 이를 둘러싼 외부 세계에 대한 정보 등으로 구성된다. 특히, 이러한 정보의 전달은 표정의 시각화와 인 지로 이루어지며, 각종 몸짓을 포함한 신체의 움직임, 자세의 변화, 손이나 머리, 몸통 부위의 움직임도 같은 효과를 낼 수 있다.

또 다른 요소로는 아바타의 몸체, 주변 환경에 부착되어 있는 물체 혹은 공간 내에 각 개인이 배치되어 있는 양상 등이 있다. 아바타에 감정적인 몸짓, 표정 그리고 자세를 취할 수 있도록 하는 것은 가상현실공간에서 의사소통을 더욱더 활발하게 하는 데 큰 도움을 주는 요소로 작용한다(Fabri et al., 1999).

또한 학습 능력의 향상을 위해 학습자들이 서로 모일 수 있는 사회적인 가상공간을 제공하는 것이 도움이 된다. 바람직한 가상공간을 조성하기 위해서는 학습자들이 단순한 동료로서 서로 부담 없이 만날 수 있는 기능을 가지도록 설계하는 것이 중요하며, 이러한 사회적 환경에 참여하기 위해 일일이 로그인하는 불편함을 덜어 주는 것도 바람직하다. 이러한 목적을 달성하기 위해서는 가상 환경 자체가 적절한 의사소통과 협력에 필요한 도구를 제공해야 하며, 정보를 취득할 수 있는 경로를 학습자들에게 제공해야 한다.

그럼에도 불구하고, 컴퓨터를 기반으로 하는 협력학습 환경은 대부분 기능적인 측면에만 치중하고, 학습에 수반되는 사회적(혹은 감정적) 측면에 대한 지원은 간과하는 경우가 많다. 만일 가상 교육 환경이 단지 겉보기에만 화려한 의사소통 도구에 불과하다고 보고 의사소통에 필수적인 이와 같은 요소들을 등한시하는 경우, 가상공간은 단지 조금 멋있게 만들어진 원격회의 또는 영상회의 도구로 전락하고 말 것이며, 사회적 측면 혹은 주변 인식에 따른 기능은 전혀 기대할 수 없을 것이다.

(4) 공동체에 대한 소속감

학습 활동을 꾸려 나가는 데 있어 사회·심리적인 프로세스를 고려하는 것은 매우 핵심적인 사안이다. 이러한 프로세스로는 그룹의 구성, 그룹 구조의 정의 그리고 사회적 관계 유지 등을 들 수 있다(Kreijns et al., 2007). 실제로, 특정한 교육 프로그램에 참가하는 사람들은 오직 일련의 학습 과정에만 흥미를 가지는 것이 아니라, 해당 학습 그룹에 대한 소속감을 갖기를 희망하며, 자기 자신에 대한 인정 및 타인의 지지를 얻고자 하는 것으로 나타났다. 또한 학습 그룹에 참여하는 개인은 자신에 대한 긍정적인 평가를 이끌어 내기 위해 학습에 도움이 되는 유익한 정보를 제공할 수도 있으며, 이는 결국 주변 환경에 대해 자신이 영향력을 갖기를 원한다는 의미로도 풀이할 수 있다(Bandura, 1995).

2) 생성적 가능성

이제는 더 이상 미리 모든 것이 정해진, 게임 개발자가 설계한 대로만 흘러가는 그러한 가상 환경이 아니다. 사용자들의 활동으로 게임은 멈추지 않고 계속 이어지며, 스스로 예측을 뛰어넘는 복잡성을 더해 간다. 가상현실공간에서는 사용자가 스스로 세상을 창조할 수 있다. 사용자는 주택, 오토바이와 같은 복잡한 물체도 만들어 낼 수 있다. 이러한 작업은 구체나 정육면체와 같은 간단한 도형들을 서로 조합하여 이루어진다. 그뿐만 아니라 사용자가 만든 물체에 스크립트 언어를 통한 프로그래밍을 입혀 특정한 동작이 가능하게 할 수도 있다. 사용자가 만든 가상의 주택에 달린 문에 손을 대면 문이 열리고, 자신이 직접 구상하고 만든 오토바이를 가지고 경주에 참가할 수도 있다. 이러한 기능은 사용자가 만들어 가는 가상현실공간을 게임의 영역 이상으로 끌어올리는 역할을 한다. 즉, 사용자들은 스스로 행동하고 그에 따른 결과를 자신이 직접 누리게 되는 것이다. 이곳은 사용자가 스스로 창조하며 삶을 영위해 가는 하나의 세상인 것이다(Antonacci & Modaress, 2008).

가상현실공간을 다른 웹 2.0 애플리케이션(application)과 구분 지어 주는 가장 중요한 요소는 바로 내부 요소를 스스로 생성해 낼 수 있는 기능이다. 사용자는 삼차원 물체를 스스로 생성하고, 해당 물체를 생성한 본인은 물론이고 가상현실공간에 속한 다른 사용자들도 사용하게 할 수 있다. 세컨드 라이프를 예로 들면, 그 내부에 물체의 생성에 필요한 일련의 시스템을 갖추고 있으며, 구체, 원뿔, 원기둥과 같은 '프림(prim)'을 기반으로 자신이 원하는 물체를 생성할 수 있다. 사용자는 프림의 형체를 변형하여 자신이 원하는 모양을 만들 수 있으며, 여러 개의 프림을 조합하여 최종적으로 원하는 물체를 만들어 낸다. 이러한 시스템을 통해 사용자들은 또한 JPEG 방식 또는 다른 포맷으로 저장된 텍스처를 읽어 들여 생성된 삼차원 물체에 이를 적용하며, 따라서 좀 더 사실적이고 풍부한 외관을 갖추게 할 수도 있다. 세컨드 라이프에서는 또한 내부적으로 사용되는 스크립트 언어를 탑재하여, 사용자가 생성한 물체에 행위를 부여할 수도 있다. 내부 물체 생성 시스템과 스크립트 언어는 교수자로 하여금 단순한 것에서부터 고도로 복잡한 것에 이르기까지 교육에 필요한 각종 환경을 조성하고, 이러한 삼차원 환경이 사용자(학습자)의 조작에 따라 상호작용하도록 할 수 있다. 가상현실공간의 사용자는 자신이 만든 창조물에 대한 지식 재산권을 보유하게 되어 있다. 또한 사용자의 아바타도 취향에 맞추어 고도의 수정이 가능하다. 캐릭터의 종류(인간이나 동물 등), 성별, 신체적 특성, 머리카락, 얼굴 표정, 의상 등 여러 가지 요소를 손쉽게 교체해 가며 사용할 수 있다. 학습자들은 이러한 가상현실공간에서 채팅이나 인스턴트 메시징 그리고 음성 통화 등을 이용해 서로 소통할 수 있다. 음성 통화 시에는 헤드세트와 마이크가 필요하다.

실제로 가상 환경은 창조의 원동력이 되어 자유로운 실험과 이전에는 불가능했던 급속도의 혁신을 이끌어 냈다. 가상현실공간에 탑재된 각종 도구들을 통해 사용자는 끊임없는 상호작용을 기반으로 하여 자신이 상상하는 어떠한 것이라도 만들어 낼 수 있으며, 그러한 창조 과정에 다른 사용자를 참여시킬 수도 있다. 가상현실공간은 누구든 자신이 상상하는 모든 것을 표현할 수 있게 해 주었으며, 사용자 자신의 형상 역시 자신이 원하는 대로 마음껏 바꿀 수 있게 되었다. 이러한 환경은 수많은 혁신적 사고의 주인공이 자랄 수 있는 비옥한 토양을 제공하였으며, 그에 따라 가상현실공간 내의 창조적인 활동 역시 더욱 활기를 띠게 되었다. 가상현실공간과 현실 세계 간의 경계가 점점 더 모호해짐에 따라 아바타의 창조성을 통해 만들어진 제품들을 현실 세계에서 만나 볼 수 있는 날도 머지않은 듯하다. 바로 이것이 아바타 기반 혁신(Avatar-Based Innovation: ABI)의 시발점이다(Kohler et al., 2009).

세컨드 라이프의 공간은 여러 개의 섬으로 구성되어 있으며, 이러한 섬들은 서로 텔레포트 링크, 다리, 도로 등으로 연결되어 있다. 각 섬에는 아바타와 거대한 건물에서부터 작은 액세서리까지, 아바타가 만들어 낸 다양한 물체가 존재한다. 세컨드 라이프의 환경은 삼차원의 객체를 생성하고, 스크립트 언어를 통해 이들 객체에 행위를 적용할 수 있도록 해 준다.

3) 학습자 중심의 교수 방법

학습 이론 및 교수법 분야는 현재 큰 변화를 겪고 있다. 기존의 객관주의적 심리 기반에서 구성주의적 인식론으로 전환되는 과정에 있는 것이다. 이에 따라 가상현실공간은 교수법에 있어 기존의 교수자 중심 체제에서 학습자 중심 체제로 전환할 수 있는 기회가 있어 그 활용 가능성이 주목되고 있다. 폴카(2001)는 교육기관에 있어 교수자 중심의 교수법에서 학습자 중심의 교수법으로의 전환이 반드시 필요하다고 주장하였다. 학습자 중심의 학습 모델에는 구성주의 학습 이론이 상당 부분 포함된다. 이러한 학습 모델하에서 학습자들은 경험을 통해 자신에게 알맞은 방식으로 이해를 구성해 나가며, 기존에 구성된 이해를 지양하게 된다. 가상현실공간 속에서 학습자들은 자신의 경험을 사용하고, 끊임없이 의미를 구성하는 활동에 적극적으로 참여하게 된다. 그뿐만 아니라, 가상현실공간은 다른 미디어에서는 찾아보기 힘든, 참여 의식을 가지고 상호작용할 수 있는 기회를 제공한다(New Media Consortium & EDUCAUSE Learning Initiative, 2007). 따라서 가상현실공간은 교수자의 입장에서 획기적인 기회를 제공한다. 학습자 중심의 교수법을 도입하여 활동적이고, 구성주의적이며, 질의응답에 기반을 둔 교수법을 마련할 수 있다. 이들은 탐구와 지식의 개발에 있어 결과 중심적이기보다는 학습자 중심의 모델을 실현할 수 있는 상당한 잠재력을 가지고 있다(EDUCAUSE Learning Initiative, 2006: 1).

가상현실공간의 활용을 통해 대학을 기반으로 한 온라인 수업을 운영하여 학습자의 경험에 따른 학습 능력을 더욱 향상시킬 수 있다. 가상현실공간에서의 수업은 시각화, 시뮬레이션, 사회적 네트워크의 강화 그리고 학습 경험의 공유와 같이 새로운 기회를 제공한다. 학습자의 성향에 따라, 어떤 학습자는 수업 내용을 귀로 들어야 머리에 잘 들어오는 경우도 있고, 또는 시각화 교재가 더욱 효과를 발휘하는 경우도 있을 것이다. 또 다른 학습자들은 학습 내용을 직접 실습해 봄으로써 더욱 큰 효과를 볼 수도 있다. 가상현실공간에서는 여러 종류의 청각적·시각적 콘텐츠와 직접 실습 기회를 제공함으로써 학습자들의 다양한 요구에 대응할 수 있다(Calongne, 2008). 가상현실공간에서는 이처럼 서로 다른 학습 방식을 지원하며, 학습자들이 스스로 탐구하고 발견하며, 자신이 수업 내용에 대해 이해한 바를 스스로 표현해 볼 수 있는 기회를 제공한다.

최근 기술의 발전으로 인해 세컨드 라이프, 액티브 월드(Active Worlds), 데어(There)와 같은 다중 사용자들이 참여하는 가상현실공간으로의 접근과 그 활용이 더욱 용이해졌다. 그뿐만 아니라 기술의 발전으로 인해 사용자의 상호작용 및 개발 능력이 더욱 향상되었다. 다중 접속자 게임을 포함한 대부분의 기존 컴퓨터 게임과는 달리, 가상현실공간은 사용자가 스스로 세상을 창조하고, 다른 사용자들과 함께 이러한 세계와 상호작용해 나가는 것을 가능하게 해 준다. 이미 프로그램화되고 고정된 세상과는 확연히 다른 것이다.

사용자 스스로가 세상을 창조하는 동시에 이와 상호작용하도록 하는 기술은 새롭고도 설레는 다양한 교육 기회를 제공한다. 사용자가 스스로 만들어 낸 가상현실공간에서는 교수자들이 자발적으로 일종의 가상 세계(simulated world)를 만들고, 학습자들이 이러한 세상을 탐험하고 상호작용하며 자신의 경험을 투영하도록 하여 스스로 학습할 수 있는 기회를 가질 수 있다. 또한 학습자들이 수업에서 배운 내용을 활용하여 가상현실공간에서의 문제를 해결하고, 그들 자신의 새로운 세계를 만들어 이와 상호작용하며 즐길 수 있다.

게임이나 시뮬레이션의 사용자들은 수동적으로 앉아 있을 수만은 없다. 학습자들은 교육용 게임이나 시뮬레이션을 경험하는 동안, 끊임없이 해석, 분석, 발견, 평가, 행동 및 문제해결 과정을 거치게 된다. 이러한 학습 접근법은 구성주의 학습법과 그 맥을 같이하는 것으로, 구성주의에서는 학습자가 자신만의 맥락 속에서 문제를 적극적으로 해결해 가는 과정을 통해 지식을 '구성'해 나가게 된다. 교수자가 지식을 단순히 학습자에게 전달하는 하나의 대상으로만 바라보는 기존의 학습법과는 완전히 상반되는 개념이다 (Jonassen & Land, 2000).

　구성주의 학습법에 있어서는 협력도 중요한 요소가 된다. 지식이 사회적인 과정을 통해 구성되어 나가기 때문이다. 다중 접속자 게임은 게임 그 자체로서 부가적인 사회적 경험을 제공한다. 이러한 게임에서는 일련의 사용자가 네트워크와 인터넷 기술을 활용하여 같은 게임을 동시에 즐길 수 있다. 다른 사람과 함께 게임을 즐기거나 혹은 다른 사람과 경쟁을 할 수도 있는 것이다(Antonacci & Modaress, 2008).

　가상현실공간에서는 학습자들이 서로 만날 수 있는 가상의 공간을 제공하여 일반적인 수업에 수반되는 활동을 영위할 수 있게 해 준다. 이러한 활동에는 강의, 토론, 사례 연구, 프로젝트, 보고서 작성, 시험 및 실험이 포함된다. 수업이란 일련의 동기와 비동기 활동의 혼합체다. 가상현실공간에서의 수업은 기존의 전통적인 수업 관리에 필요한 시스템, 예를 들면 블랙보드(blackboard)나 무들(moodle) 같은 소프트웨어와는 다른 방식으로 관리된다. 가상현실의 삼차원적 특성, 학습자를 대변하는 아바타의 도입 그리고 실재를 통해 학습자는 실제 수업에 참여하는 것과 유사한 경험을 할 수 있다(Calongne, 2008).

4) 실제적 학습의 적용

　훌륭한 학습 경험이란 학습자들이 새로운 지식과 기술을 습득하고, 기존의 가정과 이론을 비판적으로 구명하며, 다른 학습자들과 적극적으로 협력하여 지혜와 인격의 함양을 실천하는 것으로 정의된다(Eastmond & Ziegahn, 1995).

　한편 기존의 원격학습과 같이 교수자 중심의 강의나 시범은 일방적으로 전달하는 반면, 가상현실공간에서는 '확장 교실 모델(extended classroom model)' 기술을 도입·활용하여 훌륭한 학습 경험을 제공할 수 있다.

이러한 기술을 통해 학습자 혹은 견습생 간의 공동체를 생성하고, 이러한 공동체 내에서 실제 세계의 문제해결에 필요한 상호작용과 각종 활동을 촉진할 수 있다(Burge & Roberts, 1993).

여기서 중요한 인식론의 구성주의적 가정은, 지식이란 개인이 경험을 통해 의미를 구성해 감으로써 생성되는 결과물이라는 점이다. 구성주의 환경에서는 학습자가 협력 및 다른 학습자와의 의사소통을 통해 얻게 되는 학습 내용을 가지고 지식의 구성에 참여한다. 특히, 여기서의 협력은 나름의 의미적 문맥을 내포하고 있다(Jonassen et al., 1995).

가상현실공간은 실제적인 학습 전략을 구현하는 데 활용할 수도 있다. 실제적 학습은 일반적으로 현실 세계의 복잡한 문제들과 그에 따른 해결 방법을 제시하는 데 초점을 맞추고 있으며, 역할극, 문제 중심 활동, 사례 연구 그리고 연습을 목적으로 하는 가상공동체 활동을 주요 내용으로 한다. 따라서 학습 환경은 태생적으로 여러 교과목이 혼합된 양상으로 나타난다. 즉, 이러한 학습법은 기하학이나 철학과 같은 하나의 특정한 과목을 수업하기 위해 만들어진 것이 아니다. 오히려 기존에 배운 내용을 활용하여 문제를 해결해야 하는 '현실 세계'와 같은 환경, 예를 들어 도시의 시장 역할을 하거나, 집을 짓거나, 비행기를 조종하거나, 예산을 정산하거나, 범죄 문제를 해결하는 등의 환경을 제공한다(Lombardi, 2007).

과거에는 이러한 실제적 학습 활동을 실제로 구현하기가 상당히 힘들었다. 비용이나 복잡성 혹은 위험성과 같은 문제가 존재하여 그러한 활동을 교실에서 재현해 내기에는 상당한 무리가 있는 경우가 많았다. 그러나 가상현실공간에서는 시뮬레이션 혹은 현실 세계와 유사한 활동을 손쉽게 재현할 수 있다.

가상현실공간에서의 훌륭한 교육 경험은 학습 과정의 내용에 비추어 적절하고, 교육 목표 달성을 통한 자질의 함양에도 부합되는, 다음과 같은 여러 가지 내용이 혼합된 양상을 띤다. 물론 모든 수업이 프로젝트 혹은 삼차원 콘텐츠의 구성을 필요로 하는 것은 아니다.

- 학습자: 자신의 취향에 맞춘 아바타의 수정
- 탐구: 주변 환경을 탐색함
- 소통: 다른 사용자와의 정보 공유
- 이동: 삼차원 콘텐츠 내에서 이루어짐
- 상호작용: 삼차원 콘텐츠의 사용
- 창조: 학급 프로젝트의 디자인
- 제출: 해당 학습 과제를 교수자에게 제출
- 평가: 가상현실공간에서의 프로젝트 평가
- 피드백: 진척 보고서, 성과 보고서 등의 작성

가상현실공간에서의 학습 경험은 즐거운 것이다. 학습자들은 가상의 해변에 앉아 수업을 받을 수도 있고, 외국이나 우주 혹은 다른 어떤 가상의 환경에서도 원하는 수업을 받을 수 있다. 전통적인 교실의 굴레에 얽매일 필요가 전혀 없는 것이다. 의자가 칠판을 향해 줄지어 있는 그런 교실을 탈피하여, 교육 환경 내를 자유롭게 돌아다닐 수 있으며, 문자나 음성을 통해 서로 소통하고, 정보를 공유하며, 궁금한 것은 무엇이든 질문할 수 있다. 다른 사람은 볼 수 없는 귓속말을 통해 급우와 긴밀한 대화를 나눌 수도 있다.

또한 학습자들은 직접 콘텐츠를 만들 수도 있다. 일종의 가상 낙서판과 같은 붙박이 도구를 사용하여 아이디어를 구체화할 수 있다. 학급 공동 프로젝트나 학급 단위의 토의 과정에서 이러한 삼차원 객체나 모델들은 학습자들이 가지고 있는 생각을 표현할 수 있게 하고, 이로부터 수업과 관련한 질문이 이어지도록 단서를 제공한다.

이를 통해 활기찬 수업이 가능해지며, 학습자의 참여가 촉진되는 풍부한 사회적 네트워크와 상호작용, 자기표현이 가능해진다. 학습자들은 더 이상 수동적인 존재에 머물러 있지 않는다. 이들이 보내는 시간은 생산적인 활동

을 위해 쓰이며, 교수자는 학습자들이 아이디어를 구체화해 나가거나 활동을
진행해 나가는 과정에서 적절한 피드백을 제공할 수 있다. 각 수업의 끝 무렵
에 펼쳐지는 비판적 평가에 소요되는 시간은 현실에서보다 오히려 줄어들게
된다. 이는 학습 진행과 평가 방식이 서로 연동해 있으며, 수업을 진행함에
따라 이를 실시간으로 관찰할 수 있기 때문이다(Calongne, 2008).

적극적인 수업 참여 혹은 '해 봄에 의한 학습'은 다수의 교수자와 학생들이
모두 선호하는 교육 방법이다. 특히, 최근의 게임 세대는 이러한 추세를 반기
는 편이다. 가상현실공간은 이러한 특성에 기반을 둔 학습 모델을 만들어 낼
수 있는 도구를 제공한다. "가상현실공간과 실제적 학습 활동은 우연에 의한
학습을 촉진한다. 우연에 의한 학습이란 학습자가 지식을 발견하거나 창조해
나가는 목적이 지식 그 자체를 위한 것이 아니라, 학습자가 직면한 문제를 해
결하기 위한 하나의 수단으로서 발생하는 것을 말하며, 이를 통해 지식의 폭
과 깊이가 더욱 확장될 수 있다"(EDUCAUSE Learning Initiative, 2006: 1). 지식
과 의미를 생성하는 과정에서 협력은 매우 중요한 요소다. 가상 환경은 동일
한 사안에 대해 다수의 학습자로 하여금 서로 소통하고 협력할 수 있도록 해
준다. 학습자들은 시시각각 학습 공동체를 구성하여 사회적인 상호작용을 통
해 전략을 토의하고, 경험을 공유하며, 웹사이트와 게시판, 블로그 및 위키
(Wiki)를 통해 서로를 격려한다(Antonacci & Modaress, 2005). 가상현실공간
을 통해 기존의 기술을 사용하는 추세가 더욱 탄력을 받을 것이라는 기대가
크다. 뿐만 아니라, 가상현실공간을 통한 의사소통은 이메일이나 블로그, 위
키와 같은 기존의 방식보다 직접 대면과 유사한 성격을 띠므로, 이를 통해 협
력이 더욱 용이해진다(Kluge, 2008).

교육용 게임이나 시뮬레이션은 학습자로 하여금 좀 더 고차적인 인지적
사고를 할 수 있도록 유도한다. 이러한 고차적 사고는 해석, 분석, 발견, 평
가, 행동과 문제해결 등을 포함한다. 최근 다중 접속자 게임의 기술 혁신으
로 인해 가상현실공간은 사용자와의 상호작용과 이들 가상현실공간 내에서
의 개발이라는 기능적 측면에서 상당한 발전을 이루었다. 사용자 자신이 창

조한 가상현실공간 내에서의 개발과 상호작용을 통해 기존에는 생각하지 못했던 새롭고도 설레는 교육 기회가 펼쳐질 수 있다(Antonacci & Modaress, 2008).

　가상현실공간은 교육자와 학습자들에게 새로운 환경을 제공한다. 이러한 환경은 학습자들이 점점 그 복잡성과 상호 의존성이 증대되고 있는 국제사회에서 일할 수 있도록 교육하는 데 도움을 주게 된다(Moore et al., 2007). 전 세계의 학습자들은 가상현실공간을 통해 손쉽게 의사소통할 수 있다. 예를 들어, 세컨드 라이프에 접속하면 사용자의 언어가 아닌, 다른 언어를 모국어로 사용하는 사용자를 흔히 만날 수 있다. 이러한 가상현실공간 중 일부는 그 나름대로의 경제체제를 갖추고 있는 곳도 있다. 따라서 학습자들은 자신들에게 익숙한 규범과는 다른 방식으로 재화와 서비스가 거래되는 시장 환경에서 살아남는 과제에 도전해 볼 수도 있다. 가상현실공간에서 아바타가 입고 다니는 다양한 옷과 표정, 의상 등은 다른 사람의 시각적 기대감에 대한 대응 방법을 배울 수 있는 기회를 제공한다.

　더 나아가 세컨드 라이프에는 그 나름의 내부 경제체제가 존재한다. 이 체제를 통해 경영학 전공의 학습자들이 실제로 기업을 운영해 볼 수도 있고, 컴퓨터 시뮬레이션의 하드 코딩된 소스가 아닌 현실의 사람들에게 제품과 서비스를 판매할 수도 있다. 세컨드 라이프에는 몇 개의 라디오 방송국이 존재하며, 사용자는 소리뿐 아니라 비디오 스트리밍(streaming)도 할 수 있도록 시스템이 갖추어져 있다. 이러한 기능은 학습자들이 실제로 라디오 혹은 텔레비전 방송국을 운영해 볼 수 있는 기회를 제공해 줄 것이다(Antonacci & Modaress, 2008).

　케이와 피츠제럴드(Kay & FitzGerald, 2008)에 따르면, 세컨드 라이프에는 하나의 실질적인 경제체제와 통화체제가 존재하므로, 위험 부담 없이 사업을 영위하거나 경제적 모델의 수립을 추진할 수 있다. 또한 이들은 싱가포르에 있는 난양 기술대학교(Nanyang Technological University)의 사례도 언급한다. 이 학교에서는 2006학년도에 학습자들로 하여금 세컨드 라이프를 사용하여 상업적 게임 및 비즈니스 모델을 개발하도록 하는 프로젝트를 진행하였으며, 이렇게 개발된 게임의 데모를 시연하였다.

가상현실공간을 기반으로 한 게임의 중심은 바로 사용자의 아바타다. 아바타는 게임 세상 내에서 사용자의 물리적인 형상을 대변한다. 아바타는 사용자의 취향에 맞춘 수정을 통해 그 외관을 마음대로 변경할 수 있으며, 그러한 수정의 범위는 성별, 키, 피부색, 표정, 머리카락, 의상까지 다양하며, 날개나 보석과 같은 장식품을 부착할 수도 있다.

한 사용자는 가상현실공간에서 한 모임에 참석했던 경험을 다음과 같이 술회하고 있다. 그 모임에서는 사용자의 아바타를 제외한 다른 모든 아바타들이 검은 피부색을 가지고 있었으나 그 이후로는 검은 피부색을 가진 아바타를 거의 만나지 못하였다고 한다. 사람들이 자신이 원하는 그 어떤 형상으로든 자신을 대변할 수 있는 이러한 세계에서 일종의 인종 간, 영역 간 격리 혹은 분리가 일어나고 있다는 점은 상당히 흥미롭다. 만일 사용자들에게 자신의 실제 피부색 혹은 인종적 배경과는 다른 형상의 아바타를 사용하여 가상현실공간에 참여하도록 한다면 과연 이들은 어떤 것을 배우게 될까? 성별을 바꾼다면 또 어떠한 경험을 하게 될 것인가? 한편 가상현실공간에서는 그 어떠한 제약도 없지만 사람들은 아직도 자신이 현실 세계에서 가지고 있는 경험과 기대에 구속되어 있는 것을 발견할 수 있다. 한 저자는 가상현실공간에서 활동하는 과정에 대한 감상을 일지로 기록한 바 있다. 이 과정에서 그는 가상현실공간에서의 경험에 비추어 실생활에도 적용 가능한 많은 교훈을 얻었다고 한다. 이 중 어떤 것들은 가상현실공간에서 겉으로 드러나지만 현실 세계에서는 겉으로 드러나지 않고 잠재되어 있는 것들도 있다. 교수자와 학습자들은 가상현실공간에서의 경험을 회상하는 과정에서 서로 비슷한 감상을 공유하는 일도 있을 것이다.

사용자의 아바타는 가상현실공간을 자유로이 이동할 수 있다. 키보드의 화살표 키를 사용해 원하는 방향으로 걸어갈 수도 있고, 걷는 것이 너무 느리다면 이보다 빨리 날아다닐 수도 있다. 또 아주 멀리 있는 장소나 사람 혹은 모임 장소로 이동하기 위해서 〈스타 트렉(Star Trek)〉(2009)에 나오는 것과 같은 텔레포트를 할 수도 있다. 그뿐만 아니라, 복잡한 동작을 표현하기 위하여 취향에 맞게 수정한 캐릭터 애니메이션을 만들 수도 있다. 이렇게 생성 가능한 동작은 웃는 동작을 비롯하여 손가락질, 앉기, 잡기 그리고 달리기와 춤추기까지 다양하다. 이러한 기능을 통해 학습자들로 하여금 예술 퍼포먼스를 다른 각도에서도 바라보게 할 수 있다(Antonacci & Modaress, 2008).

4. 우리의 과제

가상현실공간은 교수자로 하여금 학습자 중심의 교수법을 구현할 수 있는 환경을 제공한다. 가상현실공간을 통해 구성주의 학습, 몰입 그리고 실제적 및 활동적 학습을 실현할 수 있는 것이다. 삼차원 모델의 제작과 스크립트 언어 프로그래밍을 통해 삼차원 세계의 참여를 더욱 높일 수 있으며, 학습자와 교수자가 공히 훨씬 더 다양한 교육 레퍼토리를 향유할 수 있다. 또한 사회적 상호작용이 강화됨에 따라 수업 과제의 수행을 위한 협동과 학습 공동체의 구성이 활성화된다. 그러나 접근성, 개발, 비용, 법률적인 책임 문제 등으로 인해 아직까지 교육기관에서는 이러한 수단을 적극적으로 활용하지는 못하고 있다.

1) 접근성의 문제

가상현실공간에 접속을 하려면 높은 사양의 컴퓨터가 필요하다. 예를 들어, 세컨드 라이프에 접속하기 위해서는 고속 인터넷 회선, 최신 운용체계 그리고 높은 사양의 하드웨어를 필요로 하며, 특히 그에 맞는 그래픽 카드의 구비가 필수적이다. 다시 말하면, 학습자의 입장에서 가상현실공간으로 진입하기 위한 갖가지 장벽이 존재한다고 볼 수 있다. 일부 학습자나 교실 혹은 컴퓨터실은 가상현실공간의 사용의 최적화에 필요한 최소 혹은 권장 사양을 충족하는 컴퓨터가 구비되어 있지 않을 수도 있다. 또한 가상현실공간은 장애인 등을 위한 보편적 접근성 측면에서도 어떠한 노력도 기울이지 않고 있다. 예를 들어, 가상현실공간에서는 스크린 리더(screen reader)를 전혀 사용할 수 없기 때문에 시각장애인들의 서비스 사용에 결정적인 장애 요인이 되고 있다. 일부 학습자는 가상 세계에 너무나 몰입한 나머지, 강의 과정 및 학습 목표를 등한시하게 될 가능성도 있다. 심각한 경우, 이로 인한 수업 참여도의 저조 혹은 부적절한 행동의 유발까지도 우려된다. 기술 기반의 교육 프로그램을 수강하고 있는 학습자의 경우, 객체를 생성하고 스크립트 언어로 프로그램을 짜는 것이 이미 익숙할 것이다. 그러나 기술적인 기반이 없는 학습자는 단순한 조작에도 상당한 어려움을 겪을 수 있다.

2) 교육 활동 개발상의 문제

교수자에 대한 훈련만 적절히 이루어진다면 학습자들의 기술 친화도 여부는 큰 문제가 되지 않는다. 지금까지 가상공간에서의 협력 활동을 위한 환경 구성은 사회적인 상호작용 및 학습을 목적으로 도입되어 왔다. 이러한 환경은 현실 세계를 그대로 모방하거나, 아니면 전혀 새로운 세계를 구성한 것도 있었다. 환경과의 상호작용을 통해 사람들은 적극적인 실험 활동을 전개하여 개념을 이해하고, 특정한 과업을 수행하기 위한 학습 활동을 완수할 수 있다. 가상공간에서의 협력 활동을 위한 환경은 사용자별로 독립된 시점(view-point)을 지원한다. 즉, 이들은 가상 환경을 서로 공유하여 고도로 동기화된 협력 활동을 시행하며 동일한 가상 물체를 조작하게 된다. 그러나 이러한 환경을 구현하는 것은 그리 쉬운 일이 아니다. 가상현실공간의 환경을 구성하는 삼차원 모델을 구현해야 하며, 시간적·공간적 측면에서 이러한 공간을 공유하는 아바타의 애니메이션 및 사용자 간의 의사소통에 필요한 기능도 구현되어야 한다. 그러므로 가상현실 기술을 기반으로 한 삼차원 학습 환경의 구현은 상당한 비용과 시간이 소요되며, 학습자의 입장에서도 이러한 환경에 접근하는 것이 결코 쉽지 않다(De Lucia et al., 2009).

교수자의 입장에서도 가상현실공간을 활용하기까지는 일련의 장애물이 남아 있다. 우선 가상현실공간에서 수업을 한다는 것 자체가 교수자들이 기존에 보유하지 않은 기술을 요하는 작업이며, 또한 기존의 수업 방식에 비하여 수업자료 준비에 소요되는 시간은 비교가 안 될 정도로 길다. 그 내용이 특성화된 수업의 경우, 이러한 수업 과정만을 위해서 별도로 엄청난 시간을 들여 가상 환경을 일일이 제작하기란 결코 쉬운 일이 아니다.

3) 비용의 문제

비용도 문제가 된다. 세컨드 라이프의 경우, 몇 가지 요금제를 바탕으로 유료로 서비스를 제공하고 있다. 기본 계정 생성은 무료이므로 학습자들이 수업에 참여하는 것 자체는 돈이 들지 않는다. 그러나 교육기관이 세컨드 라이프에 등록하여 항구적으로 고정된 물리적 장소를 확보하기 위해서는 프리미엄 멤버십이 필요하며, 매월 일정 금액의 비용이 소요된다. 프리미엄 계정이 있어야만 토지를 구입할 수 있는데, 토지가 있어야만 학습자들에게 안전하고 지속적인 교육 장소를 제공해 줄 수가 있다. 만일 다른 회원의 접근을 제한하고 여러 개의 수업 과정을 동시에 진행하고자 한다면 가상의 섬을 통째로 사야만 한다. 이러한 요금체계는 대부분의 학교가 그 타당성을 완전히 검증하기 전까지 섣불리 이러한 교육 환경에 접근하지 못하게 하는 요인으로 작용한다.

세컨드 라이프의 요금제는 여러 가지 등급이 있다. 기본 회원은 별도의 비용이 부과되지 않으며, 각종 이벤트, 상점 그리고 물체를 생성하는 데 회비를 낼 필요 없이 모두 즐길 수 있다. 프리미엄 회원이 되면 토지를 소유할 수 있게 되며, 그 토지 내에 원하는 것은 무엇이든 지을 수 있다. 대규모 프로젝트를 위해서는 섬 하나를 통째로 사야 할 것이다. 이러한 비용의 문제는 공개 소프트웨어를 사용하여 해결할 수도 있다. 예를 들면, 오픈 시뮬레이터나 리얼 엑스텐드(real-Xtend)가 그것이나, 기능상의 제한이 있을 수 있으므로 이에 대한 사전 검토가 필수적이다.

4) 법률적인 책임 문제

법률상의 책임 문제도 아직 해결되지 않은 가상현실공간의 문제점 중 하나다. 세컨드 라이프에서는 개인이 토지를 구매할 수 있으며, 이러한 사유지에는 접근 권한이 부여된 사용자만 출입이 가능하다. 그러나 공공 영역 내의 학습자들은 성 범죄, 폭력 혹은 몰상식한 사용자로 인해 피해를 보기도 한다. 가상현실공간을 둘러싸고 있는, 아직 법적으로 해결되지 않은 이슈들이 많이 있다. 가상 폭력, 성희롱, 폭행 등이 가상현실공간에서 발생하고 있다. 만일 가상현실공간에서 학습자가 성희롱 혹은 공격적인 행위를 당한다면, 그 책임은 학교 측이 져야 할 것인가? 그 외에도 아직 가상현실공간을 둘러싸고 법적으로 명확히 해결되지 않은 이슈들이 많이 있다(Bugeja, 2007). 또한 학교와 무관한 다른 사용자와 학습자들이 접촉함으로써 문제가 발생할 수도 있다. 일부 학습자 그룹은 가상현실공간을 방문하는 목적을 다른 사람들과 전혀 공유하지 않아 기존 사용자들의 원성을 사기도 하였으며, 이들의 방문으로 인해 얻은 정보를 다른 사용자의 동의 없이 사용하여 물의를 일으키기도 하였다(Linden Lab., 2006).

또한 일부 지역에서는 미성년자가 관람 불가한 콘텐츠나 활동이 공개되기도 한다. 일부 학습자들에게는 이러한 부분이 불쾌한 경험이 될 수도 있을 것이다(Antonacci & Modaress, 2008). 가상현실공간에서는 이용자 간에 불법 행위가 일어날 수 있는데, 그 유형과 그에 대한 규제를 살펴보기로 한다.

(1) 모욕 또는 명예훼손

가상현실공간인 세컨드 라이프의 규칙 제1조에서는 명예훼손과 모욕 행위를 금지하고 있다. 개인이나 집단을 소외시키거나 헐뜯거나 명예를 훼손하는 행위를 금지하며, 다른 거주자의 인종, 민족, 성, 종교 또는 성적 지향에 관련한 경멸적이거나 품위를 손상시키는 언어 및 이미지를 허용하지 않는다.

(2) 성희롱

세컨드 라이프 규칙 제2조에서는 성희롱을 금지한다. 성희롱은 다양한 방식으로 이루어질 수 있는데, 괴롭히거나 위협하는 방식의 행위나 언어 표현, 원하지 않는 성적 친밀감, 성적 호감을 표현하여 괴롭히거나 놀라게 하는 것을 포함한다.

(3) 사생활 보호

사생활 보호와 관련하여 세컨드 라이프 규칙 제4조에서 폭로와 관련하여 규정을 두고 있다. 거주자는 세컨드 라이프에서의 삶과 관련하여 합리적인 수준에서 사생활을 보장받으며, 사용자 간에 성, 종교, 나이, 결혼 여부, 인종, 성적 취향, 실제 거주지 등의 정보를 공유하는 것은 사용자의 사생활 보호에 위반된다. 대화를 감시하거나 동의 없이 대화 로그(log)를 우송하거나 공유하는 것은 세컨드 라이프와 세컨드 라이프의 포럼에서 금지된다. 또한 세컨드 라이프 규칙 제5조에서는 세컨드 라이프 내의 안온 방해(disturbing the peace)를 금지한다. 사용자는 세컨드 라이프에서 제2의 생을 영위할 권리를 가지므로 예정된 이벤트를 방해하거나 원하지 않는 광고 내용물을 반복적으로 전송하는 행위, 반복적인 소리의 이용, 의도적으로 서버 운용 속도를 느리게 하거나 다른 사용자가 세컨드 라이프를 즐기는 것을 방해하는 불법 오토 프로그램 등을 사용하는 행위를 할 수 없다.

(4) 폭 행

세컨드 라이프 규칙 제3조에서는 폭행을 금지한다. 대부분의 세컨드 라이프 지역은 안전지대로 분류되며, 세컨드 라이프에서의 폭행은 다른 거주자에게 총을 쏘거나 밀거나 찌르는 행위 또는 다른 거주자가 세컨드 라이프를 즐기는 것을 현저하게 또는 계속적으로 방해하는 방식으로 제작물을 제작하거나 이용하는 행위를 말한다.

(5) 음란 저급행위

세컨드 라이프 규칙 제4조에서는 성인등급 지역 외에서의 음란물 이용 금지를 규정한다. 세컨드 라이프에서는 성인 공동체나 성인물이 모든 영역에서 반드시 허용되는 것은 아니다. 격한 언어나 욕설, 나체나 성적 내용물, 성 또는 폭력의 묘사 등 음란 저급행위는 성인등급 지역의 개인 토지 내에서만 허용된다. 거주자의 이름, 대상, 장소 및 그룹은 세컨드 라이프 디렉터리, 세컨드 라이프 웹사이트에서 광범위하게 볼 수 있으며, 비성인물 지침을 준수하여야 한다(손경한, 박진아, 2008).

5) 개발과 활용 목적상의 차이 문제

세컨드 라이프를 포함한 대부분의 가상현실공간은 처음부터 교육을 목적으로 만들어지지는 않았다. 그럼에도 불구하고 여러 교수자가 교육을 목적으로 이미 가상현실공간을 사용하고 있다. 교수자는 문자 기반의 정보를 노트카드, 웹사이트, 콘텐츠 슬라이드, 비디오 및 오디오 자료는 물론이고 삼차원 객체를 생성하여 첨부할 수 있다. 그러나 학습 관리 시스템에서 기본적으로 제공되는 기능 중 일부는 세컨드 라이프에서 지원되지 않는다. 예를 들어, 학습 관리 시스템에서는 일반적으로 성적표, 과제물 함, 비동기적 토의 기능, 온라인 설문조사 및 객관식 평가 기능이 포함되어 있는데, 이에 대한 지원은 현재 이루어지고 있지 않다. 그뿐만 아니라, 세컨드 라이프는 임의적 접근이 가능한 환경이다. 따라서 교수자가 수업의 진행 순서를 통제할 수 있는 이렇다 할 통제 수단이 없다.

학습 관리 시스템에는 존재하나, 가상현실공간에서는 지원이 안 되던 일부 기능에 대해 최근에 어느 정도 대응이 이루어지고 있다. 무료 공개 학습 관리 도구인 무들 시스템과 세컨드 라이프가 연동될 수 있도록 하는 작업이 이미 진행 중이며, 슬루들(Sloodle)이 그것이다. 슬루들은 세컨드 라이프의 다중 접속자 가상 환경과 무들의 학습 관리 시스템을 통합한 것이다. 슬루들은 무료 공개 소프트웨어 기반의 프로젝트로서 가상현실공간에서 사용할 수 있는, 적절한 기능을 갖춘 바람직한 교육 지원 도구를 개발하는 것을 목표로 한다. 슬루들은 가상현실공간에서의 쪽지시험 관리, 과제물의 수거, 블로깅 등을 지원한다. 그리고 이 프로젝트에 적극적인 일련의 공동체와 개발자 그리고 사용자들의 참여를 통해 웹 및 삼차원 가상학습 환경을 기반으로 한 건전한 교수법을 개발하고자 노력하고 있다. 하지만 교수자들이 기대하는 기능을 모두 갖춘 학습 관리 시스템을 구현하기에는 아직 갈 길이 멀다.

5. 맺는말

가상현실공간에서 교수-학습을 실시하려 할 때, 해결해야 하거나 염두에 두어야 할 사항이 있다.

1) 학습 환경의 통제와 등급 적용의 어려움

교수자들이 자유로운 형식의 학습 방식에 적용할 수 있는 능력을 갖추었는지도 문제가 된다. 현실 세계에서는 일반적인 강의나 파워포인트, 에세이와 선다형 시험지 그리고 토론 게시판조차도 교수자가 학습자의 학습 경험을 쉽게 통제하고 관리할 수 있는 환경을 제공한다. 그러나 가상현실공간에서는 어떻게 학습 경험을 통제할 것인가? 어떻게 학습 기회를 마련할 것인가? 성적은 어떠한 방식으로 산출할 것인가? 가상현실공간 학습의 확대 및 수용을 위해 가상현실공간의 교수 방식 및 평가 설계의 재검토가 불가피하다.

2) 학습자의 교육 환경 적응의 어려움

가상현실공간에서 고려해야 할 또 다른 문제는 '과연 교실은 어디에 있는가' 하는 점이다. 온라인 교육 과정에서조차 학습자들은 물리적인 캠퍼스 내에 자리 잡은 '교실'이라는 개념과 이를 연계시킨다. 만일 가상현실공간에 교실을 만든다면, 이러한 인식에도 변화가 생길 것인가? 그리고 가상과 현실의 교실을 모두 사용한다면, 과연 어느 교실에 소속감을 느낄 것인가? 만일 소속감을 느낄 수 있는 온라인 교실이 있다면, 학습자들은 과연 그곳에서 편안한 마음으로 수업을 받을 수 있을 것인가?

3) 미래 교실의 역할

오늘날의 어린 학습자들은 가상현실공간에서의 활동에 매우 익숙해하며 편안함을 느낀다. 2007년 8월을 기준으로, 어린 학습자에게 인기 있는 가상현실공간인 클럽 펭귄(Club Penguin)의 회원이 1천 2백만 명을 돌파했으며, 이 중 70만 명이 유료 회원이다(The Walt Disney, 2007). 아동들은 컴퓨터를 통해 소통하는 데 매우 익숙하다. 이들은 매일같이 게임을 즐기며 온라인상에서 친구들을 만난다. 이들에게 있어 온라인상에서의 경험은 기억의 일부이자 세상을 인식하는 하나의 방법이다. 이러한 요인들은 과연 아동들이 문제를 해결하고 서로 소통하는 방식에 어떠한 영향을 미칠 것인가? 만일 클럽 펭귄과 같은 가상현실공간에 익숙한 아동들이 자라서 실제 교실에 앉게 되면, 과연 이들은 어떻게 반응할 것인가?

4) 아바타의 역할

가상현실공간에서 사용자를 대변하는 아바타는 교수자가 학습자를 가르치고 학습자가 가르침을 받는 과정에서 과연 어떠한 역할을 하게 될 것인가? 이제는 교수자가 자신의 아바타의 성별, 크기, 색상 등 그 형태를 자유자재로 바꿀 수 있고, 사람이 아닌 동물이 되어 가르칠 수도 있다. 이것이 학습자의 참여도에도 영향을 미칠 것인가?

5) 가상 캠퍼스의 역할

많은 학교들이 실제 캠퍼스와 유사한 형상으로 가상 캠퍼스를 개설하고 있다. 기존의 모습을 그대로 유지하는 것과 완전히 새로운 모습으로 캠퍼스의 모습을 새로이 디자인하는 것은 각각 어떠한 이점이 있을 것인가? 학교는 자신의 정체성에 대해 자부심을 가지는 경우가 많으며, 학교의 웹사이트를 보아도 학교의 전반적인 정체성과 일치하도록 색상, 레이아웃, 폰트, 사진 등의 선택에 세심한 주의를 기울인다. 과연 가상현실공간에서는 이러한 정체성을 어떻게 이어 갈 것인가?

참고문헌

손경한, 박진아(2008). 사이버 엔터테인먼트의 법적 문제. 산업재산권, 26, 207-244.

Antonacci, D., & Modaress, N. (2005). *Second life: The educational possibilities of a massively multiplayer virtual world(MMVW)*. Retrieved September 2, 2007, from http://connect.educause.edu/library/abstract/SecondLifeTheEducati/43821

Antonacci, D., & Modaress, N. (2008). Envisioning the educational possibilities of user-created virtual worlds. *AACE Journal, 16*(2), 115-126.

Bandura, A. (1995). Self-efficacy. In A. S. R. Manstead & M. Hewstone (Eds.), *Blackwell encyclopedia of social psychology.* Oxford: Blackwell.

Benford, S., Bowers, J., Fahln, L. E., Greenhalgh C., & Snowdon D. (1997). Embodiments, avatars, clones and agents for multi-user, multi-sensory virtual worlds. *Multimedia System, 5*(2), 93-104.

Bugeja, M. (2007). Second thoughts about second life. *The Chronicle of Higher Education, 54*(3), C2.

Burge, E., & Roberts, J. M. (1993). *Classrooms with a difference: A practical guide to the use of conferencing technologies.* Toronto, Ontario: The Ontario Institute for Studies in Education, Distance Learning Office.

Calongne, C. (2008). Educational frontiers: Learning in a virtual world. *EDUCAUSE Review, 43*(5), 36-48.

Corraze, J. (1980). *Les communications nonverbales.* Paris: Presses Universitaires de France.

De Lucia, A., Francese, R., Passero, I., & Tortora, G. (2009). Development and evaluation of a virtual campus on second life: The case of second DMI. *Computers & Education, 52*(1), 220-233.

Eastmond, D., & Ziegahn, L. (1995). Instructional design for the online classroom. In Z. L. Bergeand & M. P. Collins (Eds.), *In Computer-mediated Communication and the Online Classroom, Vol. 3: Distance Education.* Cress Kill, NJ: Hampton Press.

EDUCAUSE Learning Initiative (ELI). (2006). *Seven things you should know about virtual worlds*. Retrieved on September 2, 2007, from http://connect. EDUCAUSE. edu/library/abstract/7ThingsYouShouldKnow/39392

Fabri, M., Moore, D. J., & Hobbs, D. J. (1999). The emotional avatar: Nonverbal communication between inhabitants of collaborative virtual environments. In Braffort et al. (Eds.), *Gesture-based communication in human-computer interaction*. Springer Lecture Notes in Artificial Intelligence 1739.

Greenberg, S., Gutwin, C., & Cockburn, A. (1996). Awareness through fisheye views in relaxed-WYSIWIS groupware. *In Proceedings of the graphics interface conference*.

James, J. (1997). Thinking in the future tense. *Paper presented at the leadership buffalo conference*. NY: Buffalo.

Jonassen, D. H., Davidson, M., Collins, M., Campbell, J., & Haag, B. (1995). Constructivism and computer-mediated communication in distance education. *American Journal of Distance Education, 9,* 7-26.

Jonassen, D. H., & Land, S. M. (2000). *Theoretical foundations of learning environments*. NJ: Lawrence Erlbaum Associates.

Kay, J., & FitzGerald, S. (2008). Educational uses of second life. Retrieved September 8, 2008, from http://sleducation.wikispaces.com/educationaluses

Kluge, S. (2008). Teaching in virtual worlds: Opportunities and challenges issues in informing. *Science & Information Technology, 5,* 127-135.

Kohler, T., Matzler, K., & Füller, J. (2009). Avatar-based innovation: Using virtual worlds for real-world innovation. *Technovation, 29*(6-7), 395-407.

Kreijns, K., Kirschner, P. A., Jochems, W., & Buuren, H. V. (2007). Measuring perceived sociability of computer-supported collaborative learning environments. *Computers and Education, 49,* 176-192.

Linden Lab. (2006). *Research ethical second life*. Retrieved December 7, 2006, from http://secondlife.com/knowledgebase/article.php?id=062

Lombardi, M. (2007). Authentic learning for the 21st century: An overview. *EDUCAUSE learning initiative*. Retrieved September 2, 2007, from http://connect.educause. edu/library/abstract/AuthenticLearningfor/39343

Moore, A., Fowler, S., & Watson, C. (2007). Active learning and technology: Designing change for faculty, students, and institutions. *EDUCAUSE Review,*

42(5), 42-61.

New Media Consortium & EDUCAUSE Learning Initiative (ELI) (2007). Horizon Report. Retrieved September 2, 2007, from http://www.nmc.org/horizon

Polka, W. S. (1999). Managing the dynamic forces that will influence the curriculum in the new millennium. *Educational Planning, 11*(4).

Polka, W. S. (2001). Facilitating the transition from teacher centered to student centered instruction at the university level via constructivist principles and customized learning plans. *Educational Planning, 13*(3), 55-61.

Redfern, S., & Naughton, N. (2002). Collaborative virtual environments to support communication and community in internet-based distance education. *Journal of Information Technology Education, 1*(3), 201-209.

Schmidt, F. L. (2002). The role of general cognitive ability and job performance: Why there can not be a debate. *Human Performance, 15,* 187-210.

The Walt Disney. (2007). *Company acquires club penguin.* Retrieved November 7, 2009, from http://clubpenguin.com/press/070801-the-walt-disney-company.html

Witmer, B. G., & Singer, M. J. (1998). Measuring presence in virtual environments: A presence questionnaire. *Presence: Teleoperators and Virtual Environments, 7*(3), 225-240.

〈참고 사이트〉

http://www.clubpenguin.com/company/news/070801-the-walt-disney-company.htm

▌▌ 찾아보기

〈인 명〉

〈내 용〉

저자 소개

백영균(白英均)

미국 조지아 주립대학교 철학박사(교육공학 전공)
현) 한국교원대학교 교육학과 교수

〈주요 저서〉

『에듀테인먼트의 이해와 활용』(도서출판 정일, 2005)
『게임기반학습의 이해와 적용』(교육과학사, 2006)
Digital Simulations for Improving Education: Learning Through Artificial Teaching Environments(공저, IGI Global, 2009)
Gaming for Classroom-Based Learning: Digital Role Playing as a Motivator of Study(편저, IGI Global, 2010)

〈주요 논문〉

Kim, B. K., Park, H. S., & Baek, Y. K. (2009). Not just fun, but serious strategies: Using meta-cognitive strategies in game-based learning. *Computers & Education, 52*(4), 800-810.

Baek, Y. K. (2008). What hinders teachers in using computer and video games in the classroom? Exploring factors inhibiting the uptake of computer and video games. *CyberPsychology and Behavior, 11*(6), 665-671.

Yun, S. C., Paul C. M., Baek, Y. K., & Jung, J. Y. (2008). Improving recall and transfer skills through vocabulary building in web-based second language learning: An examination by item and feedback type. *Educational Technology and Society, 11*(4), 158-172.

가상현실공간에서의 교수-학습

2010년 9월 1일 1판 1쇄 인쇄
2010년 9월 10일 1판 1쇄 발행

지은이 • 백영균
펴낸이 • 김진환
펴낸곳 • (주) 학지사

121-837 서울특별시 마포구 서교동 352-29 마인드월드빌딩 5층
대표전화 • 02)330-5114   팩스 • 02)324-2345
등록번호 • 제313-2006-000265호

홈페이지 • http://www.hakjisa.co.kr
커뮤니티 • http://cafe.naver.com/hakjisa

ISBN 978-89-6330-485-4 93370

정가 15,000원